宋亚平 主编

湖北农业农村改革开放40年丛书
1978—2018

改革开放40年
湖北城乡一体化发展

GAIGE KAIFANG 40 NIAN:
HUBEI CHENGXIANG YITIHUA FAZHAN

王金华 ○ 著

中国社会科学出版社

图书在版编目(CIP)数据

改革开放40年. 湖北城乡一体化发展 / 王金华著. —北京：中国社会科学出版社，2019.1（2020.5 重印）

（湖北农业农村改革开放40年（1978—2018）丛书）

ISBN 978-7-5203-4785-3

Ⅰ.①改… Ⅱ.①王… Ⅲ.①城乡一体化—发展—研究—湖北 Ⅳ.①D676.3②F299.276.3

中国版本图书馆CIP数据核字（2019）第165936号

出 版 人	赵剑英
责任编辑	赵 丽
责任校对	郝阳洋
责任印制	王 超

出　　版	中国社会科学出版社
社　　址	北京鼓楼西大街甲158号
邮　　编	100720
网　　址	http://www.csspw.cn
发 行 部	010-84083685
门 市 部	010-84029450
经　　销	新华书店及其他书店
印　　刷	北京明恒达印务有限公司
装　　订	廊坊市广阳区广增装订厂
版　　次	2019年1月第1版
印　　次	2020年5月第2次印刷
开　　本	710×1000 1/16
印　　张	18.25
字　　数	268千字
定　　价	88.00元

凡购买中国社会科学出版社图书，如有质量问题请与本社营销中心联系调换

电话：010-84083683

版权所有　侵权必究

湖北农业农村改革开放 40 年（1978—2018）丛书

编 委 会（按姓氏笔画为序）

    孔祥智 杨述明 肖伏清 宋洪远 邹进泰
    张忠家 张晓山 陈池波 郑风田 项继权
    赵凌云 贺雪峰 袁北星 党国英 钱远坤
    徐　勇 徐祥临 覃道明 潘　维 魏后凯

主　编 宋亚平

学术秘书 王金华

序

2018年是中国改革开放40周年。40年前,党的十一届三中全会作出了把全党工作的重点转移到社会主义现代化建设上来,实行改革开放的伟大决策。40年来,我国农村一直昂首阔步地站在改革前列,承载着重大的历史使命。农业农村持续40年的变革和实践,激发了亿万农民群众的创新活力,带来了我国农村翻天覆地的巨大变化,为我国改革开放和社会主义现代化建设作出了重大贡献。

湖北是全国重要的农业大省,资源丰富,自古就有"湖广熟、天下足"之美誉。改革开放40年来,在党中央、国务院的正确领导下,历届湖北省委、省政府高度重视"三农"工作,始终把"三农"工作放在重中之重的位置,坚定不移深化农村改革,坚定不移加快农村发展,坚定不移维护农村和谐稳定,带领全省人民发扬改革创新精神,不断开拓进取、大胆实践、求真务实、砥砺奋进,围绕"推进农业强省建设,加快推进农业农村现代化",作出了不懈探索与实践,取得了令人瞩目的成就。特别是党的十八大以来,农业农村发展更是取得了历史性的成就。

2017年,湖北粮食再获丰收,属历史第三高产年,粮食总产连续五年稳定在500亿斤以上,为保障国家粮食安全作出了积极贡献。农村常住居民人均可支配收入达到13812元,高于全国平均水平。城乡居民收入差距比2.31∶1,明显低于全国的2.71∶1。全省村村通电话、有线电视、宽带比例分别达到100%、90%、95.5%。全省农村公路总里程达到23.6万公里。从无到有、从有到好,公办幼儿园实现乡镇全覆盖,义务教育"两免一补"政策实现城乡全覆盖,社会保障制度实现了由主要面向城市、面向职工,扩大到城乡、覆盖到全民。2012—2017年,全省541.7万人摘掉贫困帽子。

知史以明鉴，查古以知今。回顾过去40年湖北农业农村发展之所以能取得如此巨大的成就，最根本的是始终坚持了一面旗帜、一条道路，不断解放思想、实事求是、与时俱进，把中央各项大政方针和湖北的具体实际紧密结合起来，创造性开展各项"三农"工作的结果。改革开放40周年之际，《湖北农业农村改革开放40年（1978—2018）》这套丛书的编写出版，所形成的研究成果是对改革开放40年来湖北农业农村工作的全面展示。其从理论与实践相结合的高度，全景式展示了湖北农业农村发展所取得的辉煌成就与宝贵经验，真实客观记述了湖北农业农村改革开放40年走过的波澜壮阔的历程，深入分析了改革开放实践中出现的新问题、新情况，而且在一定的理论高度上进行了科学的概括和提炼，对今后湖北农业农村的改革和发展进行了前瞻性、战略性展望，并提出一些有益思路和政策建议，这对深入贯彻党的十八大、十九大精神，进一步深化农业农村改革，在新的起点开创农业农村发展新局面，谱写乡村振兴新篇章，朝着"建成支点、走在前列"的奋斗目标不断迈进，更加奋发有为地推进湖北省改革开放和社会主义现代化建设，都有着积极的作用。

作为长期关注农业农村问题，从事社会科学研究的学者，我认为这套丛书的编写出版很有意义，是一件值得庆贺的事。寄望这套丛书的编写出版能为湖北省各级决策者科学决策、精准施策，指导农业农村工作提供有益帮助，为广大理论与实践工作者共商荆楚"三农"发展大计，推动湖北农业全面升级、农村全面进步、农民全面发展提供借鉴。

2018.9.12

湖北农业农村改革开放40年（1978—2018）丛书简介

2016年8月，经由当时分管农业的湖北省人民政府副省长任振鹤同志建议，湖北省委、省政府主要领导给湖北省社会科学院下达了组织湖北省"三农"学界力量，系统回顾和深入研究"湖北农业农村改革开放40年（1978—2018）"的重大任务，以向湖北省改革开放40年献上一份厚礼。

根据任务要求，湖北省社会科学院组织由张晓山、徐勇等全国"三农"著名专家组成的编委会，经过精心构思，确定了包括总论（光辉历程）、农业发展、农村社会治理、农民群体、城乡一体、公共服务、集体经济、土地制度、财税金融、扶贫攻坚、小康评估在内的11个专题，共同构成本丛书的主要内容。丛书作者分别来自湖北省社会科学院、武汉大学、华中科技大学、华中师范大学、华中农业大学、中南财经政法大学、湖北经济学院等高等院校。

本丛书立足现实、回望历史、展望未来，系统地回顾和总结了改革开放以来湖北省农业农村改革、创新与发展的历程，取得的成就、经验以及存在的不足，并从理论和实践相结合的高度，提出一系列切合湖北实际，具有前瞻性、指导性和可操作性的对策建议。所形成的研究成果兼具文献珍藏价值、学术价值和应用价值，是一幅全景展示湖北省农业农村改革40年光辉历程、伟大成就、宝贵经验的珍贵历史画卷。

目 录

第一章 导论 …………………………………………………（1）
  第一节 研究背景 ………………………………………（2）
  第二节 概念界定 ………………………………………（5）
  第三节 研究述评 ………………………………………（15）
  第四节 研究框架 ………………………………………（20）

第二章 改革开放 40 年我国城乡关系演变的历史轨迹 …（23）
  第一节 城乡关系松动缓和期（1978—1985） …………（26）
  第二节 城乡关系再度失衡期（1985—2002） …………（37）
  第三节 城乡关系统筹发展期（2002—2012） …………（48）
  第四节 城乡关系融合发展期（2012—2018） …………（66）

第三章 湖北推进城乡一体化的历史沿革及主要成就 ……（89）
  第一节 湖北概况 ………………………………………（89）
  第二节 湖北推进城乡一体化的历史沿革 ……………（94）
  第三节 湖北城乡一体化发展取得的成就 ……………（109）

第四章 湖北城乡一体化发展的新面向及政策局限 ………（179）
  第一节 湖北城乡发展失衡的主要体现 ………………（179）
  第二节 湖北城乡一体化发展的新面向 ………………（190）
  第三节 现有城乡一体化政策的局限性 ………………（201）

第五章　湖北城乡一体化发展的探索与实践
——鄂州样本 (212)
第一节　鄂州市城乡一体化试点城市的提出 (213)
第二节　鄂州市推进城乡一体化的基本做法 (215)
第三节　鄂州市城乡一体化试点成效和经验 (227)

第六章　湖北城乡一体化发展的路径与任务 (231)
第一节　对湖北城乡一体化发展的基本思考 (232)
第二节　湖北城乡一体化发展的实现路径 (237)
第三节　湖北城乡一体化发展的改革任务 (246)

第七章　总结与展望 (253)
第一节　湖北城乡一体化发展的历史脉络 (253)
第二节　湖北城乡一体化发展的经验教训 (257)
第三节　湖北城乡一体化发展的未来展望 (262)

参考文献 (264)

后　记 (280)

第一章

导　论

　　1978年12月18日，我们党召开十一届三中全会，开启了改革开放的伟大征程。40年来，我国不断深化农村改革，农业生产、农村面貌、农民生活发生了翻天覆地的巨大变化。特别是进入21世纪以来，党中央始终坚持把解决好"三农"问题作为全党工作重中之重，聚焦"三农"重大问题，坚定不移深化农村改革，连续出台和实施了一系列强农富农惠农政策和重大改革举措，农业基础地位得到显著加强，农村社会事业得到明显改善，农民生活水平得到极大提高。与此同时，统筹城乡发展、城乡关系调整亦取得重大进展。然而，由于欠账过多、基础薄弱，我国城乡发展不平衡不协调的矛盾依然比较突出。因此，通过加快推进城乡一体化发展，巩固农业，稳住农村，安定农民，进一步缩小城乡二元鸿沟，显得尤为重要和紧迫。

　　2017年，党的十九大作出了中国特色社会主义进入新时代的重大政治判断，首次明确提出实施乡村振兴战略，强调坚持农业农村优先发展，并提出要建立健全城乡融合发展体制机制和政策体系，这标志着我国城乡发展进入了新的发展阶段。

　　立足新的历史起点，围绕实现城乡一体化发展，着力推进体制机制改革创新，重塑城乡关系，走城乡融合发展之路，促进乡村振兴和农业农村现代化，进而在2020年实现决胜全面建成小康社会，在2035年基本实现社会主义现代化，在2050年实现社会主义现代化强国，对整个国家以及各地方而言，无疑是一个迫切需要研究和解决的重大理论和实践问题。

　　作为起始之篇，本章主要阐述了本书的研究背景和研究意义。同时，对相关概念的界定和运用进行了说明，对相关理论和研究成果进行了梳理和分析，对研究思路和篇章结构进行了简要介绍。

第一节　研究背景

从1978年到2018年，我国改革开放昂首阔步走过了40年的光辉历程。这40年是我国城乡发生翻天覆地变化的40年。40年来，党中央、国务院以及地方各级党委、政府围绕"解放和发展农村生产力""促进农业增效和农民增收""提高保障和改善民生水平"等颁布实施了一系列加强"三农"工作的重大决策部署和改革举措，推动农业生产、农村面貌、农民生活发生显著变化，取得举世瞩目的伟大成就。同时，也在破解城乡二元社会结构，推进城乡一体化发展方面作出了一系列顶层设计和重大决策部署。

2002年，党的十六大确立了"统筹城乡发展"的基本方略。[①] 2007年，党的十七大进一步强调"统筹城乡发展，推进社会主义新农村建设"，并提出"建立以工促农、以城带乡长效机制，形成城乡经济社会发展一体化新格局"[②]。2012年，党的十八大明确提出"推动城乡发展一体化"的战略任务，并指出，"城乡发展一体化是解决'三农'问题的根本途径"。[③] 2013年，党的十八届三中全会提出"健全城乡发展一体化体制机制"的新要求，并作出具体改革部署。[④] 2017年，党的十九大明确提出"实施乡村振兴战略""坚持农业农村优先发展""建立健全城乡融合发展体制机制和政策体系"[⑤]，这实际上强调了城乡融合发展的优先顺序。根据党中央的决策部署，

[①] 江泽民：《全面建设小康社会，开创中国特色社会主义事业新局面——在中国共产党第十六次全国代表大会上的报告》，载中共中央党校教务部编《十一届三中全会以来党和国家重要文献选编》，中共中央党校出版社2008年版，第440—476页。

[②] 《高举中国特色社会主义伟大旗帜　为夺取全面建设小康社会新胜利而奋斗》，《人民日报》2007年10月16日第2、3、4版。

[③] 胡锦涛：《坚定不移沿着中国特色社会主义道路前进，为全面建成小康社会而奋斗——在中国共产党第十八次全国代表大会上的报告》，载中共中央文献研究室编《十八大以来重要文献选编》（上），中央文献出版社2014年版，第18—19页。

[④] 习近平：《关于〈中共中央关于全面深化改革若干重大问题的决定〉的说明》，载中共中央文献研究室编《十八大以来重要文献选编》（上），中央文献出版社2014年版，第503页。

[⑤] 《决胜全面建成小康社会　夺取新时代中国特色社会主义伟大胜利》，《人民日报》2017年10月19日第2版。

全国各地围绕加强"三农"工作和实现城乡一体化发展进行了积极探索和大胆实践，取得了显著的成效，但同时也呈现出诸多问题。

湖北地处我国内陆腹地，是传统的农业大省，城乡发展基本格局与全国整体情况极为相似。无论是"三农"问题的复杂性和深刻性，还是城乡发展的不平衡性，在全国均具有一定的代表性。但同时，也具有湖北自身发展的特点。

改革开放以来，为认真贯彻落实党中央、国务院关于"统筹城乡发展""推动城乡发展一体化"的战略决策，湖北在全面落实好党中央制定出台的各项政策的基础上，立足自身实际，提出了"试点先行、总结完善、逐步推开"的发展思路。

2008年，湖北省委、省政府将经济发展基础较好的鄂州市确定为全省首个城乡一体化试点城市，并于2010年将包括仙桃、洪湖、监利、宜都、大冶、掇刀在内的6个市、县（区）纳入全省城乡一体化扩大试点范围。① 此外，还从统筹城乡发展、统筹全省区域发展的战略高度出发，先后开展建立仙洪新农村建设试验区、88个新农村建设试点乡镇、竹房城镇带城乡一体化试验区等试点工作。在此之前，20世纪80年代，湖北省委、省政府还确定了"严格控制特大城市，适当发展中等城市，积极发展小城市，大力发展小城镇"的基本方针，并从20世纪90年代开始，先后提出并实施了"一特五大""一主两副""一主两副多极"的城市发展战略。②

---

① 《全省城乡一体化进程加快》，《湖北日报》2010年5月4日第3版。

② "一特五大"：20世纪90年代的城市发展战略。八五时期（1991—1995），为推动改变湖北省会武汉一城独大唱"独角戏"的局面，湖北省委、省政府确立了"一特五大"的城市发展战略，即重点发展特大城市武汉，并将当时的中等城市荆沙（今荆州）、黄石、襄樊（今襄阳）、宜昌、十堰5市发展为大城市。"一主两副"：2000年以来的城市发展战略。2000年年底，"一特五大"的城市发展战略目标基本实现后，建设部开始部署各地编制"省域城镇体系规划"。2003年8月，湖北省向国务院上报的《湖北省城镇体系规划》（以下简称《规划》）正式获得批准并实施。《规划》中明确将宜昌、襄阳定位为省域副中心城市。湖北省委、省政府要求逐步形成以武汉大都市圈为龙头、襄阳大都市区和宜昌大都市区为两翼的"三足鼎立"发展态势。"一主两副多极"：党的十八大以来的城市发展战略。2016年12月底，中国共产党湖北省第十届委员会第八次全体会议暨全省经济工作会议提出，突出"一主两副"区域发展战略，加快培育和形成"多极发展"格局。2017年1月15日，"加快构建多极发展新格局"首次被写入湖北省人民政府工作报告。湖北省人民政府工作报告提出，"大力支持武汉加快建设国家中心城市""大力支持襄阳、宜昌建设区域性中心城市""推动3至5个经济基础好、带动能力强的地级市加快发展，形成新兴增长极"……

为更好地发挥新型城镇化这个轮子对实现城乡一体化发展的驱动作用，国家于2014—2016年先后开展了三批新型城镇化试点工作，重点在农民工融入城镇、产城融合发展、带动新农村建设等方面进行了改革与创新的实践探索。湖北先后有武汉、孝感、仙桃、宜城4个市；宜都、松滋2个市；荆门、随州、长阳、大冶、老河口市5个市（县）分批次被纳入国家新型城镇化综合试点地区。这些地区通过试点示范、制度创新，在城乡一体化发展的多个方面取得十分明显的成效，为湖北其他地区推进城乡一体化发展起到了先行探路的作用。

总的来看，改革开放40年来，湖北取得城乡经济实现快速发展，城乡居民收入得到大幅提高，城乡关系调整取得重大进展，城乡间的互动融合日益加深的重要成就。2017年，湖北省GDP再创新高，达到3.65万亿元，继续保持历史最高排位，居全国第7位[1]。常住城镇人口由1978年的690.23万人提高到3499.89万人，城镇化率[2]由1978年的15.1%提高到59.3%（居中部六省首位[3]），年均提高1.13个百分点。农村居民年人均可支配收入达到13812元，高于全国平均水平，比1978年的111元增长了123倍，年均增长率为13.2%。城乡居民人均收入比为2.31∶1，低于全国平均水平。城乡居民人均住房面积由改革开放初期的3.8平方米、11.8平方米增加到42.48平方米、58.71平方米[4]。全省村村通电话、有线电视、宽带比例分别达到100%、90%、95.5%。全省农村公路总里程达到23.6万公里，在全国率先实现村村通客车。义务教育"两免一补"政策[5]实现城乡全覆盖，普惠性公办幼儿园实现乡镇全覆盖。社会保障制度实现了由主要面向城市、面向职工，扩大到城乡，覆盖到全民。

---

[1] 1978年，湖北省GDP仅为151亿元，居全国第10位。2010年以来，湖北省加快了赶超步伐。2012年，湖北省GDP超过湖南省居全国第9位。2015年，湖北省GDP超过辽宁省居全国第8位。2016年，湖北省GDP超过河北省居全国第7位，达到历史最高排位。

[2] 如无特别说明，本书中所涉及的城镇化率均指常住人口城镇化率。

[3] 从城镇化率来看，2017年，湖北为59.3%、湖南为54.62%、河南为52%、山西为57.34%、江西为54.6%、安徽为53.5%。

[4] 湖北省统计局：《波澜壮阔四十载 荆楚大地展新篇——改革开放40年湖北经济社会发展主要成就》，《政策》2018年第12期。

[5] 本书中凡涉及"两免一补"政策均指中央、省、县共同设立的"两免一补"专项资金，对农村义务教育阶段贫困家庭学生实施的免学杂费、免书本费、补助寄宿生生活费的政策。

全省590万建档立卡贫困人口中90%以上摘掉"贫困帽"。

然而,在肯定成绩的同时,我们还必须清醒地认识到,湖北实现城乡一体化发展仍然面临很多历史性和现实性因素的约束。特别是我国长期以来形成的以"城乡分治、重城市轻农村、重工业轻农业、重居民利益轻农民利益"为核心内涵的城乡二元社会结构并未发生根本性改变。这一制度性顽疾在很大程度上阻碍和限制了湖北城乡一体化发展的进程。当前,湖北在推进城乡一体化发展的过程中,还存在农业基础薄弱、农村发展不充分、城乡发展不平衡等多方面的深层次矛盾和问题,还有很多经验需要总结、很多教训需要汲取、很多瓶颈需要突破。

站在改革开放40年的时间节点上,以湖北城乡一体化发展为题,系统梳理改革开放以来我国城乡关系演变的历史轨迹,回顾改革开放以来湖北城乡一体化发展的光辉历程,客观认知湖北城乡一体化发展取得的阶段性成效和面临的各种新情况、新问题、新矛盾,认真总结经验,深刻反思教训,客观探究促进湖北城乡协调、一体和融合发展的对策,这不仅对湖北加快城乡一体化进程,全面建成小康社会具有十分重大的历史和现实意义,而且对全国特别是中部地区其他省份同样具有重要的启示和借鉴意义。

第二节 概念界定

本书要研究的是改革开放40年来与湖北城乡一体化发展相关的内容。研究过程中,必然会涉及对城市、乡村、小城镇、城镇化、城市化、城乡一体化等相关概念的运用。这些概念在不同的历史语境下,其含义是有差别的,而不同学者对同一概念的理解和定义也各不相同。为准确把握这些概念的内涵和外延,帮助读者加深对本书所述内容的理解,本书专设此节,对相关概念的界定和运用予以说明。

一 城市、乡村概念的界定和运用

城市是"城"与"市"的组合。"城"最原始的形态是用城墙等围起来的地域,最早用于防御野兽侵袭,后来演化为用于政治上的防守。

"市"最原始的形态是货物交易或买卖的场所，即以生产者之间相互交换为基础的场所，有时也被称为街、墟、集。无论是"城"还是"市"，这两者作为城市最原始的形态，都不具备城市的基本形态，故不能称为城市。在我国早期，城市的基本条件是必须有集中的居民和固定的市场，二者缺一不可。根据我国历史的特殊情况，当在城中或城的附近设市，把城和市连为一体的时候，就产生了我国早期的城市。然而，在城市的兴起中，也有很多城市是以"先市后城"的方式兴起的。

那么，如何定义城市？国内外学者从经济、社会、地理、历史、生态、政治、军事等不同的角度，先后对城市作过多种表述，但迄今仍没有一个公认的定论。从已有可查的文献来看，现有的关于城市概念的界定，比较普遍的大概有五种，分别为行政和立法概念的城市（如，中国古代的州、府、路、道，现今的建制市、镇等）、经济概念的城市（认为城市是区域经济的增长极或经济活动的中心）、文化概念的城市（认为城市是人类文明的集萃地，是政治、经济、宗教、艺术等重大社会活动的中心）、社会学和地理学概念的城市（认为城市是大多数居民从事工商业和其他非农业劳动的社区，或是有相当大的面积和相当高的人口密度的一个地域共同体）以及生态学概念的城市（将城市视为外部环境和聚集在城市中人口的生活支持系统，或视为人群的生态体系系统）。[①]

客观地讲，以上这五种类别的概念都是从不同的学科角度来定义的，仅概括了城市的某一个方面，不足以概括城市的本质特征。事实上，城市是人类经济发展到一定阶段的产物，是人类走向成熟和文明的标志，其作为一种历史范畴，存在的形式、功能、内涵都是在不断变化着的，对城市这一概念的界定很难形成一个大家公认的定论性的表述。

1984年，党的十二届三中全会通过的党的重要文献，即《中共中央关于经济体制改革的决定》（以下简称《决定》），对城市在我国的地位和作用曾有过一段表述。《决定》指出，城市是我国经济、政治、科学技术、文化教育的中心，是现代工业以及工人阶级集中的地方，在社会主

---

① 宋俊岭：《城市的定义和本质》，《北京社会科学》1994年第2期。

义现代化建设中起主导作用。①

综上所述，不论从哪一种角度对城市的概念和内涵进行表述，城市和乡村之间都存在天然的甚至是血缘的联系。因为，城市本身是相对于乡村而存在的。没有乡村，也就无所谓城市。

乡村，最早为古代的一种居民组织，一万两千五百户为一乡。从人类历史发展的长河来看，乡村先后经历了原始型乡村、古代型乡村、近代型乡村、现代型乡村的发展之变，未来还将发生新的变化。随着历史的车轮不断前行，社会生产力水平不断提高，乡村在空间形态、承载功能、文化内涵等方面一直发生着历史性的新变化。由此，很难在概念上对乡村进行准确的界定。《现代汉语词典》（第5版）②中，乡村被解释为主要从事农业、人口分布较城镇分散的地方。③但这仍显然不是对乡村的总体性、本质性意义的认识。

综合多方面的文献资料，目前，对于乡村可以从地域空间、聚落类型、功能属性和文化学意义四个方面进行理解和认识。

从地域空间上来看，在传统社会里，乡村实际上是一个封闭式的地理单元，与农村的范畴大体等同。但实际上，乡村的范围比农村更广、更大。通常，乡村是对应于城市的称谓，又称非城市化地区，泛指有别于城市地域诸多特征的，并处于城市社区以外的所有地区。在我国，乡村指县城以下的广大地区。

从聚落类型上来看，乡村指居民以农业为经济活动基本内容的一类聚落的总称。追溯历史，到了新石器时代农业和畜牧业开始分离，以农业为主要生计的氏族定居下来，才出现了真正的乡村。我国已发掘的最早村落遗址属新石器时代前期。如，浙江的河姆渡以及陕西的半坡等④。按照经济结构来分，乡村聚落可分为纯粹的单一农业村落、农副业村落、

---

① 《中共中央关于经济体制改革的决定》，载中共中央党校教务部编《十一届三中全会以来党和国家重要文献选编》，中共中央党校出版社2008年版，第167页。

② 商务印书馆2005年版。

③ 该定义源于《辞源》。

④ 参见新华社2002年10月29日消息我国社会科学院考古研究所副研究员刘国祥告诉新华社记者，2002年10月25日结束的内蒙古自治区敖汉旗兴隆沟遗址第二次发掘，完整挖掘出一个房址、窖穴和围壕等全部居住性遗迹的原始村落，这是迄今所知我国年代最早的村落遗址中保存最好、规模最大的一处"中华始祖聚落"，这个原始村落距今约8200年。

兼业村落和非农业村落。然而，20世纪70年代末以来，乡镇企业在我国的蓬勃发展深刻地改变了乡村聚落的传统特征，乡村聚落突破了人们从事生产劳动的场所的局限，同时成为人们居住、生活、休息和进行政治、文化活动的场所。

从功能属性上来看，乡村承担着一定聚居地内的经济社会功能。首先，乡村是一个社区概念，体现的是一种生产和居住功能，即乡村是从事农业生产和农民聚居的地方，以亲缘关系为主要的社会交往纽带，建立在以家庭为核心的血缘关系的基础之上，家庭承担着重要的生产和赡养功能。其次，乡村还是一个经济概念，是一个经济生活的整体，农业是基础或主要产业，除农业以外，还包括工业、交通运输业、建筑业、商业、服务业等物质生产和非物质生产部门的经济活动。最后，乡村才作为一个有机整体，包含着生态、经济、社会等多方面极其丰富的内容，指社会生产力发展到一定阶段上产生的、相对独立的、具有特定的自然景观特点、经济社会特征和经济社会功能的地区综合体。

从文化学意义上来理解，乡村具有一定的文化传统，能承载和传承乡土文化，是传统文化的"源头"，农耕文明的"载体"。在费孝通、梁漱溟等学者看来，乡村实质是构造一种生活秩序、一种社会生活与理想世界。费孝通在其所著的《乡土中国》一书中对中国社会曾有一个经典判断，即"从基层上看去，中国社会是乡土性的"。他认为乡村社会的常态即为"终老是乡"，认为乡土社会是一种礼治社会而非法理社会。梁漱溟认为，中国社会是以乡村为基础为主体的；所有文化，多半是从乡村而来，又为乡村而设。[①] 他们论述的乡土社会以其深厚的文化底蕴在稳定地延续着——在以农为本的时代，乡村地理空间往往较为封闭、固定，乡村村民以土地为根基聚族而居，在土地的利用和调适过程中构建了一套自给自足的意义系统和价值体系，形成了一个超稳定的社会结构，诸如天人合一、代际继替、差序格局、礼俗秩序、耕读传家等便是基于土

---

① 杨雪英、陈太彬：《梁漱溟的文化理想及其影响》，《淮阴师范学院学报》（哲学社会科学版）2001年第3期。

地而产生的一整套的文化逻辑。①

然而，在现代化的进程中，特别是改革开放以来，传统社会下的乡村发生了深刻而重要的变化。随着城市经济向农村的渗透，城市文明向农村的延伸，各种要素在城乡间的相互流动，土地不再是农民谋生的唯一出路，农民生活方式日益丰富，与土地之间的紧密关系逐渐断裂，农民阶层在悄然发生着分化，乡村已经不再是一个封闭的地理单元，流动与衰败成为乡村社会的重要特征。在这一过程中，乡村的社会秩序、传统文明和道德价值观念也受到严重的冲击，亟待复兴与重构。

除了城市、乡村之外，还有一种社会形态或者社会组织结构，即大家经常论及的小城镇这一概念需要弄清楚。什么是小城镇？通俗地讲，小城镇就是介于城乡之间的过渡性社区，即为较小的城镇，与之对应的则是大城镇。费孝通曾指出，小城镇是"新型的正在从乡村性的社区变成多种产业并存的向着现代化城市转变中的过渡性社区。它基本上脱落了乡村社区的性质，但还没有完成城市的进程"。②

在我国，很多情况下，政府部门的文件中或规划中使用的小城镇，是和大城市、中等城市以及小城市并列的一个概念。从我国实际的情况来看，目前，我国没有设市的县城人口大都在10万人以上，有的甚至超过了20万人，这样的县城虽然是镇的建制，但是我们不能称其为小城镇。而县级行政机关所在的城镇 县城（城关镇）应被称为大城镇。由集市发展而成的较大村落，没有镇的建制，也不能称其为小城镇。小城镇最主要的还是指乡一级行政机关所在的城镇，也就是我们通常所说的乡（镇）政府所在地。

明确了城市、乡村、小城镇的概念或界定之后，在现实中，如何有效地区分城市和乡村？这就需要从城市和乡村的本质特征上来进行分析，即从产业构成、人口规模、密度指标、景观、物质构成、职能、价值观念等各个方面来进行区分。而要真正在城市和乡村之间划出一条有严格科学意义的界线并不容易，因为城市与乡村实际上已经

[①] 赵旭东：《中国乡村文化的再生产：基于一种文化转型观念的再思考》，《南京农业大学学报》2017年第1期。

[②] 费孝通：《论中国小城镇的发展》，《中国农村经济》1996年第3期。

呈现出渐变、渗透和融合的特点。如城市化水平较高的大城市，城市与乡村连成一片，许多城郊村、园中村、城中村已经变成了大城市的工业开发区或者商业区、居民区，农业早已不见了踪影。

世界各国划分城市和乡村的标准也大不相同，有很多国家是通过农业人口所占比重来划分的。如，德国和法国规定人口在2000人以下的居民点为乡村，而美国和墨西哥等国的划分标准为2500人以下[①]。就我国来讲，关于城乡的划分十分复杂。我国相关部门对城乡的划分通常以文件的形式专门予以规定和确定。1955年，国务院发布《关于城乡划分标准的规定》，首次从计划、统计和业务核算的角度，对我国城镇和乡村进行了划分。[②] 1963年，中共中央、国务院发布《关于调整市镇建制、缩小城市郊区的指示》，对设镇标准专门进行规定。但是随着经济的发展和社会的变革，国家对这些标准的设定也会经常进行调整。如，自20世纪80年代以后，为适应乡镇企业的异军突起和城市经济体制改革的推进带来的城镇经济构成和人口结构发生的变化，国务院相继于1984年11月和1986年4月，批转民政部《关于调整建镇标准的报告》和《关于调整设市标准和市领导县条件的报告》，对以前的市镇建制标准做了较大的放宽。[③] 此后，1993年5月，《国务院批转民政部关于调整设市标准报告的通知》（国发〔1993〕38号），对1986年国务院批准试行的设市标准作出调整。鉴此，各地大量地撤县设市、撤乡建镇，全国市镇数量大幅度增加。同时，伴随着工业化和城镇化进程的加快，进入21世纪以后，我国城市在数量和规模方面明显增加，发生重要变化。鉴于原有的城市规模划分标准已难以适应城镇化发展等新形势的要求，2014年，国务院发布《关于调整城市规模划分标准的通知》（国发〔2014〕51号），对原有城市规模划分标准进行了调整，明确了新的城市规模划分标准。

---

① 美国国情普查局规定，全国城镇人口由"城市化地区"人口和"城市化地区"以外的>2500人的居民点的全国人口构成。其中，城市化地区相当于我国城市建成区。

② 湖北省档案局：《国务院关于城乡划分标准的规定》[（55）国密字第二〇三号，1995年11月7日]，《湖北省人民委员会函》[（55）鄂会办字第一二二九号，1955年11月21日]。

③ 刘冠生：《城市、城镇、农村、乡村概念的理解与使用问题》，《山东理工大学学报》（社会科学版）2005年第1期。

但这只是为了方便行政管理而对城乡作出的划分和调整。科学、真实地反映我国各阶段的人口、社会和经济的发展情况，还需要国家统计部门对城乡划分进行明确的规定。1999年，国家统计局制定并发布的《关于统计上划分城乡的规定（试行）》，明确以国务院关于我国市镇建制的规定和我国现行的行政区划为依据，将我国地理区域划分为城镇和乡村，并指出该规定适用于各类统计及与统计有关的业务核算。2008年，国家统计局制定的《统计上划分城乡的规定》（以下简称《规定》）获国务院批复。《规定》明确以我国的行政区划为基础，以民政部门确认的居民委员会和村民委员会辖区为划分对象，以实际建设为划分依据，将我国的地域划分为城镇和乡村。按照《规定》，城镇包括城区和镇区。城区是指在市辖区和不设区的市、区、市政府驻地的实际建设连接到的居民委员会和其他区域。镇区是指在城区以外的县人民政府驻地和其他镇，政府驻地的实际建设连接到的居民委员会和其他区域。乡村是指该《规定》划定的城镇以外的区域。[①] 然而，在实际运用中，各部门和各行业在城乡的划分标准上经常出现统计数据的混乱和交叉。即使在国家统计局出版的《中国统计年鉴》中，关于城乡的划分口径也各不相同。

事实上，关于我国城乡的划分，还有一个很直观的划分方法，即依照依附城乡二元社会制度上建立的城乡二元户籍制度来进行划分。长期以来，国家的很多政策制定、财政投入和服务供给在城市和乡村上是有差别的，从而延伸到经济核算、人口统计等方面的工作，在很大程度上，很多时候也都是依照户籍制度的不同对城乡分别进行统计和分析的。从与城乡有关的指标来看，其数据来源也不是唯一的，有两个来源，一个是统计部门提供的官方数据，另一个是行业部门提供的专业数据。

特别需要指出的是，我国对于城乡有关指标数据的计算和统计往往使用的是城市和农村的提法，而非城市和乡村。学术界在分析城乡问题

[①] 实际建设是指已建成或在建的公共设施、居住设施和其他设施。与政府驻地的实际建设不连接，且常住人口在3000人以上的独立的工矿区、开发区、科研单位、大专院校等特殊区域及农场、林场的场部驻地视为镇区。国家统计局设管司：《统计上划分城乡的规定》（国务院于2008年7月12日批复，国函〔2008〕60号），2006年10月18日，国家统计局官网，http://www.stats.gov.cn/tjsj/tjbz/200610/t20061018_8666.html。

时,在城市、城镇、农村和乡村的概念上基本上是混用的。本书在撰写中,如果不涉及统计数据的运用和进行特别分析,在城市和城镇,农村和乡村的概念上一般也是通用的。

二 城市化、城镇化概念的界定和运用

学者们普遍认为,"城市化"与"城镇化"在提法上并没有实质区别,都出自英文 Urbanization 的不同译法。城镇泛指市和镇。城镇化指农村人口向区域内的小城镇迁移和集聚的"镇化"过程,换句话说就是人口向城镇地区集中和乡村地区转变为城镇地区的动态过程。具体运用上,"城市化"是国际社会中普遍通用的提法。自 20 世纪 70 年代末,学者吴友仁公开发文研究我国社会主义城市化问题以来,我国便一直存在"城市化"[1] 和"城镇化"两种提法。1982 年,中国城市与区域规划学术界和地理学术界在南京召开的"中国城镇化道路问题学术讨论会"上,明确指出"城市化"与"城镇化"为同义语。但同时认为,"使用'城镇化'比'城市化'更为准确、严密,符合中国的国情,能够反映中国城镇化的特点"。[2] 而大多数情况下,人们也更习惯于使用"城镇化"这一提法。因为,在我国,城镇地区是一个既涉及城市也涉及农村的概念,不仅包括大中小"城市",还包括"镇"(含建制镇和非建制镇)。统计部门在统计人口时,城市人口是不包括镇的人口的,城镇人口才包括市和镇的人口。再加上,我国幅员辽阔,农业人口众多,小城镇量大面广,国家在发展战略的考虑上,不仅要发展大中城市,也要积极发展小城市、小城镇,加快推动农村人口的城镇化。[3]

2000 年,中共中央、国务院出台的《关于促进小城镇健康发展的若干意见》指出,"加快我国城镇化进程,实现城镇化与工业化协调发展,小城镇占有重要的地位"。2001 年公布的《中华人民共和国国民经济和社会发展第十个五年计划纲要》提出,"要不失时机地实施城镇化战略"。

---

[1] 20 世纪 70 年代以前,我国没有正式提过"城市化"。
[2] 李秉仁:《我国城镇化道路问题的讨论》,《城市规划》1983 年第 2 期。
[3] 吴万齐:《中国城镇化道路问题学术讨论会在南京举行》,《建筑学报》1983 年第 3 期。

此后，国家正式文件都使用"城镇化"的提法[①]。简单来讲，城镇化就是以农村人口不断向城市迁移与集聚为本质特征的一种历史过程。刘金龙认为，"中国城镇化过程实际上是单位制的城市和地缘、亲缘下的农村相互渗透和融合的过程"。[②]

事实上，"城镇化"的内涵十分丰富，一般来说，可以分为两个互动的基本过程和三种具体表现形式。所谓两个互动的基本过程，第一个是农村人口、生产方式等社会经济关系和农村生活方式、思维方式、价值观念向城市集聚的过程；第二个是城市生产方式等社会经济关系和城市性生活方式、思维方式、价值观念向农村扩散的过程。三种具体表现形式，第一种表现为人口的城镇化，即农村人口转化为城市（镇）人口或农业人口转化为非农业人口，并向城市（镇）集聚的过程；第二种表现为地域的城镇化，即农村地域变为城市地域的过程，城市（镇）在空间数量上的增多、区域规模上的扩大、职能和设施上的完善；第三种表现为城市（镇）文明向农村的有效溢出，即城市（镇）的经济关系、居民的生活方式以及人类的社会文明广泛向农村渗透的过程。[③]

尽管，城镇化的内涵很多，但从根本上看，城镇化的实质是人类生产和生活方式由乡村型向城市型转化的历史过程。在这个过程中，人口向城镇集中本身就包含了经济社会转换等多方面的内容，因而通常用人口向城镇的集聚程度——城镇常住人口占该地区常住总人口的比重，即城镇化率来衡量城镇化水平。城镇化水平的高低，直接反映了一个地区经济和社会的综合发展水平。[④]

三 城乡一体化及相关概念的界定和运用

城乡一体化是一个历史范畴，是现代化和城镇化发展过程中的一个

[①] 在我国，无论是学术界对"城镇化"的讨论，还是党中央将"城镇化"作为既定政策提出，大多专指"农村的城镇化"。

[②] 魏来、赵蕾：《城乡一体发展：历史沿革、现实路径与关键问题——首届县域治理高层论坛会议综述》，《华中师范大学学报》（人文社会科学版）2016年第2期。

[③] 周毅：《现代文明进程中的城市化理论》，《特区理论与实践》2003年第11期。

[④] 王修达、王鹏翔：《国内外关于城镇化水平的衡量标准》，《北京农业职业学院学报》2012年第1期。

新阶段,是城乡关系由对立走向一体的演变过程。究竟什么是城乡一体化?人们对其认识并不完全一致。其中,一部分人站在城市主位,即乡村从属于城市的角度,片面地认为城乡一体化是乡村为城市服务、城市带动乡村、工业支持农业,使乡村和城市接近。这是一种十分狭隘的观点。所谓城乡一体化应该是一个科学的整体观点,应该把乡村放到与城市对等的地位上,从城乡的共同利益出发,城乡人口、技术、资本、资源等各类要素相互融合,互为资源,互为市场,互相服务,互相促进,逐步达到城乡之间在经济、社会、文化、生态上一体化发展,在空间上协调发展,在政策制度上一致化的过程。[1]

然而,从不同学科研究的角度来看,学者对城乡一体化的理解各有不同。其中,社会学者和人类学者从城乡关系的角度出发,认为城乡一体化是指相对发达的城市和相对落后的乡村,打破相互分割的壁垒,逐步实现生产要素的合理流动和优化组合,促使生产力在城市和乡村之间合理分布,城乡经济和社会生活紧密结合与协调发展,逐步缩小直至消灭城乡之间的基本差别,从而使城市和乡村融为一体。[2] 经济学者则从经济发展规律和生产力合理布局角度出发,认为城乡一体化是现代经济中农业和工业联系日益增强的客观要求,是指统一布局城乡经济,加强城乡之间的经济交流与协作,使城乡生产力优化分工,合理布局、协调发展,以取得最佳的经济效益。[3] 生态学者和环境学者则从生态环境的角度,认为城乡一体化是对城乡生态环境的有机结合,保证自然生态过程畅通有序,促进城乡健康、协调发展。[4]

长期以来,我国实行的是城乡有别的二元制度安排。这种制度安排成为阻碍城乡之间资源要素优化配置和合理流动的重要障碍,也是导致当前城乡差距明显、城乡发展不平衡不协调的一个非常重要的原因。因此,在我国,城乡一体化的提出和实施,可以说是一项重大而深刻的社

---

[1] 张留记:《城乡一体化之路》,农村读物出版社1989年版,第1页。李传兵、俞思念、陈浩然:《马克思城乡关系思想及其当代中国化实践》,《社会主义研究》2012年第4期。
[2] 张雨林:《论城乡一体化》,《社会学研究》1988年第5期。
[3] 薛德升、陈文娟、侯启章:《有关"乡村城市化"和"城乡一体化"等几个概念的辨析》,《城市问题》1998年第1期。
[4] 吕保利:《关于城乡一体化问题的探讨》,《黑龙江对外贸易》2011年第2期。

会变革，是破除原有的城乡二元体制，使城乡由分离走向融合的一个过程。在我国，实现城乡一体化发展目标的提出，其实质在于消除城乡二元结构。如何消除城乡二元结构，除了依靠市场机制，推进生产要素在城乡之间的双向自由流动以外，还需要发挥政府的宏观调控作用，在政策调整和制度创新上，逐步消除城乡二元结构，最终实现城乡在政策上的平等、产业发展上的互补、国民待遇上的一致，让农民享受到与城镇居民同等的文明和实惠，使农村和城市融为一体，实现城乡共同繁荣、共同发展。①

此外，需要特别加以说明的是，"城乡一体化"和"发展"一词搭配使用时，本书除了在引用党和国家领导人的重要讲话、党政机关发布的有关文件中使用"城乡发展一体化"这一用语以外，大多数时候采用"城乡一体化发展"这一用语。

第三节 研究述评

在人类发展史上，城乡之间存在三种关系：城乡隔绝、城乡对立、城乡一体。城乡一体是城乡融合的结果。国内外许多思想家、政治家及有关学者向来十分重视对城乡关系的研究，形成了诸多理论解释和鲜明观点，形成了较为丰富的理论成果，为城乡一体化思想的形成奠定重要理论基础。

从现有可查的文献资料来看，关于城乡一体化，不论是空想社会主义者、马克思主义经典作家，还是其他外国学者都没有具体、明确提出。但学术界普遍认为，城乡一体化思想的萌芽出现在16世纪英国人文主义者托马斯·莫尔的著作《乌托邦》中关于城乡一体化的设想。基于当时的英国处于"羊吃人"的"圈地运动"的社会背景，社会上要求平等、均衡的呼声十分强烈，托马斯·莫尔在《乌托邦》中描绘了一幅人人平等、人人相爱的盛世蓝图。

此后，随着资本主义国家城市的快速发展，城市工业化的不断进步，城乡矛盾突出并日益加剧。为了消除城乡矛盾和对立，一些资产阶级学

---

① 吕保利：《关于城乡一体化问题的探讨》，《黑龙江对外贸易》2011年第2期。

者提出了各种观点和解决方案。其中，以圣西门提出的"城乡社会平等观"、傅立叶关于"法郎吉"的"和谐社会"的论述以及欧文试图建立的"理性的社会制度"与"共产主义新村"的设想最具代表性。他们深刻揭露了资本主义的罪恶，对资本主义早期工业化时期所表现出来的城乡之间不平等发展进行了谴责和批判，提出了试图在资本主义条件下通过社会改良，消除城乡对立，建立"人人平等，个个幸福"的新社会的空想社会主义学说。他们主张，未来社会要消灭城乡之间、工农之间、脑力劳动和体力劳动之间的差别。尽管，这些解决现代城乡矛盾的方案在当时沦为空想，但却构建了现代城乡关系的早期设想，成为关于城乡关系的一种理想设计。[①]

在相同的历史背景下，19世纪中叶，马克思和恩格斯从资本主义社会现实出发，着眼未来，批判地吸收了资产阶级学者特别是空想社会主义者关于城乡融合、发展的观点，从生产关系的角度，运用阶级分析的方法，阐明了城乡之间的关系变迁，从本源上分析了产生城乡差别、尖锐对立的原因，前瞻性地提出了城乡融合的可能性，确定了城乡关系的最终目标，阐述了城乡融合的实现路径，共同提出并阐发了城乡融合理论，即我们通常所说的马克思主义城乡关系理论。恩格斯于1847年在其撰写的《共产主义原理》一书中提出了消灭城乡对立，进而消除城乡差别实现城乡融合的思想，并首次提出了"城乡融合"的概念。马克思于1848年在《共产党宣言》一书中提出了"把农业和工业结合起来，促使城乡之间的对立逐步消灭"的观点[②]之后，1876年9月，恩格斯又在《反杜林论》一书中进一步对"城乡融合"作了比较具体的论述。马克思、恩格斯认为，未来的社会，是城乡在新的基础上平衡、协调，即实现城乡融合。所谓城乡融合，就是"将结合城市和乡村生活方式的优点而避免两者的偏颇和缺点"。[③]

具体来看，马克思、恩格斯关于城乡融合的基本观点体现在四个方

[①] 杨小萍：《统筹城乡发展代表性理论述评》，《吕梁学院学报》2015年第2期。张文明：《新型城镇化：城乡关系发展中的"人本"回归》，《华东师范大学学报》（哲学社会科学版）2014年第5期。

[②] 《马克思恩格斯选集》（第1卷），人民出版社1995年版，第394页。

[③] 《马克思恩格斯全集》（第4卷），人民出版社1958年版，第368页。

面：(1) 城乡分离是社会分工的结果。马克思、恩格斯在《德意志意识形态》一书中曾写道："物质劳动和精神劳动的最大的一次分工，就是城市和乡村的分离……城乡分离起源于分工，它是社会进步的一种标志。"①(2) 城市和乡村由分离、对立走向融合、一体化是社会发展的必然趋势。恩格斯指出，"城市和乡村的对立的消灭不仅是可能的"②，而且是"工业生产和农业生产本身的直接需要"。③ (3) 消除城乡分离和对立，实现城乡融合需要经历一段漫长的社会历史过程。马克思曾指出，"消灭城市与乡村之间的对立，是社会统一的首要条件之一，这个条件又取决于许多物质前提，而且一看就知道，这个条件单靠意志是无法实现的"。④ (4) 未来实现城乡融合需要从消灭私有制、发展生产力和发挥城市先导作用三个方面来努力。一方面，马克思、恩格斯认为，私有制的存在是城乡分离和对立的制度根源。马克思、恩格斯认为"城乡对立只有在私有制的范围内才能存在"。⑤ 另一方面，马克思、恩格斯认为，生产力的高度发展是走向城乡融合的基础和前提，他们指出，"乡村农业人口的分散和大城市工业人口的集中只是工农业发展水平还不够高的表现，它是进一步发展的障碍"。⑥ 此外，马克思、恩格斯还认为，实现城乡融合的途径是要充分发挥城市的中心作用，走乡村城市化的道路。总的来看，马克思主义城乡关系理论是沿着城乡无差别到城乡分离、对立再到城乡融合发展过程这一思路在展开。

随着社会主义由理论走向实践，对于城乡融合，作为马克思主义经典作家的列宁、斯大林也没有进行正面论述，但是他们结合俄国城乡发展的实际情况，进一步丰富了马克思、恩格斯的城乡融合理论，并强调了城乡经济结合和文化融合的重要性。

对于城乡一体的图像，1898年，英国城市学家埃比尼泽·霍华德曾

---

① 方美红：《城乡差别的概念界定及现状分析》，《老区建设》2010年第Z1期。张晓伟：《中国共产党的城乡关系理论与实践》，博士学位论文，西南交通大学，2012年，第5页。

② 《马克思恩格斯全集》（第3卷），人民出版社1960年版，第57页。

③ 《马克思恩格斯选集》（第三卷），人民出版社1972年版，第335页。

④ 《马克思恩格斯全集》（第3卷），人民出版社1965年版，第57页。

⑤ 沈妧：《马克思主义城乡融合思想及其对我国城乡文化一体化建设的启示》，《理论导刊》2013年第7期。

⑥ 同上。

在他的著作《明日——一条通向真正改革的和平道路》①中，虽然没有明确使用"城乡融合"的概念，但却十分有趣地提出了城乡必须"成婚"的论题，提出了"田园城市理论"。他提倡"用城乡一体的新社会结构形态来取代城乡对立的旧社会形态"，他认为，城市和乡村都各有其优点和相应的缺点，理想的城市应该是城和乡的结合，同时具备城市和乡村的优点，这种理想状态下的城市被称为"田园城市"。为此，一度引发了流行欧美的田园城市运动。②

20世纪60年代，美国著名城市学理论家刘易斯·芒福德从城市发展的立场出发，生动论述了城乡关系的紧密性、平等性，城乡关联发展的重要性，提出了"城与乡，不能截然分开；城与乡，同等重要；城与乡，应当有机结合在一起"的城乡发展观，其实质仍然是"城乡融合"。③

除此以外，国外关于城乡融合具有代表性的论述还有加拿大学者麦基提出的"城乡融合区域"理论，日本学者岸根卓郎提出的城乡融合设计概念，等等。当然，还有其他学者提出的相关理论和学说，由于篇幅有限，本书不一一进行列举。

综上所述，城乡一体化的思想，起源于空想社会主义思想家的乌托邦思想体系、马克思和恩格斯的城乡融合理论以及现代城市学者和城市规划学者等关于城乡改进的表述。这些表述蕴含的观念和思想共同奠定了城乡一体化思想的理论基础，对我国正确处理城乡关系，推动城乡协调、一体和融合发展具有重要的启示意义。

在我国，城乡一体化是在特定的历史时期，我们党及实践工作者在改革中为解决我国特殊的问题而提出的，是我国城乡二元社会结构的对立物。其产生与改革开放后乡镇企业的兴起、小城镇的发展、农村城镇化等发展密不可分。相关资料表明，我国最先使用这一概念的地方是苏

---

① 后于1902年再版时改名为《明日的田园城市》。
② [英] 埃比尼泽·霍华德：《明日的田园城市》，金经元译，商务印书馆2010年版，第16—18页。徐杰舜：《城乡融合：新农村建设的理论基石》，《中国农业大学学报》（社会科学版）2008年第1期。
③ 程水源、刘汉成：《城乡一体化发展理论与实践》，中国农业出版社2010年版，第15页。

南（苏州南部）地区从事实际工作的同志。此后，这一概念为一些经济发达或比较发达的地区所使用，其内涵不断得到丰富。[①] 而关于城乡发展的理论研究，中国共产党领导人或集体在不同的历史阶段都进行过理论探索。其中，毛泽东在探索我国新型城乡关系的过程中，结合城乡发展实际逐步提出了"以农业为基础，以工业为主导，工农并举"的城乡兼顾的思想[②]。毛泽东特别强调，"城乡必须兼顾，必须使城市工作和乡村工作，使工人和农民，使工业和农业，紧密地联系起来。决不可以丢掉乡村，仅顾城市，如果这样想，那是完全错误的"。[③] 邓小平始终坚持农业是根本，特别重视城乡协调发展，提出城乡互补、工农互依的思想。邓小平强调，"农业问题要始终抓得很紧"，"农副产品的增加、农村市场的扩大，农村剩余劳动力的转移，又强有力地推动了工业的发展……农业和工业，农村和城市，就是这样相互影响、相互促进"。[④] 江泽民提出了统筹城乡经济社会发展的城乡互动的思想[⑤]，并探索城市对农村发展的带动作用，奠定了"工业反哺农业、城市带动乡村"政策取向的理论基础。胡锦涛确立了统筹城乡发展的方略，提出了"两个趋向"的重要论断[⑥]，提出了城乡经济社会一体化的思想。习近平总书记提出了城乡要协调发展，即新农村建设和新型城镇化要协调发展的思想。习近平总书记在中共中央政治局第二十二次集体学习时指出，"推进城乡发展一体化，是工业化、城镇化、农业现代化发展到一定阶段的必然要求，是国家现

[①] 张雨林：《论城乡一体化》，《社会学研究》1988年第5期。居福田：《论城乡一体化》，《学海》1990年第3期。

[②] 朱慧勇：《兼顾与均衡：毛泽东城乡发展观的逻辑主线》，《山西高等学校社会科学学报》2016年第4期。

[③] 同上。

[④] 贺新元：《邓小平发展思想论纲》，《中国人口资源与环境》2011年第10期。

[⑤] 参见《中国共产党第十次全国代表大会文件汇编》，人民出版社2002年版，第1—56页。

[⑥] 胡锦涛在党的十六届四中全会上，针对农业问题提出了"两个趋向"的重要论断，即"纵观一些工业化国家发展的历程，在工业化初始阶段，农业支持工业，为工业提供积累是带有普遍性的趋向；但在工业化达到相当程度后，工业反哺农业、城市支持农村，实现工业与农业、城市与农村协调发展，也是带有普遍性的趋向"。

代化的重要标志"。①"要把工业和农业、城市和乡村作为一个整体统筹谋划，要继续推进新农村建设，使之与新型城镇化协调发展、互惠一体，形成双轮驱动。"②

学术界普遍认为，中国共产党领导人或集体关于城乡发展的思想或者观点，与马克思、恩格斯的城乡融合理论既一脉相承又有所创新和发展，都是基于我国国情，适应不同历史时期经济社会发展的要求而提出来的，在实践中为全国各地当时以及下一步如何推动城乡协调、一体和融合发展指明了基本方向和道路。从国内学术界对城乡发展有关问题的研究来看，其研究多集中于对城乡统筹、城乡一体化、城乡关系的内涵和特征、经验和模式总结、指标评估、实现条件、阻碍因素、发展思路和政策研究等方面，在研究内容上趋于具体化与系统化，多从单一领域着手来研究城乡一体化。总的来看，这些研究成果对实际问题的解决有十分重要的指导作用，但其所产生的推动力还不够，还需要进一步加强，这正是本书在研究中要着力克服的关键问题。

第四节　研究框架

从1978年党的十一届三中全会作出改革开放这一伟大决策至今，我国已经在改革开放的航程中走过了波澜壮阔的40年历程。站在改革开放40年这一时间节点上，本书以湖北城乡一体化发展为主题，立于我国城乡关系40年演变的大背景，从理论和实践两个方面对1978年至2018年湖北城乡一体化的发展历程、改革成效、实践创新、经验教训等进行系统梳理、认真总结和客观分析，旨在通过汲取教训、总结经验、反思原因，探寻湖北城乡一体化走向融合化和现代化的有效实现路径和发展对策。

在研究方法上，本书主要采取历史研究和典型分析相结合的方法。

---

① 陈润儿：《加快推进城乡发展一体化》，《人民日报》2015年7月21日第7版。
② 杨小萍：《统筹城乡发展代表性理论述评》，《吕梁学院学报》2015年第2期。

在文献获取上，相关资料除来源于常规的出版物、会议报道和统计年鉴外，还来源于湖北省档案馆馆藏资料、有关改革开放亲历者回忆历史的口述资料、笔者实地调查获得的资料、政府（部门）官网公开的资料等。在篇章布局上，全书共七章，具体结构安排如下。

第一章为导论。这一章主要阐述了本书的研究背景和研究意义。同时，对相关概念的界定和运用进行了说明，对相关理论和研究成果进行了梳理和分析，对研究思路和篇章结构进行了简要介绍。

第二章为改革开放40年我国城乡关系演变的历史轨迹。这一章以国家大政方针和相关政策的调整为重要划分依据，对改革开放40年来我国城乡关系演变的历史轨迹进行了系统梳理。我国城乡关系40年的演变史深刻反映了不同时期城乡经济社会发展的基本状况和当时国家政策的基本导向，同时也为本书后面各章节展开对湖北城乡一体化发展的研究提供重要背景与基础。

第三章为湖北推进城乡一体化的历史沿革及主要成就。这一章对湖北的经济社会发展概况进行了简要介绍，并以改革开放40年为时间维度，结合不同历史时期国家和省级两个层面的政策调整及其推进的重大改革，对湖北城乡一体化发展的历史进程和取得的阶段性成果，进行较为全面、深入的分析和总结。

第四章为湖北城乡一体化发展的新面向及政策局限。这一章在总结湖北城乡一体化发展取得巨大成就的同时，立足我国国情和湖北省情，科学认识、客观辨析、准确把握当前城乡经济社会发展中面临的各种新情况、新问题、新矛盾，进而在肯定国家和省级层面各类政策在实施过程中发挥正向效应的同时，也客观分析了现有城乡一体化政策的局限性。

第五章为湖北城乡一体化发展的探索与实践。这一章选择湖北省城乡一体化先行区，即湖北省首个城乡一体化试点城市——鄂州市，对其在城乡一体化实践中形成的一些好的经验、做法、成效和启示进行分析和总结。

第六章为湖北城乡一体化发展的路径与任务。这一章立足新阶段、新形势、新起点，坚持当前发展和长远发展相结合，既对如何解决当前湖北城乡改革与发展中面临的实际问题作出思考，又对如何更好推进湖北城乡一体化加快发展作出思考,并提出推动湖北城乡一体化发展的实现路径、改革任务与对策建议。

第七章为全书的总结与展望。这一章对改革开放40年来湖北城乡一体化发展的历史脉络、经验教训、未来展望进行了总结性的论述。

第二章

改革开放 40 年我国城乡关系演变的历史轨迹

城乡关系是我国经济社会关系中最重要的关系之一。[1] 与全国大多数地区一样,湖北城乡一体化发展始终是在全国城乡关系不断演变的大背景下不断向前推进的。为准确把握、客观总结湖北城乡一体化发展的历史脉络、改革成效、实践创新和经验教训,十分有必要对我国城乡关系演变的历史轨迹进行系统梳理。

纵观中华文明数千年的历史,我国城乡关系的演变充满了曲折和复杂,历史背景极为深厚,与特殊历史时期西方国家在华的侵略政策、中华人民共和国成立后的国际环境和国家的既定政策、改革开放后经济社会的大发展等有着十分重要而密切的联系。

中华人民共和国成立之前的封建社会时期,城市主要以行政中心和商业中心两种形态存在,城与乡各有不同,但彼此互相依存、互相协调,是一体化的整体。半殖民地半封建社会时期,城乡关系主要表现为城市对农村的剥削与掠夺,广大农村日益凋敝衰落,城乡差距呈现出不断扩大之势。城乡关系的实质是城乡对抗。毛泽东指出,"经济上城市和乡村的矛盾……在中国的国民党统治区域里面(那里外国帝国主义和本国买办大资产阶级所统治的城市极野蛮地掠夺乡村),那是极其对抗的矛盾"。[2]

---

[1] 谢志强、姜典航:《城乡关系演变:历史轨迹及其基本特点》,《中共中央党校学报》2011 年第 4 期。

[2] 《毛泽东选集》(第 1 卷),人民出版社 1991 年版,第 336 页。

1949年，中华人民共和国成立，标志着我国从此揭开了历史发展的新篇章，也标志着我国"城乡对立""城市剥削乡村"关系的结束，城乡关系由此进入了一个历史新时期。中华人民共和国成立之初，国家积贫积弱、满目疮痍、百废待兴，城乡关系严重扭曲、畸形，突出体现为城乡对立和城乡发展脱节。因此，消灭城乡对立，建立城乡融合的新型关系便成为中华人民共和国成立初期党和国家的重要任务。按照毛泽东提出的"以农业为基础，以工业为主导，工农并举"的城乡兼顾的思想，党和国家的城乡关系政策先后围绕"巩固政权、恢复和发展国民经济""实现'一化三改造'"①而展开②。特别是1949—1952年，随着土地制度改革任务的基本完成、恢复发展农业的方针政策的出台和落实、乡村基层政权的建立，城乡之间的交流渐次频繁，各种生产要素开始自由流通，城乡经济联系不断加强，这些都有力地推动了当时国民经济的恢复和发展③，城乡关系也由此前的"对立"状态相对转变为"相互依存"状态。

然而，从1953年起，"一五"计划实施以后，我国进入大规模的工业化建设阶段。在高度集中的计划经济体制之下，党和国家的城乡关系政策逐渐转向"以农助工、以乡养城"，从而城乡经济社会形成了两套完全不同的运行系统。具体体现为，党和国家在这一时期实行了"快速、优先、重点发展重工业"和"城市偏向"的发展战略。通过实行统购派购制度和人民公社制度，利用"工农业产品价格'剪刀差'"为工业化积累了大量的资金；通过一系列的二元制度安排，在户籍管理、粮油供应、劳动用工、社会保障等多个方面，人为地将城乡分割并区别对待。因此，这一时期，城乡经济结构和社会结构均表现为城乡对立。④

应该说，这一时期，中国社会被一堵看不见的墙硬生生地割裂成了

---

① "一化"，就是逐步实现国家的社会主义工业化；"三改造"，就是逐步实现国家对农业、手工业、资本主义工商业的社会主义改造。

② 彭晓伟：《中国共产党的城乡关系理论与实践》，博士学位论文，西南交通大学，2012年，第138页。

③ 吴振磊：《我国城乡经济社会关系的历史演进：阶段、特征与趋势》，《西北大学学报》（哲学社会科学版）2012年第4期。

④ 同上。

城市和农村两大社区。正是在以上这些人为设置的制度下，我国进入了城乡二元结构和城乡二元体制高度固化的时期，主要表现在工农业产品不能平等交易、城乡之间的要素不能自由流动、城镇居民与农村居民权利和发展机会不能平等等方面[1]，"封闭、割裂、对立"便成为这一时期我国城乡关系的生动映照。

1978年，党的十一届三中全会召开，明确废止"以阶级斗争为纲"的口号，强调以经济建设为中心，我国由此进入了改革开放的历史新时期。随着改革开放的逐步深入和市场经济进程的逐步加快，计划经济时代高度固化的城乡二元结构和城乡二元体制在市场力量的巨大冲击下逐步松动，原本"封闭、割裂、对立"的城乡关系也逐步得到改善，特别是党的十六大以来，党中央、国务院在统筹城乡发展、促进城乡一体化发展、推动城乡融合发展方面作出的一系列重大决策部署，对城乡关系的改善起到了巨大的推动和促进作用。

对于改革开放40年我国城乡关系演变的历史轨迹，不同的学者从不同的视角作出不同的阶段划分，有划分为两个阶段的，也有划分为三个阶段的。从时间跨度上来看，大多限于对1978年到2012年，即限于改革开放之初至党的十八大召开之前这一时间段的研究。在具体阶段的划分上，有的是以党和国家的工作重心的转移为节点来划分的，有的是以重大历史事件为节点来划分的。尽管划分的标准和分析的视角不同，但都在客观上反映了当时我国城乡关系的历史发展现实。

本章以国家大政方针和相关政策的调整为重要划分依据，重点对改革开放40年我国城乡关系演变的历史轨迹进行了系统梳理。我国城乡关系40年的演变史由城乡关系松动缓和期（1978—1985）、城乡关系再度失衡期（1985—2002）、城乡关系统筹发展期（2002—2012）和城乡关系融合发展期（2012—2018）四个阶段组成。每一个阶段，城乡关系的特征都十分鲜明，深刻反映了当时我国城乡经济社会发展的基本状况和国家政策的基本导向，同时也为本书后面各章节展开对湖北城乡一体化发展的研究提供重要背景与基础。

---

[1] 韩俊：《中国城乡关系演变60年》，载宋亚平主编《三农中国》第13辑，湖北人民出版社2009版，第32—33页。

第一节　城乡关系松动缓和期(1978—1985)

1978—1985 年，这一时期是改革开放的初期阶段，也是农村改革的启动和探索阶段。1978 年 12 月 18—22 日，党的十一届三中全会在北京召开，党中央果断结束"以阶级斗争为纲"，作出了把全党工作重点转移到社会主义现代化建设上来，以经济建设为中心，实行改革开放的伟大决策①，而实施这一决策的重心是农村改革，这不仅标志着我国进入了改革开放的历史新时期，同时也标志着我国城乡关系的发展进入了历史新时期，即党和国家在处理城乡关系上由改革开放前"重工轻农""重城轻乡"的主导思想转变为对农村更多的关注和高度重视。

党的十一届三中全会深入讨论了农业问题，原则通过《中共中央关于加快农业发展若干问题的决定（草案）》（以下简称《决定》）。全会认为，"全党目前必须集中主要精力把农业尽快搞上去，因为农业这个国民经济的基础，这些年来受到了严重的破坏，目前就整体来说，还十分薄弱。只有大力恢复和加快发展农业生产……逐步实现农业现代化，才能保证整个国民经济的迅速发展，才能不断提高全国人民的生活水平"。②从这个指导思想出发，全会提出了加快农业发展的一系列政策措施。这次全会的召开和《决定》的通过，标志着以党的十一届三中全会召开为起点，我们党在思想上对农业基础地位认识的深化和对农民问题的高度重视。③

农业、农村和农民问题是我国经济发展的首要问题。邓小平对此作过明确的论述。他指出："中国有百分之八十的人口在农村，中国稳定不稳定首先要看这百分之八十稳定不稳定。城市搞得再漂亮，没有农村这

---

① 文道贵：《从党的经济工作视角看十一届三中全会的历史意义》，《社会主义研究》2009 年第 1 期。

② 《中国共产党第十一届中央委员会第三次全体会议公报》，载中共中央文献研究室编《三中全会以来重要文献选编》（上），中央文献出版社 2011 年版，第 6 页。

③ 储著源、吴玉才：《党的十一届三中全会与中国农村改革的启动》，《安徽农学通报》（上半月刊）2010 年第 9 期。

一稳定的基础是不行的。"①"中国社会是不是安定，中国经济能不能发展，首先要看农村能不能发展，农民生活是不是好起来。"②"农业搞不好，工业就没有希望，吃、穿、用的问题也解决不了。"③"农副产品的增加，农村市场的扩大，农村剩余劳动力的转移，又强有力地推动了工业的发展。"④"工业越发展，越要把农业放在第一位。"⑤

正是基于这样一种认识，党和国家开始改变长期以来实行的城市偏向政策，转变了优先发展工业的战略举措，不再倡导农村支持城市、农业支持工业，而是寄望从农村取得突破进而带动城市发展。党中央率先在农村启动并全面推行以家庭联产承包责任制为中心的改革，进而废除了"政社合一"的人民公社制度，作出了取消农产品统购派购制度，允许农民工进城务工就业的重大举措。这些在赋予农民生产经营自主权、解放和发展农村社会生产力、增加和提高农民收入、改善农村居民居住生活条件和缩小城乡差距等方面发挥了极其重要的作用⑥。这一时期，城乡之间分离割裂的关系得到有效改善，逐渐松动缓和。

相关数据表明，这一时期，城乡居民人均收入比从1978年的2.57∶1缩小到1985年的1.86∶1；城乡居民人均消费额之比从1978年的2.93∶1缩小到1985年的2.31∶1；1978年农村居民的人均居住面积比城市居民多1.4平方米，到1985年则比城市居民多4.68平方米；城乡居民恩格尔系数的差距从1978年相差10.2个百分点，逐步缩小到1985年的4.5个百分点。⑦

具体来看，这一时期城乡关系的松动缓和主要体现在三个方面。

---

① 中共中央文献研究室编：《建设有中国特色的社会主义》，人民出版社1984年版，第65页。
② 《邓小平文选》（第三卷），人民出版社1993年版，第77—78页。
③ 《邓小平文选》（第一卷），人民出版社1994年版，第322页。
④ 同上。
⑤ 《邓小平文选》（第二卷），人民出版社1994年版，第29页。
⑥ 张新华主编：《新中国探索"三农"问题的历史经验》，中共党史出版社2007年版，第394页。
⑦ 蓝海涛：《改革开放以来我国城乡二元社会结构的演变路径》，《经济参考研究》2005年第17期。

一 农业生产力得到恢复和极大提高

这一时期,党和国家通过废除"政社合一"的人民公社体制,全面推行家庭联产承包责任制,赋予农民生产经营自主权,极大释放农业发展的生产力,促进了农业生产的恢复和迅速发展。

1978年,安徽、四川两省率先在农村推行了以包产到户为内容的家庭联产承包责任制,这种农业生产经营形式的创新开启了中国农村改革的时代大幕。[1]当时,具有重大意义的改革事件是1978年冬,安徽省凤阳县梨园公社小岗村的18位农民签下分田到户"大包干"的生死契约,暗中将土地偷偷包到了户,开创了家庭联产承包责任制的先河。1979年秋收,小岗村的粮食总产量由1978年的3.6万斤猛增到13.2万斤,是1966—1970年5年的总和[2]。而签订"生死契约"的18户农户中有12户的粮食产量超过了1万斤[3]。

1979年春,安徽各地大胆探索,创造了多种形式的农业生产责任制,特别是联系产量责任制,包括包产到组、包产到户。其中,各地推行的包产到户扩大到宜城、芜湖、东至、无为、肥东、长丰、颍上、固镇、来安、全椒、嘉山、阜南、六安13个县,到1982年上半年便在全省范围得到了普及和发展。相关数据表明,安徽农村包产到户的生产队占总数的比例,到1979年年底为10%,到1980年年底为66.8%,而到1982年上半年则猛增至98.8%。[4]

四川作为全国的农业大省,也是全国较早并且比较彻底推行农业生产责任制的省份。为发展农业生产,四川在参考《中共安徽省委关于当前农村经济政策几个问题的规定》(简称"六条")后,于1978年年初也制定了《关于目前农村经济政策的几个主要问题的规定》(简称"十二

---

[1] 早在20世纪五六十年代,安徽就已经搞过"包产到户",即曾希圣同志推行的"责任田"。

[2] 曹普:《当代中国改革开放史》(上卷),人民出版社2016年版,第159页。

[3] 宋亚平:《"分田到户"改革的辩证性反思》,《华中师范大学学报》(人文社会科学版)2016年第5期。

[4] 周曰礼:《回顾安徽的农村改革》,载欧阳淞、高永中主编《改革开放口述史》,中国人民大学出版社2014年版,第33、43页。

条"），并在全省大力推广广汉县金鱼公社"包产到组、联产计酬"的改革经验并取得成功。①

继安徽、四川之后，我国云南、贵州、广东、内蒙古、河南等省（自治区）的部分地方也紧随其后推行了各种形式的农业生产责任制。其中，绝大部分地区采用的是包产到户和包干到户两种形式。当时，在湖北，包产到户和包干到户的推进比较缓慢，直到1982年，湖北省委在有关会议和文件中，明确鼓励和支持生产者实行包产到户和包干到户，包干到户才在湖北全省迅速发展起来。

1981年冬，党中央召开了改革开放后的第一个全国农村工作会议，并以红头文件的形式将会议形成的《全国农村工作会议纪要》，作为1982年的开年文件，即中发〔1982〕1号文件。这个文件肯定了包产到户的社会主义性质，称之为家庭联产承包责任制，是一种新型的统分结合、双层经营的农业生产体制②。这实际上承认了承包户的合法性。自1982年开始，党中央、国务院连续下发了5个聚焦"三农"的"一号文件"，极大地推动了农业发展和农村改革③。

为促进农村经济社会的发展，在推行农业生产责任制的同时，国家对人民公社制度也进行了改革。1982年12月4日，第五届全国人民代表大会第五次会议通过新的《中华人民共和国宪法》（以下简称《宪法》）第十三条明确规定，我国行政区域中的县、自治县分为乡、民族乡、镇。④ 这意味着我国"政社合一"的人民公社体制的结束。1983年1月，《中共中央关于印发〈当前农村经济政策的若干问题〉的通知》（中发〔1983〕1号）提出，人民公社的体制要从两个方面进行改革：一是实行

---

① 贾晋：《四川农业农村改革的回顾与展望》，《四川党的建设》2018年第5期。

② 万里：《农村改革是怎么搞起来的》，载自欧阳淞、高永中主编《改革开放口述史》，中国人民大学出版社2014年版，第21页。

③ 其中，1983年中央"一号文件"，肯定联产承包制是在党的领导下我国农民的伟大创造，是马克思主义农业合作化理论在我国实践中的新发展，要在全国推行这种社会主义集体经济的生产责任制。1984年1月1日，中共中央为适应生产责任制普遍实行以后我国农村面临的新任务，下发《关于1984年农村工作的通知》，将土地承包期由原定的3年，延长到15年，让农民在吃到定心丸后，又吃到长效丸。

④ 《中华人民共和国宪法》，《人民日报》1982年12月5日第1版。

生产责任制，特别是联产承包责任制；二是实行政社分设。① 1983 年 10 月，中共中央、国务院发出《关于实行政社分开建立乡政府的通知》，要求各地争取在 1984 年年底以前大体上完成建立乡政府的工作要求。② 此后，在党中央的支持下，全国各地农村普遍实行了以家庭承包经营为基础，统分结合的双层经营体制，完成了农村改革的第一步。到 1984 年年底，全国 569 万个生产队中 99% 以上实行包产到户和包干到户③。湖北虽然起步稍缓，但发展比较迅速，截至 1982 年年底，全省已经有 92.2% 的生产队、87.7% 的农户建立了家庭联产承包责任制，而到了 1983 年以后，99.9% 的生产队④、96.3% 的农户建立了家庭联产承包责任制，基本完成农村经营体制的伟大变革。⑤

总的来讲，废除"政社合一"的人民公社体制，在全国全面推行家庭联产承包责任制，通过调整农村生产关系，直接打破了人民公社"三级所有，队为基础"的管理体制，将原来人民公社体制下的"工分制"调整为"交够国家的、留足集体的、剩下都是自己的"，理顺了国家、集体和农民三者之间的利益关系，赋予农民极大的生产经营自主权，使得被国家城乡二元结构及农业方针、路线、政策长期严重压抑着的广大农民群众的生产积极性像火山一样突然喷发出来，极大释放了农业发展的潜力⑥。

这一时期，就 1979—1984 年这一时段来看，农村经济发展速度不仅是中华人民共和国成立以来最快最好的历史时期，也是农民收入增长幅度最快最好的历史时期。农业总产值超常规迅猛增长，粮食总产量持续大幅度攀升。1978 年我国农业总产值为 1397 亿元，1984 年达到 2815.6

---

① 《中共中央关于印发〈当前农村经济政策的若干问题〉的通知》，载中共中央文献研究室编《十二大以来重要文献选编》（上），中央文献出版社 2011 年版，第 215—230 页。
② 《中共中央、国务院关于实行政社分开建立乡政府的通知》，《中华人民共和国国务院公报》1983 年第 23 号。
③ 万里：《农村改革是怎么搞起来的》，载欧阳淞、高永中主编《改革开放口述史》，中国人民大学出版社 2014 年版，第 21 页。
④ 其中，实行大包干的生产队 26.59 万个，占实行责任制队数 26.78 万个的 99.3%。
⑤ 《湖北农村经济（1949—1989）》，中国统计出版社 1990 年版，第 3 页。
⑥ 龚建文：《从家庭联产承包责任制到新农村建设——中国农村改革 30 年回顾与展望》，《江西社会科学》2008 年第 5 期。

亿元，以不变价格计算，比 1978 年增加了 42.23%。[①] 1978 年我国粮食总产量为 6095 亿斤，1984 年达到 8146 亿斤，粮食总产量增加了 2000 多亿斤。人均粮食占有量从 1978 年的 633 斤增加到了 1984 年的 781 斤，增加了 148 斤。农民年人均纯收入从 1978 年的 134 元增加到了 1984 年的 355 元，扣除价格因素后实际增加了 1.5 倍，年均增长 16.2%。[②] 这一期间，湖北省农业总产值（按 1980 年不变价计算）由 1978 年的 103.5 亿元增加到了 1984 年的 152.87 亿元，年均增长 6.71%。农民年人均纯收入从 1978 年的 110.52 元增加到了 1984 年的 392.3 元，实际增长 2.5 倍，年均增长 23.5%。粮、棉、油、糖等主要农产品的产量都超过了历史最高水平。其中，粮食产量于 1984 年首次攀上 400 亿斤的高峰，达到 452.6 亿斤，比 1978 年的 345.12 亿斤增加了 107.48 亿斤。人均粮食占有量从 1978 年的 754 斤增加到了 1984 年的 928 斤，增加了 174 斤。[③]

二 城乡商品流通关系得到一定改善

这一时期，党和国家通过实行农产品和农业生产资料流通体制改革，放开农产品价格管制，改革农产品统购派购制度，建立和发展农产品市场，赋予农民自由交易权，进一步活跃了农村经济。

1978 年实行改革开放之前，由于我国实行的是高度集中的计划经济体制，农产品流通实行的是统购派购制度，农业生产资料实行的是专营制度。在当时，这种制度尽管对国家工业化资金积累起到了十分重要的作用，但由于人为扭曲了农产品价格，扩大了工农业产品价格"剪刀差"，严重损害了农民的利益，不利于农村经济的发展。为了搞活农产品流通，党中央在稳定与发展家庭联产承包责任制的同时，对农产品和农业生产资料流通体制也进行了改革，通过提高农产品收购价格；减少统购派购的农产品品种，扩大市场调节品种；恢复、发展城市集贸市场，

[①] 宋洪远主编：《农村改革三十年》，中国农业出版社 2009 年版，第 3 页。
[②] 王玉强：《邓小平关于农业"两个飞跃"思想的由来及启示》，《党的文献》2006 年第 1 期。
[③] 相关数据根据湖北省统计局编《湖北奋进 40 年》，湖北人民出版社 1989 年版，第 3—127、309—599 页所列数据计算得出。

建立农产品批发市场;对农产品购销实行"双轨制"①;允许集体和个人从事农村商品购销等举措,赋予农民自由交易权,进一步活跃了农村经济,一定程度上改善了城乡商品流通关系。

为缩小工农业产品交换的差价,1978年12月召开的党的十一届三中全会提出,要提高粮食、棉花、油料等主要农副产品的收购价格,降低农业机械、化肥、农药、农用塑料等农用工业品的出厂价和销售价。② 根据这一决定,国务院有关部门从1979年起,先后重新限定了农副产品统购派购的范围,并重申三类产品和完成派购任务后的二类产品可以自由上市。同时,对粮食等重要农产品流通开始实行统购统销、超购加价和议购议销。1979年4月,中央工作会议作出大幅度提高农产品收购价格和降低农业生产资料价格的决定。同年9月,党的十一届四中全会召开,正式通过《中共中央关于加快农业发展若干问题的决定》,决定恢复农贸市场,逐步减少农产品统购统派的品种和比重,扩大了议价收购和市场调节的范围。③ 1982年1月1日,中共中央批转《全国农村工作纪要》(以下简称1982年中央"一号文件"),把农产品统购统销纳入改革议程,从农产品流通领域着手开始了农村市场化改革进程。④ 在这期间,党中央采取了大力恢复和发展城乡集市贸易;恢复供销合作社的合作商业性质;允许开展粮食议购议销;鼓励农民自办商业组织,允许农民私人从事鲜活农产品经营和跨地区从事非统购派购农产品的流通;建立城市农副产品批发市场等重大改革措施。到了1984年,我国多数农副产品市场得到逐步放开,实现了改革的预期目标。

基于此,1985年1月1日,中共中央、国务院发布《关于进一步活跃农村经济的十项政策》(以下简称1985年中央"一号文件")发布,作

---

① 所谓双轨制就是在农产品购销中计划与市场并存。具体来说,就是对粮、棉、油等大宗农产品实行完全的国家计划购销和国家计划购销与市场购销并存,对水果、水产品等则实行完全的市场购销。

② 《中国共产党第十一届中央委员会第三次全体会议公报》,载中共中央文献研究室编《三中全会以来重要文献选编》(上),中央文献出版社2011年版,第7页。

③ 张新华主编:《新中国探索"三农"问题的历史经验》,中共党史出版社2007年版,第152—162页。

④ 《中共中央批转〈全国农村工作会议纪要〉》,载中共中央文献研究编《三中全会以来重要文献选编》(下),中央文献出版社2011年版,第362—378页。

出了全面改革农产品统购派购制度的决策，标志着我国农村改革的重点由生产经营体制转向农产品流通领域①。1985年中央"一号文件"规定，从1985年起，除个别农产品外，国家不再向农民下达农产品统购派购任务，按照不同的情况，分别实行合同定购和市场收购。②取消统购派购以后，任何单位都不得再向农民下达任何生产性指令计划。

1985年之后，党中央、国务院又相继出台了一系列文件，对取消统购派购制度作出了具体规定。在放开农产品的流通渠道上，打破由国营商业和供销社的垄断，提倡国家、集体和个人一起上，允许和支持集体、农民个人、农民组织以多种方式进入流通领域，经营农产品购销；在农产品价格的形成上，国家按照"有调有放、调放结合"的原则，除对少数重要农产品，如棉花由国家定价，部分商品如粮、油、生猪等实行"双轨制"外，对绝大多数品种的购销价格实行了放开，由市场自行调节③；在农产品市场体系的建立上，主张打破城乡分工、地区分割，发展地区间的横向流通，逐渐形成全国统一的农产品市场，鼓励发展产销一体化经营组织，提出要逐步建立和完善以批发市场为中心的农产品市场体系；在农业生产资料流通体制改革方面，1985年，国家调整了化肥等重要农业生产资料的统配范围，实行生产资料国家定价、政府指导价和市场调节价相结合的价格管理制度，形成了化肥、农药的双轨制。对耕畜、中小农具以及农药械等类别的农业生产资料相继放开了经营。④

湖北是全国重要的粮食主产省和商品粮生产基地，粮食统购派购制

---

① 张晓山、李周主编：《中国农村改革30年研究》，经济管理出版社2008年版，第76页。

② 张新华主编：《新中国探索"三农"问题的历史经验》，中共党史出版社2007年版，第152页。其中，对粮食、棉花取消统购，改为合同定购。生猪、水产品和大中城市、工矿区的蔬菜也要逐步取消派购，自由上市，自由交易，随行就市，按质论价；其他统购派购产品，也要分品种、分地区逐步放开。

③ 1985年，国家对水产品购销全面放开，实行市场调节。1985年起，放开了"菜篮子"产品的价格和经营，逐步形成了由市场供求关系形成价格的机制，建立了多渠道、多种经济成分相互竞争、共同发展的格局，形成了以批发市场为中心，集贸市场为基础的鲜活农产品市场网络。

④ 张新华：《中国三农现代化进程及其引发的理论思考》，博士学位论文，天津师范大学，2008年，第54—55页。

度改革和农产品市场化改革与全国基本保持同步。1985年，湖北省委、省政府根据1985年中央"一号文件"精神，提出改革农产品统购派购制度，调整农村产业结构，实施有计划的商品经济，农产品取消统购统派，分别实行合同订购和市场收购。

无论是从全国来看，还是从湖北来看，应该说实行农产品统购派购制度改革是计划农业走向市场农业的起点。取消农产品统购派购制度作为农村经济继家庭联产承包责任制之后的又一次重大改革，使农民在生产经营上获得自由交易权，进一步提高农民发展商品生产的积极性，促进了城乡商品流通关系的改善。同时，也为后期农村产业结构的调整、乡镇企业的兴起奠定了良好的基础。

三 农村劳动力流动政策逐步松动

这一时期，党和国家通过鼓励小城镇建设和推进乡镇企业发展，放宽对农民进入城镇务工经商的限制，形成城乡壁垒的松动和实际突破，有力促进了农村劳动力的向外转移。

改革开放以前，国家在经济调整时期，实行的是严格的城乡分离的户籍制度，广大农民长期被禁锢在农村单一务农，自由迁徙受限。甚至在20世纪80年代初期，为减轻城市的就业压力，国家对农村剩余劳动力也一直实行的是严格的管理和限制政策，农村劳动力的流动十分有限。然而，随着市场化改革的逐步推进、城乡经济的全面发展，一方面由于农业生产效率提高了，农村出现了大量的剩余劳动力要进城谋生；另一方面私营企业、乡镇企业的大量涌现及小城镇的兴起也需要大量的劳动力。由此，国家在加快农村小城镇和支持乡镇企业发展等方面，相继制定了一些放宽对农民进入非农产业和城镇务工经商限制等方面的具体政策措施，这对城乡隔绝的管理体制形成了一定的冲击，为农村剩余劳动力流动，即转向多种经营和转向城市开启了一扇小门。

1980年12月，在当时城乡分隔、大城市基础设施滞后的情况下，《国务院批转〈全国城市规划工作会议纪要〉》（国发〔1980〕299号，以下简称《纪要》）下发全国实施。《纪要》明确提出"严格控制大城市规模，合理发展中等城市，积极发展小城市"的城市发展总方针①，即把城市化发展的战略重点放在中小城市。这一战略方针的出台为后来农村小城镇的兴起发挥了重要的引导作用。同时，也为后来国家放宽农民进入城镇的户籍限制奠定了基础，成为促进农村劳动力异地转移的重要推力。

1983年1月，《中共中央关于印发〈当前农村经济政策的若干问题〉的通知》（中发〔1983〕1号）提出，应当允许个人或联户购置农副产品加工工具、小型拖拉机和小型机动船从事生产和运输。②这放开了农民从事非农产业的自由，使得许多农民可以转移到收益更高的产业。1981年3月底，《中共中央、国务院转发国家农委〈关于积极发展农村多种经营的报告〉的通知》提出，积极鼓励和支持社员个人或合伙经营服务业、手工业、养殖业、运销业等。③ 1984年1月1日，中共中央发布《关于一九八四年农村工作的通知》提出，"一九八四年，各省、自治区、直辖市可选若干集镇进行试点，允许务工、经商、办服务业的农民自理口粮到集镇落户"。④这让广大农民产生了强烈的转移意愿并形成了向非农产业转移的一股潮流。1984年3月，《中共中央、国务院转发农牧渔业部和部党组〈关于开创社队企业新局面的报告〉的通知》（中发〔1984〕4号），确立了乡镇企业在国民经济中的重要地位，提出并在政策、舆论、资金、税收等方面给予大力支持。⑤此后，乡镇企业发展进入高潮，并持续十年处于蓬勃发展之态。乡镇企业的迅猛发展推动了农村剩余劳动力的转移和农业现代化发展，缓和了城乡之间多年来积累的矛盾。1984年10月13日，国务院发布《关于农民进入集镇落户问题的通知》（国发〔1984〕141号），进一步指出，农民进入集镇务工、经商、办服务业，对促进集镇的发展，繁荣城乡经济，具有重要的作用。各级人民政府应积极支持有

---

① 《国务院批转〈全国城市规划工作会议纪要〉》，《中华人民共和国国务院公报》1980年第20号。
② 《中共中央关于印发〈当前农村经济政策的若干问题〉的通知》，载中共中央文献研究室编《十二大以来重要文献选编》（上），中央文献出版社2011年版，第215—230页。
③ 《中共中央、国务院转发国家农委〈关于积极发展农村多种经营的报告〉的通知》，《中华人民共和国国务院公报》1981年第6号。
④ 《中共中央关于一九八四年农村工作的通知》，《人民日报》1984年6月12日第1版。
⑤ 《中共中央、国务院转发农牧渔业部和部党组〈关于开创社队企业新局面的报告〉的通知》，《中华人民共和国国务院公报》1984年第5号。

经营能力和有技术专长的农民进入集镇经营工商业。① 由此，城市和农村之间完全封闭的户籍制度开始出现松动。

1985年中央"一号文件"进一步指出，"要扩大城乡经济交往……允许农民进城开店设坊，兴办服务业，提供各种劳务，城市要在用地和服务设施方面提供便利条件"。② 该规定把允许农民进入集镇扩大到进入城市，为农村劳动力向城市流动打开了一扇小窗，密切了城乡联系。这表明，实行了近30年的城乡人口流动就业管理政策开始松动。这一时期，由于城乡集市贸易的开放和迅速发展，也使得大量农民进入城市和小城镇，从而出现大量城镇暂住人口。相关数据表明，1980年我国农村劳动力转移了2000多万人，占农村劳动力的6.37%。然而，到了1984年，农村劳动力转移人数在1980年的基础上增加了1倍，达到4282.6万人，占农村劳动力的比重高达40.66%，到1985年增加到了6713.16万人，占农村劳动力的比重超过50%，达到56.76%。③

湖北是全国的农业大省，农村劳动力资源十分丰富。改革开放之前和全国各地一样，农村人口被限制在生产队范围之内，农村劳动力不能外出流动。改革开放之后，农民有了生产经营自主权和自由交易权，农民才开始外出，逐步流动起来。1979—1983年，由于家庭联产承包责任制的推广释放出巨大能量，广大农民充分发挥积极性，由从事农业的单一经营向从事多种经营转变，与此同时推动了第二、第三产业的发展，实现了农村劳动力在农村内部的深度开发和转移。1984年，国家确立了乡镇企业在国民经济中的重要地位，湖北的乡镇企业发展虽然滞后于沿海地区，但同样进入全面发展的"黄金时期"。大批农村劳动力进入乡镇企业务工，农村劳动力也进入了转移的"黄金时期"。应该说，乡镇企业的兴起和发展在很大程度上促进了农村劳动力的流动。同时，也提高了

---

① 王振川主编：《中国改革开放新时期年鉴1984年》，中国民主法制出版社2015年版，第759页。

② 《中共中央、国务院关于进一步活跃农村经济的十项政策》，《中华人民共和国国务院公报》1985年第9号。

③ 张晓山、李周主编：《中国农村改革30年研究》，经济管理出版社2008年版，第149—150页。这个阶段，就人口来看，城市化率由1978年的17.92%提高到1984年的23.01%，年均提高0.85个百分点。

农民的经济收入水平,缩小了城乡发展差距。据统计,1978—1985年,湖北各经济类型乡镇企业(乡办、村办、联户、个体)共发放工资66.12亿元,平均每年8亿多元。其中,1985年发放工资20.81亿元,全省农村劳动力人均工资超过120元。①

农村改革启动以后,城市也开始尝试性在部分领域进行了改革,如导入市场机制、扩大企业自主权、尝试劳动就业制度改革、推行城市综合配套改革试点、小幅提高城市农副产品和工矿业产品售价并补贴城市居民等,② 这些改革措施在促进城市经济发展的同时,也在一定程度上带动了农村经济的发展。

总的来看,这一时期,得益于农村和城市领域等一系列改革措施的制定和实施,全国各地的农业生产不同程度实现了大发展,农村经济得到快速改善,呈现出工农业结构改善、城乡生产要素流动加快、城乡收入差距缩小、城镇化有所发展、城乡互动和联系不断增强的良好发展势头。应该说,这一时期是我国城乡关系由此前的分割对立进入松动缓和的重要历史时期。然而,这种状态并没有维持太长的时间,20世纪80年代中期以后,我国城乡关系很快又出现新的不协调。

第二节 城乡关系再度失衡期(1985—2002)

1985—2002年,这一时期是市场化改革的全面探索时期。基于农村改革取得的巨大成功,特别是农村经济向专业化、商品化和现代化的加快转变,为以城市为重点的整个经济体制改革提供了极为有利的条件。1984年10月,党的十二届三中全会通过《中共中央关于经济体制改革的决定》(以下简称《决定》)。《决定》第一次明确指出,社会主义计划经

---

① 相关数据根据《湖北农村经济(1949—1989)》,中国统计出版社1990年版,第289页的表格所列数据计算所得。
② 蓝海涛:《改革开放以来我国城乡二元社会结构的演变路径》,《经济参考研究》2005年第17期。

济是在公有制基础上的有计划的商品经济。① 这标志着我国经济体制改革进入全面展开阶段。同时，也意味着我国改革的重点将从农村转移到城市。从1985年起，我国正式进入经济体制全面改革的阶段，改革开放的主战场由农业农村转移到了城市与国有企业。我国的城乡关系在这一时期开始发生重大变化，很快就由改革开放初期的松动缓和状态陷入新的不均衡状态之中。

1992年10月，党的十四大召开，提出我国经济体制改革的目标是建立社会主义市场经济体制。为推动工业和城市加快发展，这一时期，中央与地方各级政府出台一系列支持工业和城市发展的倾斜性政策措施。同时，在财政、金融、外贸、商业、价格等多个方面广泛引入了市场机制，各种生产要素纷纷向城市流动和聚集，城市化改革步伐明显加快，城市的利益重新得到维护。而同期，农村改革特别是推行家庭联产承包责任制这一改革所产生的正向政策效应在逐渐下降，农业生产出现滑坡和徘徊，农民收入增长缓慢、负担沉重，"三农"问题日益显性化，工农业发展呈现严重的不协调，农村发展步伐开始明显滞后于城市。城乡之间的发展差距特别是城乡居民收入差距在经历了改革开放初期短暂的缩小之后重新扩大，开始呈现出恢复甚至超过改革开放前城乡差距的势头。这一时期，我国城乡关系进入再度失衡期。

相关数据显示，1985—2002年，我国城乡居民收入差距不仅没有进一步缩小，反而从1985年的1.85∶1逐步扩大到1990年的2.2∶1、1995年的2.71∶1、2002年的3.11∶1②。事实上，城乡之间的真实差距远高于这个水平。时任国家统计局副局长邱晓华认为，2001年城乡之间的真实差距大约在6∶1之间③，创造了中华人民共和国成立以来的最高纪录。

具体来看，这一时期城乡关系的再度失衡主要体现在三个方面。

---

① 《中共中央关于经济体制改革的决定》，载中共中央文献研究室编《十二大以来重要文献选编》（中），中央文献出版社2011年版，第47—71页。

② 2002年，城镇居民年人均可支配收入达到7703元，农村居民年人均纯收入为2476元。

③ 王习明、陈涛：《农村税费改革和乡村治理》，载李昌平、董明磊主编《税费改革背景下的乡镇体制研究》，湖北人民出版社2004年版，第314页。

一　城乡管理制度上存在明显偏差

自 1984 年 10 月，国务院发布《关于农民进入集镇落户问题的通知》以来，由于户籍严控制度开始松动，农村劳动力开始加速向城市转移，在 20 世纪 90 年代形成了巨大的"民工潮"。为了适应经济社会发展的要求，我国在这一时期先后对户籍制度进行了一些必要的调整和改革，出台了多项户籍管理新政策。

1997 年 6 月，《国务院批转公安部小城镇户籍管理制度改革试点方案和关于完善农村户籍管理制度意见的通知》（国发〔1997〕20 号）出台，将在小城镇办理城镇常住户口的条件设定为：在小城镇已有合法稳定的非农职业或者已有稳定的生活来源，而且在有了合法固定的住所后居住已满两年的，可以办理城镇常住户口。[1] 这一年，全国近 400 个小城镇进行了户籍制度改革试点。1998 年 7 月，《国务院批转公安部关于解决当前户口管理工作中几个突出问题意见的通知》（国发〔1998〕24 号）发布，提出实行新生婴儿落户随父随母自愿的政策；放宽解决夫妻分居问题的户口政策；男性超过 60 周岁、女性超过 55 周岁，身边无子女需到城市投靠子女的公民，可以在该城市落户；在城市投资、兴办实业、购买商品房的公民及随其共同居住的直系亲属，凡在城市有合法固定的住所、合法稳定的职业或者生活来源，已居住一定年限并符合当地政府有关规定的，可准予在该城市落户。[2] 这些规定使户籍制度改革有了一些实质性的突破，户籍制度进一步松动。为引导农村人口向小城镇有序转移，2001 年 3 月，《国务院批转公安部关于推进小城镇户籍管理制度改革意见的通知》（国发〔2001〕6 号）颁布，标志着小城镇户籍管理制度改革的全面推开。

以上这些户籍制度改革意见在一定程度上松动了固化的二元户籍制度，对推进农村剩余劳动力向非农产业和城镇的转移起到了重要的推动

---

[1] 《国务院批转公安部小城镇户籍管理制度改革试点方案和关于完善农村户籍管理制度意见的通知》，《中华人民共和国国务院公报》1997 年第 20 号。

[2] 《国务院批转公安部关于解决当前户口管理工作中几个突出问题意见的通知》，《中华人民共和国国务院公报》1998 年第 21 号。

作用。同时，也对大中城市放宽户籍制度限制产生了积极的共鸣效应。但实际上，这些户籍新政策的实施范围仅限定在小城镇这一个层面，大、中城市并没完全向农村居民放开户籍限制。已经松动的户籍制度只面向特定目标人群开放，并且还是有条件地放开，甚至还附带着货币化的代价，具有交易性。20世纪90年代，老百姓缴纳一定金额费用就可以买到商品粮户口（也叫城市户口、城镇户口），从而将农业户口转为城市户口。当时，湖北省襄樊市（今襄阳市）老河口市孟楼镇，作为改革开放的试点镇，在试行收费解决农民"农转非"户口时，一个城镇户口要花5000元。由此可见，这一时期，户籍制度改革的进展并不大，我国户籍制度的核心仍然是城乡分割的二元户籍体系。而与户籍制度相联系，国家在城乡管理上还作出了诸多"城市偏向"的制度性安排，重点体现在劳动就业制度、社会福利保障制度等方面。

在劳动就业制度上，农民工一直在城市体制外暂时流动，未纳入城市就业管理。这一时期，城市在劳动就业上实行的是优先保护城市劳动力，优先安排本地劳动力，歧视农民工的"城市偏向"的就业政策。尽管，随着户籍严控制度的松动、城市粮油计划供应制度①（市镇居民粮食供应转移证明）的取消，农民不必自带口粮就可以进城，由此形成了大量农民从农村涌入城市打工的热潮。但在"城市偏向"的就业政策下，进城的农民工虽在形式上实现了从农村向城市的转移，但这仅仅是一种城市体制之外的暂时流动，其农民的身份并没有得到改变，其就业也不纳入城市统筹管理，农民工并不能享受与城市居民平等的就业机会和各项福利待遇。特别是在行业和工种的选择上，城市对农民工是限制的。甚至一些特大城市以维护城市形象和城市治安等名义，还发生过强行遣送农民工回乡的现象。社会上曾用"起得比鸡还早，睡得比猫还晚，干得比驴还累，吃得比猪还差"这句话，较为形象和贴切地描述了当时农民工在城市的生存状态。农民工在城市处于社会的最下层，干的是最脏

---

① 国家粮食局发布的《关于取消〈市镇居民粮食供应转移证明〉的通知》，规定自2001年5月1日起，取消《市转证》。届时，城镇居民户口在全国范围内迁移，以及农业户口转为非农业户口，不再办理《市转证》。此前关于《市转证》的文件和规定，以及印制发放的《市转证》同时废止。

最苦最累的活，但工资和待遇却是最低的，大约只有城市居民的一半左右。据有关部门统计，2002年，农民工的年均工资为5597元，比城镇职工的年均工资12422元低6825元，还不到城镇职工年均工资的一半。折算到月均工资，农民工比城镇职工低567元。① 与此同时，农民工创造的剩余价值却大部分留在了城市。据农业部统计，仅2002年，我国9460万农民工就创造了2.4万亿元的价值。其中，留给国家和城市的高达1.6万亿元，带到农村的只有0.8万亿元，平均每个农民工为打工的城市作了1.7万元的贡献。②

在社会福利保障制度上，这一时期，国家在社会保障制度安排和公共服务供给上采取的是建立在二元户籍制度基础上同样具有"城市偏向"的社会福利保障制度。城市居民相对可以更多地享受到财政投资或补贴的各种公共基础设施和社会保障（包括医疗保险和养老保险在内），在农村则因政府公共财政投入不足，往往需要农民通过自筹的方式来解决医疗经费、教育经费以及其他公共产品的供给。农民即便已进城务工或经商，并在城市获得了居住权，也属于城市边缘群体，与城市社会福利无缘。换句话说，这一时期，城市的社会福利保障制度具有明显的"排农性"。以社会保障为例，由于这一时期在城市建立了相对完善的社会保障体系，而农村的社会保障主要由个人或家庭来承担，因此，农村社会保障水平远低于城镇社会保障水平。相关数据表明，1990年，我国社会保障支出1103亿元。其中，用于城市人口的支出达到977亿元，占总支出的88.6%，而用于农村人口的支出仅有126亿元，占总支出的11.4%，③城市与农村社会保障费用支出比相差6.75倍，而到了2002年，城市与农村社会保障费用支出比相差竟高达59.34倍。④ 据民政部统计，截至2002年年底，农村地区享受最低生活保障人数仅有404万人，而城市地区享受

---

① 秦丽娟：《当前我国农民工工资水平及其决定机制研究》，硕士学位论文，湖北工业大学，2009年，第11页。

② 闵学冲：《城乡差别变化的政策因素研究》，《中国合作经济》2007年第10期。

③ 孙聪、王诗剑：《中国农村最低生活保障政策研究回顾》，《中国集体经济》2010年第7期。

④ 张新华主编：《新中国探索"三农"问题的历史经验》，中共党史出版社2007年版，第417页。

最低生活保障人数为 2168 万人,是农村地区的 5.3 倍多。就享受社会保障的从业人员来看,2002 年,农村社会保障覆盖率仅为 3%,城乡社会保障覆盖率比为 22∶1,城乡人均社会保障费用比为 24∶1。①

二 城乡经济体制改革存在不平衡

这一时期,国家把改革的重点从农村转移到城市以后,在城市大刀阔斧地开展了以推进国有企业改革为重点,以建立社会主义市场经济体制为目标的经济体制改革,城市经济表现出较快增长的态势。与此同时,城市居民收入水平也实现了快速增长。而同一时期,农村的经济体制改革则局限在对改革开放初期推进的各项改革成果的巩固、稳定与完善方面。继农村普遍实行家庭联产承包经营责任制之后,农村经济社会管理体制的继续创新不仅没有取得突破性进展,反而陷入了徘徊不前的局面。进入 20 世纪 90 年代以来,特别是进入 1998 年,农民收入的增速及增幅呈现出阶段性递减的变化趋势,农民收入增长陷入连续 7 年的缓慢增长期。②

具体来看,这一时期农村改革是相对滞后的,突出表现在四个方面。

(1)城乡市场发展失调,工农业产品价格"剪刀差"仍存在"以乡养城"

以农产品市场发展为例,这一时期,尽管国家逐步放宽了农产品购销政策,特别是 1987 年 1 月,中共中央发出《把改革引向深入》的通知(中发〔1987〕5 号),宣告长达 30 余年的农产品统购派购制度取消以后,大部分农产品的价格由最初的国家定价改为按市场定价,但粮食等大宗农产品购销市场化改革并未完全到位,粮、棉、油等大宗农产品基本上仍由国有流通企业垄断经营。③ 1998 年,国务院发布《关于进一步深化粮食流通体制改革的决定》(国发〔1998〕15 号),但这一改革并未

---

① 完世伟:《当代中国城乡关系的历史考察及思考》,《贵州师范大学学报》(社会科学版)2008 年第 4 期。
② 闵学冲:《城乡差别变化的政策因素研究》,《中国合作经济》2007 年第 10 期。
③ 王书杰:《关于城乡经济统筹发展的制约因素及对策措施的探讨》,《农业经济》2011 年第 9 期。

取得预期效果,农产品价格与工业品价格的比例仍在不合理的水平上波动。进入20世纪90年代,工农业产品价格"剪刀差"绝对额每年都在1000亿元以上。其中,1991年,农民因"剪刀差"而减少的收入高达136亿元。[1]

(2) 城乡工业并行发展,以乡镇企业为主体的农村工业化发展受到明显制约

这一时期,城市和农村之间仍然实行的是城乡分离的工业化模式,城市工业化和农村工业化作为并行的两个轨道,相互之间的协调较差,存在资源浪费、重复建设、过度竞争等多种问题。当时,"异军突起"的乡镇企业独立于城市企业管理体制之外,既无所不包,又自成体系。然而,随着国有企业开始改革,外资企业大量进入,在市场经济的大潮下,乡镇企业发展的外部环境发生显著变化,国家在政策上对乡镇企业的发展不再明确进行鼓励。1989—1991年,国家对乡镇企业的发展采取的是紧缩调整和治理的政策,再加上乡镇企业自身弱点日益暴露,乡镇企业的发展势头受到抑制,发展步伐开始放缓。1997—2002年,国家采取了引导乡镇企业实施产权制度改革和转换经营机制的政策,乡镇企业的组织形式[2]、性质和作用均发生重要改变,集体资产发生重大流失,农村内部依靠乡镇企业承担"以工补农""以工建农"的机制断然消退。同期,在国家机制和市场机制双重力量的推动作用下,城市由于拥有优先的投融资体制作为保障,经济社会发展基础较好,从而成为吸纳各类资源要素的蓄水池,城市工业化进程也不断加快,我国工业进入了突飞猛进快速发展的时代。

(3) 城乡工农产业增长失调,现有农业无法支撑过大的工业生产规模

根据农业总产值在国民生产总值中比例要低于15%的要求,工农业

---

[1] 程国强、朱满德:《中国工业化中期阶段的农业补贴制度与政策选择》,《管理世界》2012年第1期。

[2] 据统计,2002年,乡镇企业在组织形式上,公司制占7.3%,合伙制占4.7%,个人独资占87.9%。该资料来源于自中国社会科学院农村发展研究所、国家统计局农村社会经济调查总队《2002—2003年:中国农村经济形势分析与预测》,社会科学文献出版社2003年版,第77页。

增长速度应保持在 2∶1—2.5∶1。自 1984 年我国粮食生产取得了中华人民共和国成立以来最高成就以后，受多种因素综合作用的影响，我国农业生产发展逐渐缓慢，突出表现在粮食生产连续 4 年出现徘徊。而与之相对应的是，工业生产增长速度却过快。以 1984—1987 年为例，1984 年，我国工业总产值比 1983 年增长 14%，农业总产值比 1983 年增长 14.5%，农业增长的速度高于工业。然而，到了 1987 年，工业总产值继续保持高速增长的势头，达到 16.5%，而农业增长速度则大幅度落后，只有 4.7%。其中，粮食仅增长 2.8%[①]，工农业增速比高达 3.51∶1。

（4）城乡居民承担改革成本失调，农民承担了更多的改革成本

1985—2002 年，这一时期是我国经济体制改革由计划经济向市场经济转轨的重要阶段，分别经历了发展有计划的商品经济和建立社会主义市场经济体制两个阶段。这一时期，由于我国制定的是偏向城市和工业的发展战略，因此，城乡居民承担的经济体制的改革成本是截然不同的。从工农业产品价格的提高，农业生产资料价格的提高以及教育、医疗等费用的上涨等方面来看，其中，取消农产品统购派购制度和实行农产品流通市场化改革所带来的农产品价格提高的成本，并没有直接转嫁给城市居民，而是由政府通过价格补贴的形式予以承担了。如 1998 年，政府对城市居民的价格补贴最高达到 712 亿元，占政府预算的 7.55%。[②] 对于农民而言，工业产品价格提高，农业生产资料价格提高，教育、医疗费用大幅度上涨等产生的改革成本，国家未给予农民任何补贴和支持，农民只能以自掏腰包的形式进行承担。显然，在经济体制改革的过程中，农民承担了更多的改革成本。

三　国民收入分配政策向城市倾斜

这一时期，为优先支持城市和工业发展，在国民收入分配政策上，中央及地方各级政府实行的是城乡有别的投入机制，突出表现在财税制度、融资制度、征地制度三个方面。

（1）在财税制度上，国家对农村采取"取多予少"的政策，大部分

[①] 曹普：《当代中国改革开放史》（上卷），人民出版社 2016 年版，第 377 页。
[②] 闵学冲：《城乡差别变化的政策因素研究》，《中国合作经济》2007 年第 10 期。

财政资金向城市倾斜

从财政投资安排来看,尽管这一时期,国家财政用于农业的支出在增加,但远低于用于城镇的支出。1985—2002 年,农业占国家财政支出的比重约在 10%,而城镇却占了国家财政支出的大头。1998 年,国家财政用于农业的支出占全国财政总支出的比重为 10.69%,到了 2002 年这一比重降为 7.17%。① 两者间巨大的差距,使得农业投入过少。与此同时,国家在大型电力、交通、通信等公共基础设施和科教文卫等公共服务设施的投入上,在养老、医疗等社会保障的投入上,无不紧紧围绕城市这个中心而展开。国家几乎承担了城市所有公共产品和公共设施的支出,而对于农村的各项公共支出,国家承担较少,依然延续农村公共产品和公共服务由农民自己承担的做法。从卫生费用投入来看,1998 年,全国卫生总费用为 3776 亿元。其中,政府投入 587.2 亿元,而用于农村的卫生费用为 92.5 亿元,仅占政府投入的 15.9%,即 5 亿城市人口享受到的国家公共卫生和医疗投入是 8 亿农村人口的 6 倍多。② 从税费负担来看,这一时期,一方面,由于国家在财政支出政策安排上向城市的倾斜,农村投入严重不足;另一方面,实行分税制改革后,由于事权与财权不对等,农业型县、乡两级财政普遍出现困难。因此,在农村,以收取头税、二税、三税③的方式,将不断扩大的义务教育、公共基础设施和公共服务设施建设支出的缺口以及基层政府机构运转经费的缺口转嫁到了农民头上,农民担负着比城市居民要重得多的税费负担。特别是二税的收取使得农民的负担直线上升。相关资料表明,在农民创造的收入中,国家每年以税费的形式拿走的收入在 1200 亿元左右。④ 1998 年,农民缴纳的税费总额达到 1224 亿元,包括农业税、附加税、特产税、屠宰

---

① 《国家财政用于农业的支出》,2008 年 11 月 7 日,财政部官网,http://szs.mof.gov.cn/mofhome/mof/zhuantihuigu/czgg0000_1/tufz/200811/t20081107_88602.html。

② 项莉、方鹏骞、胡洋:《贫困地区乡镇卫生院补偿状况分析》,《中国卫生事业管理》2004 年第 4 期。

③ 其中,头税指的是农业税、农业特产税、牧业税、屠宰税等;二税指的是加上农民头上的"三提五统"费用;三税指的是乱收费、乱集资、乱摊派等"三乱"收费。

④ 数据来自朱镕基总理 2002 年 3 月 15 日在第九届全国人大四次会议的最后一次记者招待会上的讲话。

税、"三提五统"、教育集资以及以资代劳款、地方行政性收费。① 国务院发展中心农村部 2001 年对湖北省襄阳县、河南省鄢陵县和江西省泰和县的专题调研显示，农民税费负担总体水平超过了农民人均纯收入的 10%，接近 12%。② 20 世纪 90 年代，绝大多数农村，无论农业增产、减产，农民增收、减收，税费征收年年都加码，压得农民实在喘不过气来。当时的税费征收水平一般要占到农民人均纯收入的 10% 左右，个别农民税费负担占到农民人均纯收入的 50%。③ 1999 年，湖北省监利县棋盘乡全乡农民实际税费负担达到 1382 万元。其中，合理负担仅 580 万元，而全乡农民的农业收入总共不足 1000 万元。这意味着农民种田的全部所得即使都用来缴纳税费还有巨大的缺口④。在那个时代，农村前所未有地出现了诸如土地被大量抛耕、农民抗税抗粮、集体上访等现象。

（2）在融资制度上，金融资源配置的城市化倾向十分严重，农村金融明显萎缩

无论是城市还是农村，在发展过程中都离不开金融资金的支持。20 世纪 80 年代，我国的农村金融政策使农户在获得信贷方面比较自由，国家信贷支农资金也呈现出不断增加的态势。然而，到了 20 世纪 90 年代，受工业和城市优先发展战略的影响，在追求经济效益最大化的驱动下，出现了大量国有商业金融机构从农村退出的事实。1994 年，中国农业发展银行建立，中国农业银行向中国农业发展银行划转了政策性业务，转向实行现代商业银行运营机制，从而逐渐撤出了农村市场。从 1999 年起，四大国有商业银行在农村进行大规模的机构撤并工作，仅三年时间就从贫困省撤掉 3 万多个分支机构，基本上取消了县级分支机构的贷款权。这使得农村农民和乡镇企业的融资变得非常困难。与此同时，农村资金则通过金融存贷大规模流向城市，转移到了工业领域。这一时期，我国每年从农村流入城市的资金在 5000 亿元到 7000 亿元。⑤ 而同期，农村金

---

① 数据为国务院税费改革工作小组办公室统计的数字。
② 国务院发展研究中心课题组：《传统农区农民增收问题研究——湖北襄阳、河南鄢陵、江西泰和三县调查》，《改革》2003 年第 3 期。
③ 党国英：《中国百姓蓝皮书之十一——三农》，《北京青年报》2002 年 9 月 9 日。
④ 李昌平：《我向总理说实话》，光明日报出版社 2002 年版，第 2 页。
⑤ 许志永：《农村金融渴了，谁来慰解》，《南风窗》2003 年 9 月上。

融市场准入并没有放开，从而造成农村金融市场出现真空。① 直到2003年，我国农村的金融供给才开始有所改观。

由于正规金融供给不足，当时农村发展陷入经济滞后和金融抑制相互交织的双重困境。相关资料显示，农村贷款占农业银行总贷款比例由1997年的31.1%下降到了2001年的16.9%，而在20世纪80年代中期以前，这个比例是98%。农民年末借款总额中，来自银行等正规金融部门的贷款呈下降趋势，由1986年的47.76%下降到2000年的15.52%，15年下降了32.24个百分点。② 即使当时农村仅存的合法金融主体——农村信用社，其惠农贷款业务也不乐观。中国人民银行统计显示，截至2002年6月末，全国农村信用社各项存款余额达到18673亿元，各项贷款余额达到13595亿元。而从贷款结构来看，农业贷款余额仅达到5511亿元，占各项贷款的比重仅为40.5%。③ 为解决发展资金不足的问题，农民只能从民间借贷市场找钱。据全国农村固定观察点系统在全国31个省、市、自治区对20294个农户的调查显示，1999年，农户通过民间借贷市场获得的贷款占农户贷款总额的69.41%，平均每户贷款1008.56元。④

（3）在征地制度上，政府通过低价征用农村土地，为城市建设积累了大量的建设资金

这一时期，随着市场化改革进程的不断加快，城市化建设大步向前，每年都有大量农村土地不可避免地通过征收变为工业发展和城市建设用地。由于政府垄断了城市建设用地的供给市场，农村土地转化为工业发展和城市建设用地不能直接市场化，必须通过国家征用变性为国有土地后才能进入市场。

从20世纪90年代开始，国家改革了土地使用制度，允许地方政府通过出让国有土地获取土地出让金。因此，各地在征用农村土地的过程中采取低价征收和高价出让的方式获得巨大了的土地增值收益，而农民则被排

---

① 1998年7月13日，中华人民共和国国务院第247号令发布了《非法金融机构和非法金融业务活动取缔办法》，宣布"任何非法金融机构和非法金融业务活动，必须予以取缔"。
② 彭晓伟：《中国共产党的城乡关系理论与实践》，博士学位论文，西南交通大学，2012年，第138页。
③ 许志永：《农村金融渴了，谁来慰解》，《南风窗》2003年9月上。
④ 同上。

除在土地增值收益分配之外,只能获得额度较低的征地补偿款。这实际上形成了对农民利益的剥夺。温铁军等学者通过研究指出,若以成本价为100%,农民个体在土地征用中仅获得5%—10%,村集体获得25%—30%,其余60%—70%为各级政府部门获得。[①] 这一时期,政府征用每亩土地的花费在1万—3万元,而出让每亩土地的收入在15万—30万元,扣除20%的土地开发整理成本,每亩土地净差价收益11万—24万元。

改革开放以来,各级政府从征地中获得收入不少于2万亿元。这些收益大量投向了城市和工业,极大促进了这一时期城市化和工业化的加快推进。与此同时,由于土地征用权的滥用以及城市化过程中失地农民问题和农民工问题日益凸显,因征地安置补偿不公而引起的农村群体性事件逐渐增多。

应该说,在征地制度上,各级政府采取的以牺牲和剥夺农民利益为代价,从农村"抽血"来支持工业和城市发展的征地方式,是以农村为工业化、城市化提供积累为内核的城乡关系的重要体现之一。

总的来看,这一时期,随着市场化改革的逐步深入和社会主义市场经济体制的最终确立,工业和城市实现了加速发展。虽然,工业和城市的发展在推动城乡要素合理流动,推动城乡关系向合理化方向转变方面发挥了一定的作用,但并没有有效发挥对农业农村发展的带动作用,城乡之间的发展差距不仅没有进一步缩小,反而在市场机制和政府行政干预的双重作用下,呈现出城乡差距继续扩大,城乡二元社会结构进一步强化的局面。农村各种资源要素如一江春水流向城市,城乡矛盾日益凸显,城乡关系再度失衡。从根本上讲,这一时期,我国城乡关系的再度失衡是我国城乡二元社会结构不断深化和积累的结果。

第三节 城乡关系统筹发展期(2002—2012)

2002—2012年,这一时期是我国以全面调整利益关系为重点,全面建设小康社会,统筹城乡发展的重要历史时期。经过改革开放以来

---

① 温铁军、朱守银:《土地资本的增殖收益及其分配——县以下地方政府资本原始积累与农村小城镇建设中的土地问题》,《调研世界》1996年第1期。

经济的持续高速增长，我国发展总体上进入了全面建设小康社会的重要阶段，已经具备了工业反哺农业、城市带动农村的能力和条件。然而，进入20世纪90年代以来，我国"三农"工作在取得重大成绩的同时，却呈现出"三农"问题加剧，农民负担沉重，城乡矛盾突出，城乡差距拉大的局面，这严重影响国家经济发展，并引起党中央的高度重视。

针对这一现实状况，我们党认真总结了我国城乡发展的历史经验，切实把"三农"问题摆在全党工作重中之重的位置，逐步扭转了长期以来"重工轻农""重城轻乡""倚重城市"的政策取向，更加支持农业、关注农村、关心农民，明确提出实施统筹城乡发展的战略思想和城乡发展一体化的重大历史任务，密集出台一系列强农富农惠农政策，并推进一系列关键性改革，推动我国农村走上生产发展、生态良好、生活富裕的文明发展道路，从而开启了我国城乡关系的历史性转轨。坚持"多予、少取、放活"的方针和实施"工业反哺农业、城市带动农村"的发展战略，成为这一时期我国调整城乡关系的主要政策取向。

这一时期，由于国家在政策、资金、技术、价格等方面作出重大改革，2004—2012年，我国取得粮食产量连续9年增产，农民收入连续9年快速增长的显著成效。其中，2004年，即进入21世纪以来指导"三农"工作的第一个中央"一号文件"《中共中央 国务院关于促进农民增加收入若干政策的意见》发布的当年，我国粮食生产就实现了全面丰收，粮食总产量达到9389亿斤，比2003年增加了775亿斤，为中华人民共和国成立以来粮食产量增加最多的一年。农民年人均纯收入达到2936元，比2003年增加了314元，增长6.8%，为1997年以来农民年人均纯收入增幅最高的一年。

具体来看，这一阶段城乡关系的改善及统筹协调发展体现在两个方面。

一 认识上集中体现了统筹城乡发展的战略思想[①]

2002年11月，党的十六大报告中首次明确提出"统筹城乡经济社会发展"的概念。同时，提出要坚持大中小城市和小城镇协调发展，走中

[①] 陈锡文：《当前我国农村改革发展的形势》，《人民日报》2010年8月13日第16版。

国特色的城镇化道路。① 2003年10月,党的十六届三中全会召开,正式提出了"统筹城乡发展"的战略思想,并将其置于五个统筹之首②。这是党中央立足当时我国国情和农村实际作出的重大判断。党中央首次跳出以往"就农业论农业、就农村论农村"的发展思路,把农村的发展放到城乡关系、全域发展之中进行全新思考。这宣告过去依靠从农业、农村、农民身上提取积累来促进工业化、城市化发展的历史阶段的结束,转向从工业、城市中拿出更多的资源促进农业农村的发展,开启了破除城乡二元体制的历史新征程。我国城乡关系由此翻开了新篇章,进入统筹发展的历史新阶段。紧接着,2004年9月,党的十六届四中全会召开,会上提出了"两个趋向"的重要论断③。同年12月,中央经济工作会议召开,明确提出我国总体上已到了以工促农、以城带乡的发展阶段。这为我国在新形势下形成工业反哺农业、城市支持农村的机制定下了基调。④ 2005年10月,党的十六届五中全会召开,党中央不再满足于进行局部性的农村政策调整,而是从战略的高度全面审视既往政策,首次将社会主义新农村⑤(以下简称新农村)建设作为国家现代化进程中一项重大历史任务和城乡差别再平衡战略提出。会议认为,建设社会主义新农村是我国现代化进程中的重大历史任务,要按照生产发展、生活宽裕、乡风文明、村容整洁、管理民主的要求,扎实稳步地加以推进。⑥ 2006年10月,党的十六届六中全会通过的《中共中央关于构建社会主义和谐社会若干

---

① 江泽民:《全面建设小康社会,开创中国特色社会主义事业新局面——在中国共产党第十六次全国代表大会上的报告》,载中共中央党校教务部编《十一届三中全会以来党和国家重要文献选编》,中共中央党校出版社2008年版,第454页。

② 五个统筹,即统筹城乡发展、统筹区域发展、统筹经济社会发展、统筹人与自然和谐发展、统筹国内发展和对外开放。

③ 即在工业化初始阶段,农业支持工业、为工业提供积累是带有普遍性的趋向;但在工业化达到相当程度以后,工业反哺农业、城市支持农村,实现工业与农业、城市与农村协调发展,也是带有普遍性的趋向。

④ 朱菲娜:《陈锡文权威解读三农重大政策创新》,《中国经济时报》2012年6月5日第1版。

⑤ 本书凡涉及社会主义新农村,除在文件中和领导讲话中使用全称外,一律简称为新农村。

⑥ 《中共中央第十六届五中全会公报》,2008年8月20日,中央政府门户网站,http://gov.cn/test/2008-08/20/content_1075344.htm。

重大问题的决定》明确提出,"扎实推进社会主义新农村建设,促进城乡协调发展","完善公共财政制度,逐步实现基本公共服务均等化"。① 长期以来,我国城乡基本公共服务存在较大差别,实现基本公共服务均等化的重点就是要缩小这种差距。这充分体现了党的政策在扩大公共财政覆盖农村范围方面的导向性。

2007年10月,党的十七大召开,进一步深化了对"三农"问题的认识。党的十七大报告指出,"要加强农业基础地位,走中国特色农业现代化道路,建立以工促农、以城带乡长效机制,形成城乡经济社会发展一体化新格局"。② 这是在党的文献中首次提出"城乡经济社会发展一体化"。2008年10月,党的十七届三中全会召开,着重研究了新形势下推进农村改革发展的问题。会上,党中央作出了"农业基础仍然薄弱、农村发展仍然滞后、农民增收仍然困难"的准确判断。③ 同时,对农村改革作出重大战略部署。建立促进城乡经济社会发展一体化制度就是其中一项重要制度改革创新任务。④ 按照党的十七届三中全会的战略部署,到2020年,我国将初步形成城乡经济社会一体化发展的新格局,基本建立促进城乡经济社会发展一体化制度。2010年10月,党的十七届五中全会召开,通过了《中共中央关于制定国民经济和社会发展第十二个五年规划的建议》(以下简称《建议》)。《建议》指出,在工业化、城镇化深入发展中同步推进农业现代化,是"十二五"时期的一项重大任务,必须坚持把解决好农业、农村、农民问题作为全党工作重中之重,统筹城乡发展,坚持工业反哺农业、城市支持农村和多予少取放活方针……建设

---

① 《中共中央关于构建社会主义和谐社会若干重大问题的决定》,载中共中央党校教务部编《十一届三中全会以来党和国家重要文献选编》,中共中央党校出版社2008年版,第708、713页。

② 胡锦涛:《高举中国特色社会主义伟大旗帜 为夺取全面建设小康社会新胜利而奋斗——在中国共产党第十七次全国代表大会上的报告》,载中共中央党校教务部编《十一届三中全会以来党和国家重要文献选编》,中共中央党校出版社2008年版,第739页。

③ 《中共十七届三中全会在京举行》,《人民日报》2008年10月13日第1版。

④ 第一,要稳定和完善以家庭承包经营为基础、统分结合的双层经营体制这一农村基本经营制度;第二,要健全农村严格规范的土地管理制度;第三,要完善国家对农业的支持保护体系;第四,要建立适应现代农业发展的农村金融体系;第五,要加快形成城乡经济社会发展一体化体制;第六,要加强农村的基层民主制度建设。《中共中央关于推进农村改革发展若干重大问题的决定》,《人民日报》2008年10月20日第1版。

农民幸福生活的美好家园。①

2012年11月，党的十八大召开，在报告中明确提出，要"推动城乡发展一体化"，并提出"城乡发展一体化是解决'三农'问题的根本途径""要加大统筹城乡发展力度""加快完善城乡发展一体化体制机制，着力在城乡规划、基础设施、公共服务等方面推进一体化，促进城乡要素平等交换和公共资源均衡配置，形成以工促农、以城带乡、工农互惠、城乡一体的新型工农、城乡关系"。②

总的来看，党的十六大以来，我们党由重视城市、兼顾农村向扶持农村、统筹城乡发展的重大思想转变和政策调整，对"三农"问题认识的进一步深化，一系列强农富农惠农政策的密集出台，标志着我国城乡关系进入了一个新的历史发展阶段。

二 政策上形成了明晰的统筹城乡发展制度框架

这一时期，党中央在城乡发展思想、政策和认识上作出重大调整的同时，2004—2012年，党中央聚焦"三农"，连续9年冠以"一号文件"形式专门下发指导"三农"工作的红头文件。一直到2018年，党中央每年仍在继续发布以"三农"为主题的"一号文件"。其中，2004年中央"一号文件"以促进农民增收为主题，推出一系列惠农政策，首次对农业、农村、农民提出"多予、少取、放活"的方针。这是2004—2012年所有中央"一号文件"中含金量最高、政策效应最好、措施执行最有力的一个，成为我国城市与农村、工业与农业关系进入历史拐点的重要开端。而2009年中央"一号文件"直接以统筹城乡发展为主题，标志着我国统筹城乡发展进入了实质性的全面推进和操作阶段。

为认真贯彻落实中央"一号文件"精神，各级地方党委、政府也相继出台了地方版的"一号文件"。这些文件在"促进农民收入增长、保障

---

① 《中共中央关于制定国民经济和社会发展第十二个五年规划的建议》，《人民日报》2010年10月28日第1版。

② 胡锦涛：《坚定不移沿着中国特色社会主义道路前进，为全面建成小康社会而奋斗——在中国共产党第十八次全国代表大会上的报告》，载中共中央文献研究室编《十八大以来重要文献选编》（上），中央文献出版社2014年版，第18—19页。

国家粮食安全和重要农产品有效供给、建立财政支农长效机制、加强农业基础设施建设、加快农村公共事业发展、强化农业科技支撑和社会化服务、培育新型农民与提高农民组织化程度、稳定和完善农村基本经营制度"等方面予以重点关注。与此同时,与这些文件相配套,党中央、国务院在"三农"领域密集推进了一系列关键性改革,初步构建了系统的强农富农惠农政策体系,形成了明晰的统筹城乡发展的制度框架,[①] 对整个国家"三农"事业发展产生了长远而深刻的影响。

具体来看,这一时期,党中央在"三农"领域推进的关键性改革主要体现在十个方面[②]。

(一) 逐步降低并全面废止了农业税

为探索建立规范的农村税费制度,从根本上治理对农民的各种乱收费、减轻农民负担的有效办法,早在 2000 年,党中央、国务院就作出在全国进行农村税费改革试点的决定,并发布《关于进行农村税费改革试点工作的通知》(中发〔2000〕7 号),明确了以"三项取消、两项整顿、一项改革"[③] 为主体内容的改革。当年,安徽全省和其他地区的部分县(市)进行了农村税费改革试点,取得了初步成效。[④] 然而,到了 2001 年,农村税费改革试点工作推进出现了停滞和犹豫。3 月 24 日,国务院发布《关于进一步做好农村税费改革试点工作的通知》(国发〔2001〕5 号),要求"扩大试点,积累经验",具备条件的省份报经国务院审批可以全面推开试点。[⑤] 仅一个月后,4 月 25 日,国务院办公厅发布《关于 2001 年农村税费改革试点工作有关问题的通知》(国务办发〔2001〕28

---

① 孔祥智、郑力文、周振:《新世纪十个"中央'一号文件'":回顾与展望》,《教学与研究》2013 年第 7 期。

② 朱菲娜:《陈锡文权威解读三农重大政策创新》,《中国经济时报》2012 年 6 月 5 日第 1 版。

③ 三项取消:取消屠宰税,取消乡镇统筹款和农村教育集资费等专门面向农民征收的行政事业性收费及政府性基金、集资,取消统一规定的劳动积累工和义务工;两项调整:调整农业税政策、调整农业特产税征收办法;一项改革:改革村提留征收使用办法。

④ 《共和国的足迹——2005 年:废除农业税》,2009 年 10 月 20 日,中央政府门户网站,http://www.gov.cn/test/2009-10/20/content_1444032.htm。

⑤ 《国务院关于进一步做好农村税费改革试点工作的通知》,2016 年 9 月 18 日,中央政府门户网站,http://www.gov.cn/zhengce/content/2016-09/18/content_5109014.htm。

号）提出，2001年农村税费改革工作的重点仍然是集中力量进一步做好安徽省的试点，1999年已经选择部分县（市）实行改革试点的省（区、市），2001年要继续下力量抓紧抓好试点工作，但不再扩大范围。[1] 直到2002年，农村税费改革试点工作才扩大到全国20个省份[2]，并于2003年在全国范围内推开。

在农村税费改革试点取得阶段性重要成果的基础上，2004年1月1日，中央"一号文件"《中共中央 国务院关于促进农民增加收入若干政策的意见》发布，明确提出，"逐步降低农业税税率，2004年农业税税率总体上降低1个百分点，同时取消除烟叶外的农业特产税"。[3] 这标志着从2000年开始推进的农村税费改革从减少税费转向了彻底废除农业税及农民所有费用与劳务负担。同年3月中旬，《2004年国务院政府工作报告》提出，"从今年起，逐步降低农业税税率，平均每年降低1个百分点以上，五年取消农业税"[4]。同年7月，全国农村税费改革试点工作会议提出，取消专门面向农民征收的各种税费。相关资料表明，2004年，农业税占全国财政收入的比重由中华人民共和国成立初期的41%下降到不足1%。[5] 2005年12月29日，第十届全国人民代表大会常务委员会第十九次会议通过决定：第一届全国人民代表大会常务委员会第九十六次会议于1958年6月3日通过的《中华人民共和国农业税条例》自2006年1月1日起废止。[6] 这个决定标志着在我国延续了2600年的农业税正式成为历史。

总的来看，全面废止农业税这项惠民政策，就其实质来看，是国家

---

[1] 《国务院办公厅关于2001年农村税费改革试点工作有关问题的通知》，2016年9月30日，中央政府门户网站，http://www.gov.cn/zhengce/content/2016-09/30/content_5114280.htm。

[2] 加上原来国定试点两年的安徽、自费试点一年的江苏、自费加入2002年税费改革的浙江与上海，共计20个省（自治区、直辖市）推开农村税费改革。

[3] 《中共中央 国务院关于促进农民增加收入若干政策的意见》，《中华人民共和国国务院公报》2004年第9号。

[4] 温家宝：《政府工作报告——2004年3月5日在第十届全国人民代表大会第二次会议上》，《中华人民共和国国务院公报》2004年第13号。

[5] 《全面取消农业税：农村改革新壮举》，2012年8月8日，中国新闻网，http://finance.chinanews.com。

[6] 《中国全面取消农业税》，《河南日报》2009年10月16日第7版。

在国民收入分配上对政府、集体和农民之间的利益关系作出的新调整。在这项政策之下，农民不用交农业税了，负担得以大大减轻。相关数据表明，2006年全面取消农业税后，全国农民较税费改革前的1999年减轻负担1250亿元，人均减负约144元。[①]与此同时，农民的生产积极性得到明显提高，农村干群关系得到明显改善。此外，为了实现"农民负担明显减轻、不反弹；乡镇机构和村级组织正常运转；保证农村义务教育经费正常需要"的目标，这一时期，按照党中央的决策部署，各省适时推进乡镇机构改革、农村教育改革、县乡财政管理体制改革等相关配套改革。同时，中央财政加大了对地方转移支付的力度。2000年年底，国务院决定，中央财政每年拿出200亿元用于地方转移支付。从实际情况来看，自税费改革以来一直到2011年年底，中央财政给地方财政拨出的这部分钱是6000多亿元。[②]

(二) 实行农业生产者直接补贴制度

1978—2003年，我国对农业实行的是一种间接补贴制度，财政支出主要集中用于流通环节的价格补贴，重点补贴对象是粮食企业。2004年以来，基于我国已经初步具备工业反哺农业的经济条件，财政支持农业发展的能力有所提升这一客观事实，再加上加入世贸组织后，受世贸组织规定"国家只能补贴农业生产者，不能补贴农产品经营者"这一限定性条款的影响，2004年中央"一号文件"《中共中央 国务院关于促进农民增加收入若干政策的意见》明确指出，为保护种粮农民利益，要建立对农民的直接补贴制度。从这一年起，国家开始实施农业"三项补贴"政策[③]，开创了直接补贴农民的历史先河。此后，每年的中央"一号文件"，国家都不断丰富和加强农业补贴，并将农业补贴支持范围扩展到农业生产和农村生活的各个方面。其中，从2005年开始，国家实施了畜牧良种补贴，并出台了产粮大县奖励政策。从2006年起，首次给予农户农业生产资料综合补贴。2007年，首次实施农业保险补贴，明确各级财政

---

① 《取消农业税为农民减轻了多少负担？》，2008年5月19日，财政部官网，http://www.mof.gov.cn/zhuantihuigu/czrdwt/xxcz/200805/t20080519_25441.html。

② 朱菲娜：《陈锡文权威解读二农重大政策创新》，《中国经济时报》2012年6月5日第1版。

③ "三项补贴"指的是对种粮农民实行直接补贴、对农民购买良种和农机具进行补贴。

要对农户参加农业保险给予保费补贴,其中包括对种植业和畜禽养殖的保险补贴支持。2008 年,出台了产油大县奖励政策。2009 年,大幅度增加农业补贴,进一步扩大良种补贴和农机具购置补贴的覆盖范围。2010 年,继续完善农业补贴制度,将牧区、林区、垦区纳入补贴范围,并规定新增农业补贴适当向种粮大户、农民专业合作社倾斜。2012 年,提高了农业补贴强度[①]。相关数据表明,2004 年刚开始实行农业生产直接补贴政策时,粮食直补、农资综合补贴、良种补贴和农机购置补贴"四大补贴"投入额度不到 200 亿元,为 145.2 亿元。[②] 之后逐年增加,到 2012 年提高到了 1600 亿元[③],增幅超过 10 倍。

(三) 全面放开粮食购销市场和实行最低保护价收购

2004 年 5 月,国务院印发《关于进一步深化粮食流通体制改革的意见》(国发〔2004〕117 号),并颁布了《粮食流通管理条例》(中华人民共和国国务院令第 407 号),全面放开粮食购销市场,鼓励多种所有制市场主体实现从事粮食经营活动。[④] 这意味着,经过多年的曲折和反复,粮食流通体制改革终于走上近乎全面的市场化道路。在全面放开粮食收购和销售市场的粮食流通体制改革进程中,为促进粮食生产稳定发展,保护种粮农民利益,国家开始探索在粮食主产区对部分重点粮食品种实行最低收购价政策。2005 年开始,国家相继在稻谷、小麦主产区对稻谷和小麦两大品种实行最低收购价政策。随着物价上涨,粮食最低收购价年年都在提高。2008 年以来,针对部分农产品出现的价格下跌及卖难现象,国家先后对玉米、大豆、油菜籽等实行临时收储政策。[⑤] 2009 年,又对油菜籽、大豆、玉米实行补贴收购政策。2015 年、2016 年,国家相继

---

① 孔祥智、郑力文、周振:《新世纪十个"中央'一号文件'":回顾与展望》,《教学与研究》2013 年第 7 期。

② 《现阶段国家农业补贴政策主要内容和特征》,2013 年 4 月 23 日,昆明市农业局,http://nyj.km.gov.cn/c/2013-04-23/1273239.shtml。

③ 《农业部:今年农业补贴在 1600 亿基础上继续加大》,2013 年 3 月 15 日,中国青年网,http://news.youth.cn/gn/201303/t20130315_2981941.htm。

④ 《中华人民共和国国务院令第 407 号》,2018 年 3 月 28 日,中央政府门户网站,http://www.gov.cn/zhengce/content/2008-03/28/content_3620.htm。

⑤ 农业部产业政策与法规司:《适时采取玉米、大豆、油菜籽等临时收储政策》,2010 年 3 月 8 日,农业农村部官网,http://www.moa.gov.cn/ztzl/2010qnhn/201003/t20100308_1442370.htm。

取消油菜籽、玉米临时收储政策，实行市场化收购。

（四）基础设施建设和社会事业发展重点转到农村

进入21世纪以来，随着党和国家连年出台强农富农惠农中央"一号文件"，特别是党的十六大召开以后，2006年年初，党中央、国务院提出建设新农村的战略部署以来，国家开始把基础设施建设和社会事业建设重点转到农村。这一时期，随着中央财政对"三农"投入的增加，我国农村水、电、路、气发展全面提速，成为历史上发展最快的阶段。与此同时，农村的教育、卫生、文化等事业发展进步也非常明显。以农村公路建设为例，进入21世纪以来，我国提出了每年新建农村公路30万公里的新目标，同时全面启动了历史上规模最大的农村公路建设工作。相关数据表明，2002—2011年的10年间，国家用于农村公路的资金总额达到3750亿元，全国农村公路总里程由133.69万公里增加到356.4万公里，全国乡镇和建制村公路通畅率分别达到97.18%和84.04%，乡镇、建制村通班车率分别达到98.1%和91.3%。[1] 2012年，全国共完成农村公路建设投资2069亿元；新（改）建农村公路19.4万公里，新增1.4万个建制村通沥青（水泥）路，农村公路总里程达到363.4万公里，全国乡镇和建制村通沥青（水泥）路率分别达到97.39%和86.29%。[2]

（五）建立农村义务教育经费财政保障机制

农村税费改革之前，农村义务教育由乡镇一级政府和当地农民集资办学的方式来推进，办学经费主要通过乡镇教育统筹费、各类教育集资和教育收费项目来解决。其中，农户承担了各类教育集资和教育附加费。当时，乡村教育支出约占乡镇公共支出的50%—70%。农村税费改革启动后，教育附加费大幅度减少，乡镇教育经费的缺口急剧增大，为解决农村义务教育在投入上面临的困难，2003年，国务院召开了中华人民共和国成立以来第一次全国农村教育工作会议，要求把农村教育摆在教育

---

[1] 刘传雷、刘立明：《此"新"可鉴——2012年全国农村公路处长座谈会综述》，《中国公路》2012年第24期。

[2] 相关资料来自2013年1月24日交通运输部部务会议审议通过的《关于农村公路2012年工作情况及2013年工作计划的报告》。

工作重中之重的战略地位,并作出新增教育经费主要用于农村的重大决策。① 这一年,国务院发布《关于进一步加强农村教育工作的决定》(国发〔2003〕19号),明确提出:"落实农村义务教育'以县为主'管理体制的要求。""在税费改革中,确保改革后农村义务教育的投入不低于改革前的水平并力争有所提高。""建立健全资助家庭经济困难学生就学制度,保障农村适龄少年儿童接受义务教育的权利。"② 2005年年底,国务院决定按照"明确各级责任、中央地方共担、加大财政投入、提高保障水平、分步组织实施"的原则,建立中央和地方分项目、按比例分担的农村义务教育经费保障新机制,在全国农村普遍实行免除学杂费的义务教育……完善农村中小学教师工资经费保障机制。③ 并率先在中西部地区对农村义务教育阶段实行"两免一补"政策。当年,中央财政投入"两免一补"资金达到70多亿元。2006年春季,中央和地方财政对中西部地区共安排"两免一补"资金74亿元,资助中西部贫困学生3400万人。2007年,这一政策逐步在全国农村地区推广实施。截至2008年秋季,在全国范围内全面免除义务教育阶段的学杂费,免除了近1.5亿义务教育阶段学生的学杂费(县级及以下学生接近1.3亿人)。④ 此后,向着既定的目标,根据发展需要,这项改革逐步深入,党中央进一步加大了转移支付的力度,保障范围逐步扩大,大大减轻了农民的教育负担,我国农村义务教育保障机制有步骤地实现了根本转变。

(六) 建立了新型农村合作医疗制度⑤

改革开放以前,我国在城市实行的是国家机关事业单位的公费医疗制度和企业的劳保医疗制度,在农村实行的则是传统的合作医疗制度(由政府、集体和个人共同建立,农民医疗费用主要由集体和农民个人承担,政

---

① 《教育部:农村义务教育进入普及和巩固提高新阶段》,2007年10月12日,中央政府门户网站,http://www.gov.cn/ztzl/17da/content_774946.htm。

② 《国务院关于进一步加强农村教育工作的决定》,《人民日报》2003年9月21日第1版。

③ 《教育部:农村义务教育进入普及和巩固提高新阶段》,2007年10月12日,中央政府门户网站,http://www.gov.cn/ztzl/17da/content_774946.htm。

④ 卫思祺:《农村教育"两免一补"政策的理论价值与实践效应分析》,《中国农学通报》2011年第17期。

⑤ 张晓山、李周主编:《中国农村改革30年研究》,经济管理出版社2008年版,第333页。

府承担部分费用十分有限）。自1959年11月，卫生部在山西省稷山县召开全国农村卫生工作会议正式肯定农村合作医疗制度以来，一直到1976年，全国农村大约有90%的行政村（生产大队）实行了合作医疗制度。①

然而，改革开放以后，随着家庭联产承包责任制的推行、人民公社体制的废除、财政分灶吃饭制度的执行和医疗领域的市场化改革，使得以集体经济为基础的农村合作医疗制度失去了赖以生存的基础。从20世纪80年代开始，农村合作医疗开始大面积萎缩。据统计，1985年，全国继续实行合作医疗的行政村占全国行政村的比重由鼎盛时期的90%一路降到5%，到1989年降到4.8%。到20世纪90年代初，全国仅存的合作医疗主要分布在上海和苏南等集体经济发达的农村地区。面对这一情况，国家予以高度重视，在20世纪90年代对传统农村合作医疗进行了艰难的重建，但最终没有建立起来。卫生部1998年进行的"第二次国家卫生服务调查"结果显示，全国农村居民中得到某种程度医疗保障的人口只有12.56%。其中，得到合作医疗保障人口的比重只有6.57%，87.32%的农民完全依靠自费医疗。这一现象使得新型农村合作医疗制度的建立迫在眉睫。②

2002年10月，《中共中央 国务院关于进一步加强农村卫生工作的决定》明确提出，"各级政府要积极引导农民建立以大病统筹为主的新型农村合作医疗制度"。③ 2003年，党中央决定在部分县（市、区）进行建立以大病统筹为主的新型农村合作医疗制度试点，并下发《国务院办公厅转发卫生部等部门关于建立新型农村合作医疗制度意见的通知》（国办发〔2003〕3号），规定农民个人每年的缴费标准不应低于10元，地方财政每年对参加新型农村合作医疗的农民的资助不低于人均10元。④ 2009年，国家作出深化医药卫生体制改革的重要战略部署，确立了新型农村

---

① 李菱：《让全体人民共享改革发展的成果——完善农村社会保障体系述评》，《红旗文稿》2009年第1期。
② 孙爱琳：《中国农村医疗保险：现状分析与对策构想》，《江西财经大学学报》2003年第2期。
③ 《中共中央 国务院关于进一步加强农村卫生工作的决定》，《中国卫生》2002年第2期。
④ 《国务院办公厅转发卫生部等部门关于建立新型农村合作医疗制度意见的通知》，2008年3月28日，中央政府门户网站，http://www.gov.cn/zhuanti/2015-06/13/content_2879014.htm。

合作医疗（以下简称新农合）作为农村基本医疗保障制度的地位。随着国家财政实力不断增长，中央财政对参加新农合的农民的补助标准也不断提高。从2006年起，中央财政对中西部地区参加新农合的农民的补助从每人每年10元提高到每人每年20元。从2008年起，中央财政的补贴标准提高到了每人每年40元，地方财政的补贴标准不低于每人每年40元，农民个人每人每年仍缴纳10元。2010年、2011年、2012年，各级财政对新农合的补助标准分别提高到每人每年120元、200元、240元。其中，2012年，农民自己缴纳60元，加上财政补助的240元，合计300元的标准能做到住院的各项费用报销比例达到75%。

总的来看，在农村建立的新型农村合作医疗制度，是农村医疗保障制度改革的重要突破，使得农民从几乎完全自费医疗的社会群体转变为享受一定医疗社会保障的群体，这在很大程度上解决了大部分农民看病贵的后顾之忧。

（七）建立了全面覆盖的最低生活保障制度

改革开放以来，随着农村集体经济的逐步瓦解和崩溃，我国农村地区的社会保障制度丧失了正常运转的制度基础。直到进入20世纪80年代中期以来，我国才开启重建农村基本生活保障体系的工作，通过开展大规模的扶贫开发行动，使得1亿多贫困农民解决了基本的生活问题。从20世纪90年代中期起，部分地区才开始建立农村最低生活保障制度。农村最低生活保障制度最初建立于1994年，此后发展一直比较缓慢[1]。直到2002年，党的十六大召开以后，中央政府才逐步加快了在全国建立农村最低生活保障制度的步伐。2003年，全国大概有15个省份、1037个县市建立了农村最低生活保障制度，最低生活保障对象为404万人，支出的资金为8亿元。[2] 2004年中央"一号文件"提出，"有条件的地方要探索建立农民最低生活保障制度"。[3] 2006年，党的十六届六中全会又提出了

---

[1] 我国的城市最低生活保障制度是在20世纪90年代后期得到普及的。

[2] 王海燕、修宏方、唐钧：《中国城乡最低生活保障制度：回顾与评析》，《哈尔滨工业大学学报》（社会科学版）2011年第2期。

[3] 《中共中央 国务院关于促进农民增加收入若干政策的意见》，《中华人民共和国国务院公报》2004年第9号。《中共中央 国务院关于推进社会主义新农村建设的若干意见》，《人民日报》2006年2月22日第1版。

"要逐步建立农村最低生活保障制度"。① 当年年底召开的中央农村工作会议首次明确提出,将积极探索建立覆盖城乡居民的社会保障体系,在全国范围内建立农村最低生活保障制度。② 2007年7月,国务院发布《关于在全国建立农村最低生活保障制度的通知》(国发〔2007〕19号),标志着农村最低生活保障制度正式在全国范围内建立。同年10月,党的十七大召开,在报告中进一步要求,"完善城乡居民最低生活保障补助力度"。③ 民政部数据显示,2007年,全国农村最低生活保障对象为3566.3万人,月人均保障标准为70元。2011年为5305.7万人,月人均保障标准为143.2元。2012年为5344.5万人,月人均保障标准为172.3元。全面建立农村最低生活保障制度,构筑了困难农民基本生活的最后一道保障线。④

(八)建立了全面覆盖的新型农村社会养老保险制度

改革开放以前,对于那些在农村缺乏劳动力、生活没有依靠的鳏寡孤独人员,从20世纪50年代起,我国各地就通过兴办敬老院的形式,对部分五保对象进行集中供养。改革开放以后,农村五保供养制度被延续了下来。但是五保供养制度只是解决了农村缺乏劳动力、生活没有依靠的鳏寡孤独人员的养老问题,而广大农民群体的养老问题在很长一段时间内都是以家庭和土地作为保障的,并未纳入国家社会保障系统。进入20世纪90年代,国家才开始在农村试点社会养老保险。1992年,民政部在试点的基础上颁布实施了《农村社会养老保险基本方案》。在政府的强力推动下,到1998年共有8000多万人投保,50多万农民开始领取养老金。然而,由于农村社会养老保险在制度设计上和具体实施中存在很多问题,如财政没有资金投入,养老基金主要依靠农民个人缴纳,并且采

---

① 《中共中央关于构建社会主义和谐社会若干重大问题的决定》,载中共中央党校教务部《十一届三中全会以来党和国家重要文献选编》,中共中央党校出版社2008年版,第714页。
② 《中央农村工作会议全面部署2007年农业和农村工作》,《人民日报》2006年12月24日第1版。
③ 胡锦涛:《高举中国特色社会主义伟大旗帜 为夺取全面建设小康社会新胜利而奋斗——在中国共产党第十七次全国代表大会上的报告》,载中共中央党校教务部编《十一届三中全会以来党和国家重要文献选编》,中共中央党校出版社2008年版,第749页。
④ 相关数据来自民政部官网公布的《2007年民政事业发展统计报告》,《2011年社会服务发展统计公报》和《2012年社会服务发展统计公报》。

取的是储蓄积累模式，农民收益低微，缺乏吸引力，无法从根本上解除农民养老的后顾之忧等。于是，国务院在1998年暂停开展新业务，对农村社会养老保险制度进行调整、整顿，一直到2002年，党的十六大报告提出"在有条件的地方，探索建立农村养老、医疗和最低生活保障制度"①以后，我国各地才开始探索农村养老保险的新模式。到了2009年，我国才开始推行新型农村社会养老保险制度的试点工作，以逐步解除农民养老的后顾之忧，实现"养老不犯愁"的目标。2009年刚推出时，新型农村社会养老保险制度实际覆盖率达到15%。其中，已年满60周岁、未享受城镇职工基本养老保险待遇的，不用缴费，每人可以按月领取基础养老金55元。2010年覆盖率提高到30%，②2011年进一步提高到40%，2012年在全国实现全覆盖。

（九）制定了新的农村扶贫十年纲要

加快推进统筹城乡发展，全面建设小康社会，必须高度重视并解决好农村地区的贫困问题。20世纪80年代中期以来，我国在全国范围内开展了有组织、有计划、大规模的扶贫开发工作，对之前的扶贫工作进行了根本性的改革与调整，实现了从救济式扶贫向开发式扶贫的转变。自1986年开始，我国启动了历史上规模最大的农村专项反贫困计划，并且国务院于1994年专门印发《国家八七扶贫攻坚计划（1994—2000年）》（以下简称《计划》）。在《计划》中，国务院决定，从1994年到2000年，集中人力、物力、财力，动员社会各界力量，力争用七年左右的时间解决8000万剩余农村贫困人口的温饱问题。③这一《计划》的公布实施，成为我国历史上第一个具有明确目标的扶贫计划，标志着我国的扶贫开发工作进入攻坚阶段。

"八七扶贫攻坚计划"基本完成之后，贫困地区面貌发生显著变

---

① 江泽民：《全面建设小康社会，开创中国特色社会主义事业新局面——在中国共产党第十六次全国代表大会上的报告》，载中共中央党校教务部编《十一届三中全会以来党和国家重要文献选编》，中共中央党校出版社2008年版，第458页。

② 朱菲娜：《陈锡文权威解读三农重大政策创新》，《中国经济时报》2012年6月5日第1版。

③ 《国务院颁布实施2001—2010年农村扶贫开发纲要》，《中国农业信息快讯》2001年第9期。《认真贯彻〈国家八七扶贫攻坚计划〉》，《人民日报》1994年5月19日第1版。《国家八七扶贫攻坚计划（摘要）》，《人民日报》1994年5月19日第2版。

化，除少数社会保障对象和自然条件恶劣地区的特困人口以及部分残疾人之外，农村地区绝大多数贫困人口的温饱问题基本得到解决，[①]但贫困地区经济社会总体发展水平并不高。为尽快解决剩余贫困人口的温饱问题，巩固前一阶段扶贫开发的成果，中共中央、国务院在2001年出台了第一个十年扶贫开发纲要《中国农村扶贫开发纲要（2001—2010年）》（以下简称《纲要》），就21世纪初我国扶贫开发工作进行了全面部署。《纲要》的出台成为继《计划》之后又一个指导我国扶贫开发工作的行动纲领，以此为标志，我国的扶贫开发进入了一个新的历史阶段。[②]

《纲要》实施以来，我国农村扶贫开发主要采取了整村推进、扶持产业化经营、组织劳动力转移培训、移民搬迁、连片开发、对连片深度贫困地区进行集中攻坚等措施。经过十年扶贫开发，到2010年，我国贫困人口从2000年年底的9422万人减至2688万人，农村贫困人口占农村人口的比重从2000年的10.2%下降至2.8%。国家累计投入扶贫开发资金2043.8亿元，年均增长11.9%，[③]但是未来扶贫开发任务依然任重道远。

2010年2月，国务院第101次常务会听取了扶贫开发工作的汇报，决定编制新的十年扶贫开发纲要，把扶贫开发工作推向一个新的阶段。2011年5月，《中国农村扶贫开发纲要（2011—2020年）》（以下简称新《纲要》）以中共中央、国务院的名义颁发，成为我国扶贫开发历史上第三个纲领性文件。新《纲要》作出"我国扶贫开发已经从以解决温饱为主要任务的阶段转入巩固温饱成果、加快脱贫致富、改善生态环境、提高发展能力、缩小发展差距的新阶段"的重大判断[④]，并将"两不愁、三保障"[⑤]作为2011—2020年农村扶贫开发工作的总体目标，首次明确了

[①] 《国务院颁布实施2001—2010年农村扶贫开发纲要》，《中国农业信息快讯》2001年第9期。

[②] 同上。

[③] 中华人民共和国国务院新闻办公室编：《中国农村扶贫开发的新进展》，人民出版社2011年版。《中国十年扶贫开发成果丰硕》，《解放军日报》2011年11月16日第3版。

[④] 《中共中央 国务院印发〈中国农村扶贫开发纲要（2011—2020年）〉》，《人民日报》2011年12月2日第1版。

[⑤] 即到2020年，稳步实现扶贫对象不愁吃、不愁穿，保障其义务教育、基本医疗和住房。

专项扶贫、行业扶贫、社会扶贫"三位一体"的扶贫工作格局，将工作对象列为扶贫对象、连片特困地区、重点县和贫困村四个层次。其中，连片特困地区是扶贫攻坚重点地区。同时，新《纲要》还从财税支持、投资倾斜、金融服务、产业扶持、土地使用、生态建设、人才保障和重点群体等八个方面进行了政策设计。新《纲要》实施以来，国家不断加强对扶贫开发的支持力度和工作力度，各地区、各部门按照党中央的统一部署，切实落实各项扶贫措施，社会各界主动参与扶贫事业，专项扶贫、行业扶贫、社会扶贫"三位一体"的大扶贫格局基本形成，并不断强化，扶贫开发工作有了新的进展。

（十）保障农民工合法权益和稳步推进户籍制度改革

农民工这一具有中国特色、庞大而特殊的群体，作为推动我国经济社会发展的重要力量，为城市创造了财富，为农村增加了收入，为城乡发展注入了活力。尽管，改革开放以来，城市劳动力市场对农民开放了，农民可以在城市自由择业和谋生，但由于长期以来横亘在城乡之间的二元户籍制度的存在，使得城市对农民工的身份歧视无法消除。作为被城市边缘化的弱势群体，农民工一直难以真正融入城市，其合法权益亦难以得到有效保护，诸如工资被拖欠和克扣等现象常有发生。

为从根本上维护农民工的合法权益，国家推进了一些新的制度建设。2003年，国务院办公厅专门下发《关于做好农民进城务工就业管理和服务工作的通知》（国办发〔2003〕1号）、《关于切实解决建设领域拖欠工程款问题的通知》（国办发〔2003〕94号）。2004年，国务院办公厅专门下发《关于进一步做好改善农民进城就业环境工作的通知》（国办发〔2004〕92号）。2006年年初，国务院制定下发了《关于解决农民工问题的若干意见》（国发〔2006〕5号），共计提出了解决农民工问题的八个方面共三十二项任务，涉及农民工工资、就业、技能培训、劳动保护、社会保障、公共管理和服务、户籍管理制度改革、土地承包权益等各个方面的政策措施，[1] 这是国家第一次系统地规范对农民工的管理，标志着我国农民工工作进入了一个新阶段。

---

[1] 《国务院关于解决农民工问题的若干意见》，《人民日报》2006年3月28日第1版。

2008年，国务院办公厅专门下发《关于切实做好当前农民工工作的通知》（国办发〔2008〕130号），在"采取多种举措促进农民工就业、加强农民工技能培训和职业教育、大力支持农民工返乡创业和投身新农村建设、确保农民工工资按时足额发放、做好农民工社会保障和公共服务、切实保障返乡农民工土地承包权益"六个方面作出了要求。① 2010年5月，国务院转发了国家发展改革委《关于2010年深化经济体制改革重点工作的意见》，明确提出"逐步在全国范围内实行居住证制度"。② 这为我国户籍管理制度改革定下了基调。2012年2月，国务院办公厅发布《关于积极稳妥推进户籍管理制度改革的通知》（国办发〔2011〕9号）（以下简称《通知》）。该《通知》有两个最大亮点：一是分类指导城镇户籍管理制度改革；二是明确必须保障农民的土地权利。③ 很明显，无论是制度上，还是社会氛围，均对农民工越来越善待。应该说，中央及地方各级政府出台的关于加强农民工权益保护和服务的各种政策举措，在推动城乡居民平等就业等方面发挥了重要的作用。

总的来看，这一时期，自党的十六大提出全面建设小康社会的奋斗目标以来，党中央致力于突破城乡二元结构，破解"三农"难题，在"三农"问题和城乡发展认识上发生的深刻变化，在"三农"领域密集推出的一系列关键性改革，充分体现了我国城乡发展政策由城市转向农村的取向性调整，对于切实减轻农民负担，增加农民收入，增强农民的获得感和幸福感，推动城乡统筹发展、一体化发展具有重要意义。尽管如此，由于城乡二元体制惯性的作用以及所处的发展阶段等原因，这一时期，我国城乡之间的差距仍然较大，城乡关系仍不协调，城乡关系仍须进一步调整和完善。

---

① 《国务院办公厅关于切实做好当前农民工工作的通知》，《人民日报》2008年12月21日第3版。

② 《国务院批转二〇一〇年深化经济体制改革重点工作意见》，《人民日报》2010年6月1日第3版。

③ 朱菲娜：《陈锡文权威解读三农重大政策创新》，《中国经济时报》2012年6月5日第1版。

第四节　城乡关系融合发展期(2012—2018)

自 2012 年党的十八大召开以来，我国进入全面深化改革的历史新阶段，进入全面建成小康社会，奋力实现"两个一百年"奋斗目标，踏上建设社会主义现代化国家新征程，实现中华民族伟大复兴中国梦的历史新阶段。2012—2018 年，党的十八大、十九大相继召开，在以习近平同志为核心的党中央治国理政的实践中，解决好"三农"问题依然是全党工作重中之重，构建"以工促农、以城带乡、工农互惠、城乡一体的新型工农城乡关系"是这一时期"三农"工作的根本方针。2013 年，习近平总书记在中央农村工作会议上提出了"三个必须"的重要论述，通过强调农业强、农村美、农民富与国家强、美、富之间的关系，对"三农"工作的极端重要性进行了高度概括。[①] 2015 年，习近平总书记在吉林调研时，明确提出"三个不能"，明确了我们党坚持不忽视农业、不忘记农民、不淡漠农村的宗旨和使命。[②] 2016 年，习近平总书记在安徽省凤阳县小岗村主持召开的农村改革座谈会上强调"三个坚定不移"，即在关键时期、标志性地点旗帜鲜明地提出了坚定不移深化农村改革、坚定不移加快农村发展、坚定不移维护农村和谐稳定的政策目标。[③]

总的来看，这一时期，在城乡发展的问题上，党和国家纠正了过去我国城镇化进程中存在的制度和政策偏差，以全面建成小康社会为目标，直面农业农村发展中的焦点、难点问题，全力以赴抓关键补短板，推出了新一轮的农村改革和其他领域改革。同时，改变了过去农村从属于城市的现实，着眼于激发乡村发展内生动力，在党的十九大上，不仅首次明确提出要"实施乡村振兴战略"，并强调要"坚持农业农村优先发展"，而且首次明确提出了要"建立健全城乡融合发展

[①]《中央农村工作会议在北京举行》，《人民日报》2013 年 12 月 25 日第 1 版。

[②] 韩长赋：《任何时候都不能忽视农业忘记农民淡漠农村——深入学习贯彻习近平同志系列重要讲话精神》，《人民日报》2015 年 8 月 13 日第 7 版。张红宇：《乡村振兴开局前所未有》，《中国乡村发现》2018 年第 5 期。

[③] 张红宇：《理解把握乡村振兴战略的时代意义》，《农村工作通讯》2018 年第 8 期。

体制机制和政策体系"。① 从党的十六大提出的统筹城乡发展,党的十八大提出的城乡发展一体化到党的十九大提出的城乡融合发展,体现了党和国家在城乡关系认识上的巨大飞跃,为我们构建新型工农、城乡关系指明了方向,标志着我国城乡关系的政策调整进入了历史性转折的新阶段,也意味着我国城乡关系进入了融合发展的新阶段。

具体来看,这一时期,我国城乡关系的调整和变化集中体现在三个方面。

一 作出关于城乡发展新的理论论述

改革开放以来,我国率先在农村推进改革,农村面貌发生了巨大变化。然而,长期以来,城乡二元社会结构、城乡发展差距不断拉大的趋势并没有得到根本扭转。由于欠账过多、基础薄弱,我国城乡发展不平衡不协调的矛盾依然比较突出,加快推进城乡一体化发展的意义更加凸显、要求更加紧迫。

自2012年党的十八大提出"推动城乡发展一体化"的战略任务以来,习近平总书记站在党和国家事业发展全局的高度,着眼于当前城乡关系发展实际和未来新型城乡关系发展趋势,在城乡发展具有方向性和战略性的重大问题上,作出了新的理论论述,对我们推进城乡一体化发展具有重大的理论和实践指导意义。

2013年7月22日,习近平总书记来到湖北省城乡一体化试点城市鄂州市,在长港镇峒山村考察时说:"农村绝不能成为荒芜的农村、留守的农村、记忆中的故园。城镇化要发展,农业现代化和新农村建设也要发展,同步发展才能相得益彰,要推进城乡一体化发展……我们既要有工业化、信息化、城镇化,也要有农业现代化和新农村建设,两个方面要同步发展。要破除城乡二元社会结构,推进城乡发展一体化,把广大农村建设成农民幸福生活的美好家园。""实现城乡一体化,建设美丽乡村,是要给乡亲们造福,不要把钱花在不必要的事情上,比如说'涂脂抹粉',房子外面刷层

---

① 《决胜全面建成小康社会 夺取新时代中国特色社会主义伟大胜利》,《人民日报》2017年10月19日第2版。

白灰,一白遮百丑。不能大拆大建,特别是古村落要保护好。"①

2013年11月15日,习近平总书记在党的十八届三中全会上作《关于〈中共中央关于全面深化改革若干重大问题的决定〉的说明》时指出,"城乡发展不平衡不协调,是我国经济社会发展存在的突出矛盾,是全面建成小康社会、加快推进社会主义现代化必须解决的重大问题……根本解决这些问题,必须推进城乡发展一体化"。②

2015年4月30日,中共中央政治局就健全城乡发展一体化体制机制进行第二十二次集体学习。习近平总书记在主持学习时发表重要讲话,对加快推进城乡发展一体化进行了系统的、全面的论述。其讲话的内容涉及多个方面:(1)强调了加快推进城乡发展一体化的重要性。习近平总书记在学习时强调:"加快推进城乡发展一体化,是党的十八大提出的战略任务。""推进城乡发展一体化,是工业化、城镇化、农业现代化发展到一定阶段的必然要求,是国家现代化的重要标志。"(2)指出了推进城乡发展一体化的工作重点。习近平总书记在学习时强调,要"努力在统筹城乡关系上取得重大突破,特别是要在破解城乡二元社会结构、推进城乡要素平等交换和公共资源均衡配置上取得重大突破,给农村发展注入新的动力,让广大农民平等参与改革发展进程、共同享受改革发展成果"。(3)明确了推进城乡发展一体化的主要内容。习近平总书记在学习时强调,"推进城乡发展一体化的着力点是通过建立城乡融合的体制机制,形成以工促农、以城带乡、工农互惠、城乡一体的新型工农、城乡关系;目标是逐步实现城乡居民基本权益平等化、城乡公共服务均等化、城乡居民收入均衡化、城乡要素配置合理化,以及城乡产业发展融合化"。同时,还指出"健全城乡发展一体化体制机制,是一项关系全局、关系长远的重大任务。""健全城乡发展一体化体制机制,要加强顶层设计,加强系统谋划,加强体制机制创新。"(4)深刻阐释了城乡发展的辩证关系。习近平总书记在学习时强

---

① 《习近平在湖北考察工作时指出 建设美丽乡村不是涂脂抹粉 城镇化不能让农村荒芜》,《城市规划通讯》2013年第15期。
② 习近平:《关于〈中共中央关于全面深化改革若干重大问题的决定〉的说明》,《人民日报》2013年11月16日第1版。

调,"要把工业和农业、城市和乡村作为一个整体统筹谋划,要继续推进新农村建设,使之与新型城镇化协调发展、互惠一体,形成双轮驱动"。① 这实际上要求我们在推进新型城镇化的同时,绝不能忽视农村发展,要将新农村建设置于城乡一体化的大框架中来推进,实现新农村建设与新型城镇化的双轮驱动和良性互动。

2016年4月25日,习近平总书记在安徽省凤阳县小岗村主持召开农村改革座谈会发表重要讲话时指出,深化农村改革需要多要素联动。要在坚持和完善农村基本经营制度的同时,着力推进农村集体资产确权到户和股份合作制改革,加快构建新型农业经营体系,推进供销合作社综合改革,健全农业支持保护制度,促进农业转移人口有序实现市民化,健全城乡发展一体化体制机制。②

2017年10月,习近平总书记在党的十九大报告中提出要"实施乡村振兴战略",并强调要"坚持农业农村优先发展,按照产业兴旺、生态宜居、乡风文明、治理有效、生活富裕的总要求,建立健全城乡融合发展体制机制和政策体系,加快推进农业农村现代化"。③ 实施乡村振兴战略,是在中国特色社会主义进入新时代的历史背景下,以习近平同志为核心的党中央在深刻把握我国国情农情,深刻认识我国城乡关系变化特征和现代化建设规律的基础上,着眼于党和国家事业发展全局,遵循以人民为中心的发展思想,对"三农"工作作出的重大决策部署。

总的来看,习近平总书记的这些重要论述,对于我们正确把握城乡发展的辩证关系,科学推进城乡一体化发展具有重要的指导意义。

二 推出一系列大刀阔斧的改革举措

党的十八大以来,党和国家在解决好"三农"问题,调整好城乡关

---

① 《健全城乡发展一体化体制机制 让广大农民共享改革发展成果》,《人民日报》2015年5月2日第1版。

② 《加大推进新形势下农村改革力度 促进农业基础稳固农民安居乐业》,《人民日报》2016年4月29日第1版。

③ 《决胜全面建成小康社会 夺取新时代中国特色社会主义伟大胜利》,《人民日报》2017年10月19日第2版。

系，推进城乡一体化以及迈向城乡融合发展方面，以重要领域和关键环节为突破口，直面城乡之间的发展差距和矛盾，针对农业农村发展中的焦点、难点问题，推出一系列大刀阔斧的改革举措。

（一）全面启动城乡社会保障制度并轨

2012年，党的十八大提出，到2020年，基本公共服务均等化总体实现。① 2013年，党的十八届三中全会进一步提出，"建立更加公平可持续的社会保障制度""实现发展成果更多更公平惠及全体人民"。② 按照这一要求，2014年2月21日，国务院出台《关于建立统一的城乡居民基本养老保险制度的意见》（国发〔2014〕8号），决定将新型农村社会养老保险和城镇居民社会养老保险两项制度合并实施，在全国范围内建立统一的城乡居民基本养老保险制度。③ 此后，各省纷纷出台了相关实施细则或意见。城乡居民基本养老保险制度合并实施后，参保的城乡居民的养老保险待遇将实现同步发放、同步增长，这意味着缩小城乡差距、破除城乡二元结构迈出重要的一步。截至2017年年底，全国城乡居民基本养老保险参保人数达到51255万人。其中，领取待遇人数达到15598万人，月人均待遇为125元。为提高城乡居民基础养老保障水平，从2018年1月1日起，全国城乡居民基本养老保险基础养老金最低标准由每人每月70元提高到每人每月88元。

为确保城乡困难群众获取更加公平的医疗救助，民政部、财政部等五部门联合下发《关于进一步完善医疗救助制度全面开展重特大疾病医疗救助工作的意见》（以下简称《意见》）。《意见》要求，各地要在2015年年底前，将城市医疗救助制度和农村医疗救助制度整合为城乡医疗救

---

① 胡锦涛：《坚定不移沿着中国特色社会主义道路前进，为全面建成小康社会而奋斗——在中国共产党第十八次全国代表大会上的报告》，载中共中央文献研究室编《十八大以来重要文献选编》（上），中央文献出版社2014年版，第14页。

② 习近平：《关于〈中共中央关于全面深化改革若干重大问题的决定〉的说明》，载中共中央文献研究室编《十八大以来重要文献选编》（上），中央文献出版社2014年版，第535、537页。

③ 《国务院关于建立统一的城乡居民基本养老保险制度的意见》（国发〔2014〕8号），2014年2月6日，中央政府门户网站，http：//www.gov.cn/zhengce/content/2014-02/26/content_8656.htm。

助制度。① 为建立更加公平可持续的全民医疗保险制度，2016年1月12日，国务院印发《关于整合城乡居民基本医疗保险制度的意见》（国发〔2016〕3号）。按照这一文件要求，各地积极开展城乡居民基本医疗保险制度整合工作，先后印发了整合制度的实施意见。其中，湖北省从2017年3月1日起实行了统一的城乡居民医疗保险政策，除职工基本医疗保险应参保人员以外，其他所有城乡居民，均纳入城乡居民医疗保险覆盖范围，不受户籍限制。整合城乡居民基本医疗保险制度这一政策的实行，将医疗保险覆盖面扩大到所有城乡居民，实现人人享有基本医疗保障，是党中央、国务院在建立城镇职工基本医疗保险制度和新型农村合作医疗制度之后的又一项重大举措。

（二）推进城镇常住人口基本公共服务并轨

长期以来，城市外来人口时常面临"异乡人"的尴尬，摆脱"编外市民"身份、享受"同城同权"，成为他们的强烈诉求。由此，加快户籍制度改革，放宽落户条件，让有意愿、有能力的农业转移人口在城镇落户定居刻不容缓。

2012年，党的十八大报告提出，加快改革户籍制度，有序推进农业转移人口市民化，努力实现城镇基本公共服务常住人口全覆盖。② 2013年，党的十八届三中全会明确提出，要创新人口管理，加快户籍制度改革。③ 同年，中央城镇化工作会议也提出，把推进农业转移人口市民化作为扎实落实推进城镇化的首要任务，并要求各地区尽快出台具体的、可操作的户籍改革制度。④ 为深入贯彻落实党的十八大、十八届三中全会和中央城镇化工作会议关于进一步推进户籍制度改革的要求，2014年7月

---

① 《国务院办公厅转发民政部等部门关于进一步完善医疗救助制度全面开展重特大疾病医疗救助工作意见的通知》，2015年4月30日，中央政府门户网站，http://www.gov.cn/zhengce/content/2015-04/30/content_9683.htm。

② 胡锦涛：《坚定不移沿着中国特色社会主义道路前进，为全面建成小康社会而奋斗——在中国共产党第十八次全国代表大会上的报告》，载中共中央文献研究室编《十八大以来重要文献选编》（上），中央文献出版社2014年版，第18页。

③ 习近平：《关于〈中共中央关于全面深化改革若干重大问题的决定〉的说明》，《人民日报》2013年11月16日第1版。

④ 习近平：《在中央城镇化工作会议上的讲话》，载中共中央文献研究室编《十八大以来重要文献选编》（上），中央文献出版社2014年版，第592—594页。

24日,《国务院关于进一步推进户籍制度改革的意见》(国发〔2014〕25号)印发,提出"进一步调整户口迁移政策,统一城乡户口登记制度,全面实施居住证制度,加快建设和共享国家人口基础信息库,稳步推进义务教育、就业服务、基本养老、基本医疗卫生、住房保障等城镇基本公共服务覆盖全部常住人口。到2020年……努力实现1亿左右农业转移人口和其他常住人口在城镇落户"的目标任务。① 此后,各省纷纷出台了关于深化户籍制度改革的实施意见,在统一城乡户口登记制度,实施居住证制度方面进行了重要改革。2015年2月,中共中央办公厅和国务院办公厅联合印发《关于全面深化公安改革若干重大问题的框架意见》及相关改革方案,进一步对扎实推进户籍制度改革提出明确要求。国务院总理李克强签署中华人民共和国国务院令第663号,公布《居住证暂行条例》(以下简称《条例》),《条例》自2016年1月1日起执行。《条例》用了近600字的篇幅,对"国家版"居住证的落户通道进行了详细规定:首先,居住证持有人符合居住地人民政府规定的落户条件的,可以根据本人意愿,将常住户口由原户口所在地迁入居住地。然后,针对不同规模的城镇、城市的居住证持有人落户条件,《条例》分别进行了详细规定。《条例》规定,居住证持有人在居住地依法享受劳动就业,参加社会保险,缴存、提取和使用住房公积金的权利。同时,还为居住证持有人列出了六大基本公共服务和七项便利②。2016年9月29日,《国家人权行动计划(2016—2020年)》发布,按照全面建成小康社会的新要求,列出了实施行动计划的五大目标,并提出,要落实国务院户籍制度改革方案,取消农业户口与非农业户口性质区分,建立城乡统一的户籍登记制度。全面实施居住证暂行条例,推进居住证制度覆盖全部未落户城镇常住人口。③

---

① 《国务院关于进一步推进户籍制度改革的意见》,《人民日报》2014年7月31日第8版。
② 六大服务包括:义务教育、基本公共就业服务、基本公共卫生服务和计划生育服务、公共文化体育服务、法律援助和其他法律服务、国家规定的其他基本公共服务。七项便利指:按照国家有关规定办理出入境证件、按照国家有关规定换领补领居民身份证、机动车登记、申领机动车驾驶证、报名参加职业资格考试和申请授予职业资格、办理生育服务登记和其他计划生育证明材料、国家规定的其他便利。《中华人民共和国国务院令第663号》,2015年12月12日,中央政府门户网站,http://www.gov.cn/zhengce/content/2015-12/12/content_10398.htm。
③ 《国家人权行动计划(2016—2020年)》,《人民日报》2016年9月30日第13、14版。

总的来看，在新一轮的户籍制度改革过程中，通过严控大城市规模、取消农业户口与非农业户口性质区分、放宽城市落户限制条件等手段，户籍制度改革加速推进，释放出诸多红利。居住证制度与之前的暂住证制度不同，最重要的含金量是在居住证制度下，城市外来务工人员可以享受接近居住地户籍居民的服务和待遇。从暂住证到居住证，体现了政府部门从管理到服务的理念革新，承载了流动人口从义务到权利的待遇转变。目前，全国各省（市、区）都研究制定了户籍制度改革实施意见，户籍制度改革的政策框架基本构建完成。相关资料显示，居住证制度推行仅一年，全国就有 25 个省（区、市）出台居住证实施办法，共发放居住证 2890 余万张。①

（三）进一步加大深化农村改革的力度

深化农村改革，是新时期"三农"发展的必然选择。2016 年 4 月，习近平总书记在安徽省凤阳县小岗村主持召开农村改革座谈会时指出，"解决农业农村发展面临的各种矛盾和问题根本靠深化改革"。② 党的十八大以来，在全面深化改革的历史背景下，党中央进一步加大了深化农村改革的力度，重点围绕转变农业发展方式，促进农业提质增效，加快推进农业供给侧结构性改革；围绕处理好农民和土地的关系，扎实推进农村土地制度改革创新；围绕赋予农民更多合法权益，进一步深化农村集体产权制度改革。随着农村改革不断向纵深推进，我国农业生产力发展水平不断提高，农民权利不断增强，农村社会更加稳定。其中，比较重要的改革分别是农业供给侧结构性改革、农村土地制度改革和农村集体产权制度改革。

关于推进农业供给侧结构性改革。2004 年以来，随着一系列富农强农惠农重大政策举措的出台，我国农业进入历史上少有的一个比较好的发展阶段。但同时，也积累了一些深层次的矛盾和问题。特别是在新形势下，农业发展面临着很多前所未有的新情况。习近平总书记

---

① 《图表：推行居住证制度　去年发放居住证 2890 余万张》，2017 年 2 月 11 日，中央政府门户网站，http://www.gov.cn/xinwen/2017-02/11/content_5167328.htm。
② 《加大推进新形势下农村改革力度　促进农业基础稳固农民安居乐业》，《人民日报》2016 年 4 月 29 日第 1 版。

明确指出，新形势下，农业主要矛盾已经由总量不足转变为结构性矛盾，主要表现为阶段性的供过于求和供给不足并存。解决这一问题的根本出路，只能是农业供给侧结构性改革。① 2015年11月10日，习近平总书记在中央财经领导小组第十一次会议上进一步强调，在适度扩大总需求的同时，着力加强供给侧结构性改革。② 此后不久召开的中央农村工作会议讨论了《中共中央 国务院关于落实发展新理念加快农业现代化实现全面小康目标的若干意见（讨论稿）》。会议强调，要着力加强农业供给侧结构性改革，提高农业供给体系质量和效率。③ 顺应新形势、新要求，2017年中央"一号文件"《中共中央 国务院关于深入推进农业供给侧结构性改革 加快培育农业农村发展新动能的若干意见》，把推进农业供给侧结构性改革作为主题，坚持问题导向，调整工作重心，从各方面谋划深入推进农业供给侧结构性改革的举措。习近平总书记在党的十九大报告中指出，必须坚持质量第一、效率优先，以供给侧结构性改革为主线，推动经济发展质量变革、效率变革、动力变革，提高全要素生产率。④ 继党中央提出推进农业供给侧结构性改革以来，农业供给侧结构性改革已成为全国各地抢抓机遇、改革发展的共同行动，各有关部门主要开展实施了"藏粮于地、藏粮于技"战略、优化产业布局、调优品种结构、培育新产业和新业态、推进农业绿色发展、改善农业物质装备和科技条件、培育新型农业经营主体、强化制度供给等八个方面的工作，取得显著成效。

关于推进农村土地制度改革。⑤ 自2004年以来，农村土地制度改革一直都在持续推进，但仍然存在土地产权不清晰，被征地农民权益无法保障，农民无法享受土地增值收益，农村集体经营性建设用地入市交易障碍重重等多种问题。党的十八大以来，党中央明确加大了农

---

① 《打赢供给侧结构性改革这场硬仗》，《光明日报》2016年3月9日第1版。
② 《把握大逻辑 谋求新境界——"新常态"理论引领中国经济稳中有进稳中有好》，《光明日报》2016年1月6日第1版。
③ 《中央农村工作会议在京召开》，《人民日报》2015年12月26日第1版。
④ 《决胜全面建成小康社会 夺取新时代中国特色社会主义伟大胜利》，《人民日报》2017年10月19日第2版。
⑤ 孔祥智、张琛：《十八大以来的农村土地制度改革》，《中国延安干部学院学报》2016年第2期。

村土地制度改革的力度。党的十八届三中全会通过的《关于全面深化改革若干重大问题的决定》，明确了我国未来农村土地制度改革的方向和任务，重点涉及农村土地承包经营权改革、农村宅基地制度改革、农村土地征收制度改革、农村集体经营性建设用地入市制度改革等多个方面的改革。①

（1）农村土地承包经营权改革。党中央在农村土地承包经营权确权登记颁证和实现农村土地"三权分置"两个方面不断深化农村土地承包经营权改革，逐步明晰土地产权，扩大土地权能。

在农村土地承包经营权确权登记颁证方面，农业部从2009年开始，在全国选取部分地区开展农村土地承包经营权确权登记颁证试点工作，主要以一村一组、整村推进、整乡整镇推进、整县推进和整省推进等试点方式为主。党的十八大以后，这项试点工作主要以整县推进和整省推进为主。据不完全统计，2017年，全国整省推进此项工作的省份达到28个，试点范围扩大至全国2718个县（市、区）、3.3万个乡镇、53.9万个行政村，实测承包地面积达到15.2亿亩，已经超过第二轮家庭承包耕地面积，确权面积达到11.1亿亩，占第二轮家庭承包耕地账面面积的82%。② 其中，湖北省已于2017年6月前完成确权成果的检查验收，同时建立全省统一的确权数据库。

表2—1　　　　农村土地确权登记颁证工作推进政策梳理

时间	政策规定
2008年：首次提出阶段	2008年10月，党的十七届三中全会发布《中共中央关于推进农村改革发展若干重大问题的决定》，明确提出要"搞好农村土地确权、登记、颁证工作。完善土地承包经营权权能，依法保障农民对承包土地的占有、使用、收益等权利"

① 《中共中央关于全面深化改革若干重大问题的决定》，载中共中央文献研究室编《十八大以来重要文献选编》（上），中央文献出版社2014年版，第511—546页。
② 《农村承包地确权登记颁证试点省份达28个》，《中国改革报》2017年11月30日第1版。

续表

时间	政策规定
2009—2010年：整村推进阶段。以村组为单位，以8个村为试点，探索整村推进	2009年中央"一号文件"提出，"强化对土地承包经营权的物权保护，做好集体土地所有权权属登记颁证工作，将权属落实到法定行使所有权的集体组织；稳步开展土地承包经营权登记试点，把承包地块的面积、空间位置和权属证书落实到农户，严禁借机调整土地承包关系，坚决禁止和纠正违法收回农民承包土地的行为。加快落实草原承包经营制度" 2010年中央"一号文件"提出，"继续做好土地承包管理工作，全面落实承包地块、面积、合同、证书'四到户'，扩大农村土地承包经营权登记试点范围，保障必要的工作经费。加快农村集体土地所有权、宅基地使用权、集体建设用地使用权等确权登记颁证工作，工作经费纳入财政预算"
2011—2013年：整乡整镇推进阶段。以乡镇为单位，在数百个县开展试点	2011年2月，农业部、财政部、国土资源部、国家测绘局等四部门联合印发《关于开展农村土地承包经营权登记试点工作意见》（农经发〔2011〕2号），明确指出承包经营权登记的主要任务是"查清承包地块的面积和空间位置，建立健全土地承包经营权登记簿，妥善解决承包地块面积不准、四至不清、空间位置不明确、登记簿不健全等问题，把承包地块、面积、合同、权属证书全面落实到户，依法赋予农民更加充分而有保障的土地承包经营权" 2011年5月，国土资源部、财政部与农业部联合下发《关于加快推进农村集体土地确权登记发证工作的通知》，提出加快农村集体土地所有权、宅基地使用权、集体建设用地使用权等确权登记发证工作 2012年中央"一号文件"提出，"基本完成覆盖农村集体各类土地的所有权确权登记颁证，推进包括农户宅基地在内的农村集体建设用地使用权确权登记颁证工作，稳步扩大农村土地承包经营权登记试点，财政适当补助工作经费" 2013年中央"一号文件"提出，"全面开展农村土地确权登记颁证工作，用五年的时间基本完成农村土地承包经营权确权登记颁证工作"
2014年：整县推进阶段。以县为单位，首次在山东、安徽、四川等3个省份开展整省承包地确权试点	2014年中央"一号文件"对农村土地承包经营权确权登记颁证工作的形式进行了说明，即可以确权确地，也可以确权确股不确地。中共中央办公厅和国务院办公厅联合印发《关于引导农村土地经营权有序流转发展农业适度规模经营的意见》

续表

时间	政策规定
2015—2018 年：整省推进阶段。2015—2017 年，将江苏、江西等 9 个省份，河北、山西等 10 个省份和北京、天津等 6 个省份，逐年分三批纳入"整省推进"试点；2018 年：土地确权最后一年	2015 年中央"一号文件"要求扩大土地承包经营权确权登记颁证工作整省推进试点范围，并明确了确权方式，即总体上确权到户，确权确股不确地的范围需要严格掌握。农业部等六部门联合下发了《关于认真做好农村土地承包经营权确权登记颁证工作的意见》，对 2015 年确权登记颁证工作作出了全面部署 2016 年中央"一号文件"进一步强调，"继续扩大农村承包地确权登记颁证整省推进试点工作，计划到 2020 年基本完成土地等农村集体资源性资产确权登记颁证工作"。农业部、财政部、国土资源部、国家测绘局等四部门联合印发了《关于进一步做好农村土地承包经营权确权登记颁证有关工作的通知》（农经发〔2016〕4 号），进一步明确了十条工作要求，确保试点工作抓紧抓实 2017 年中央"一号文件"明确提出，"加快推进农村承包地确权登记颁证，扩大整省试点范围"。同年，农业部印发《关于推进农业供给侧结构性改革的实施意见》提出，加快推进农村承包地确权登记颁证工作，再选择北京、天津、重庆、福建、广西、青海 6 个省份推进整省试点，推动有条件的地方年底基本完成 2018 年中央"一号文件"提出，"全面完成土地承包经营权确权登记颁证工作，实现承包土地信息联通共享"

资料来源：根据中央政府门户网站以及国家各部委官网、人民网公布的相关文件的内容整理得出。

在农村土地"三权分置"①改革方面，改革开放之初，在坚持农村土地集体所有的前提下，把土地承包经营权赋予农户家庭，实行家庭联产承包责任制，实际上是"两权分离"。随着农村劳动力大量转移进城，顺应农民保留土地承包权、流转土地经营权的意愿，党的十八大以来，国家将土地承包经营权分为承包权和经营权，实行所有权、承包权、经营权分置并行，简称"三权分置"。2013 年 7 月，习

---

① "三权分置"，就是将农村土地的承包经营权拆分开，承包权归承包户，而经营权流转给愿意种地的经营主体。概括地讲"三权分置"是指农村土地的集体所有权、农户的承包权、土地的经营权这"三权"分置并行。

近平总书记视察武汉农村综合产权交易所,在对土地流转交易情况进行了解时明确提出,深化农村改革,完善农村基本经营制度,要好好研究农村土地所有权、承包权、经营权三者之间的关系。① 同年 12 月,习近平总书记在中央农村工作会议上正式提出了"三权分置"这一概念。② 2014 年中央"一号文件"正式提出农村土地所有权、承包权、经营权"三权分置"的政策,要赋予农民对承包地的各项权能,允许承包土地的经营权向金融机构抵押、担保。③ 2015 年,党的十八届五中全会通过的《中共中央关于制定国民经济和社会发展第十三个五年规划的建议》明确提出,要稳定农村土地承包关系,完善土地所有权、承包权、经营权分置办法,依法推进土地经营权有序流转,构建培育新型农业经营主体的政策体系。④ 2016 年中央"一号文件"明确了农村土地承包关系长久不变的指导方针,对农村土地"三权分置"的相关政策继续进行了巩固,再次明确了农村土地"三权分置"改革的基本方向,并提出要进一步完善"三权分置"办法,依法推进土地经营权有序流转。⑤ 2016 年 4 月 25 日,习近平总书记在安徽省凤阳县小岗村主持召开农村改革座谈会时对"三权分置"作了深刻阐述。他强调,新形势下深化农村改革,主线仍是处理好农民和土地的关系。⑥

随着农村土地确权工作的不断推进,2016 年 11 月,中共中央办公厅和国务院办公厅联合印发《关于完善农村土地所有权承包权经营权分置办法的意见》(中办发〔2016〕67 号),这是我国第一个专门针对农村土

---

① 《坚定不移全面深化改革开放 脚踏实地推动经济社会发展》,《人民日报》2013 年 7 月 24 第 1 版。

② 习近平:《在中央农村工作会议上的讲话》,载中共中央文献研究室编《十八大以来重要文献选编》(上),中央文献出版社 2014 年版,第 668—672 页。

③ 《中共中央 国务院印发〈关于全面深化农村改革加快推进农业现代化的若干意见〉》,《人民日报》2014 年 1 月 20 日第 1 版。

④ 《中共中央关于制定国民经济和社会发展第十三个五年规划的建议》,《人民日报》2015 年 11 月 4 日第 1 版。

⑤ 《中共中央 国务院关于落实发展新理念加快农业现代化 实现全面小康目标的若干意见》,《人民日报》2016 年 1 月 28 日第 1 版。

⑥ 《加大推进新形势下农村改革力度 促进农业基础稳固农民安居乐业》,《人民日报》2016 年 4 月 29 日第 1 版。

地"三权分置"的政策文件，标志着"三权分置"进入正式贯彻落实阶段。2017年10月，党的十九大召开，进一步强调要完善承包地"三权"分置制度。①

总的来看，"三权分置"是在新的历史条件下，继家庭联产承包责任制后农村改革的又一次重大创新，也是党中央关于农村土地问题出台的又一重大政策。随着"三权分置"政策的逐步落实，我国农村基本经营制度将更加巩固完善，现代农业将健康发展、农民收入将稳步增加、新农村建设将加快推进。

（2）农村宅基地制度改革。我国约有16.5万平方公里的集体建设用地，在这些用地中，宅基地占到了70%左右②。中国社会科学院农村发展研究所发布的《中国农村发展报告（2017）》显示，每年因农村人口转移，新增农村闲置住房5.94亿平方米，折合市场价值约4000亿元。由于宅基地入市交易在制度上一直没有突破，宅基地退出渠道不畅，由此在城市化进程中，出现了农村宅基地大规模空置、废弃的现象。与此同时，城市建设用地尤其是大中城市的城市土地市场则处于总体趋紧局面。在这种情况下，为激活乡村沉睡的宅基地资源，赋予农民更多财产权利，2013年11月，党的十八届三中全会对保障农户宅基地用益物权作了明确指示，提出要赋予农民更多财产权利。③ 2014年中央"一号文件"在保障农户宅基地用益物权的基础上进一步对农村宅基地分配政策进行了说明。④ 同年12月，中共中央办公厅和国务院办公厅联合印发了《关于农村土地征收、集体经营性建设用地入市、宅基地制度改革试点工作的意见》，这标志着农村土地制度改革正式进入试点阶段，也标志着农村宅基地制度改革正式进入试点阶段。2015年中央"一号文件"提出了对宅基地制度改革试点采取分类实施的措施，强调对农民住房保障的新机制进

---

① 《决胜全面建成小康社会　夺取新时代中国特色社会主义伟大胜利》，《人民日报》2017年10月19日第2版。
② 郑风田：《让宅基地"三权分置"改革成为乡村振兴新抓手》，《人民论坛》2018年第10期。
③ 《中共中央关于全面深化改革若干重大问题的决定》，载中共中央文献研究室编《十八大以来重要文献选编》（上），中央文献出版社2014年版，第524页。
④ 《中共中央　国务院印发〈关于全面深化农村改革加快推进农业现代化的若干意见〉》，《人民日报》2014年1月20日第1版。

行深入探索。① 2015年2月,第十二届全国人大常委会经过表决,决定授权国务院在北京大兴区等33个试点县(市、区)行政区域,暂时调整实施有关法律规定,推进农村土地制度改革三项试点。其中,湖北省襄阳市的宜城市成为全国农村宅基地制度改革试点县市。② 同年12月27日,第十二届全国人大常委会第十八次会议决定在天津市蓟县、重庆市开县等59个县(市、区)行政区域进行试点,暂时允许以农民住房财产权(含宅基地使用权)抵押贷款。2016年中央"一号文件"进一步提出,"加快推进农村宅基地使用权确权登记颁证工作""完善宅基地权益保障和取得方式,探索农民住房保障新机制"。③ 同年3月,国务院六部委联合颁发《农民住房财产权抵押贷款试点暂行办法》。从当年9月开始,宅基地改革试点进入统筹推进阶段。2017年中央"一号文件"明确提出,"落实宅基地集体所有权、维护农户宅基地占有和使用权,增加农民财产性收入"。④ 2017年12月,中央农村工作会议提出,要完善农民闲置宅基地和闲置农房政策。⑤ 2018年中央"一号文件"正式提出,探索宅基地所有权、资格权、使用权"三权分置"。⑥ 这是党中央在正式文件中首次提出宅基地"三权分置",旨在加快补足农地(承包耕地、集体经营性建设用地、以宅基地为主的集体非经营性建设用地)制度改革中宅基地这块最短板,增强新时期农村发展新动能。总之,宅基地所有权、资格权、使用权"三权分置"的正式提出,不仅为新时期宅基地制度顶层设计奠定了基础,也为城乡生产要素平等自由流动创造了条件。

(3)农村土地征收制度改革。长期以来,为降低工业化、城镇化成

---

① 《中共中央 国务院关于加大改革创新力度加快农业现代化建设的若干意见》,《人民日报》2015年2月2日第1版。

② 孔祥智、张琛:《十八大以来的农村土地制度改革》,《中国延安干部学院学报》2016年第2期。

③ 《中共中央 国务院关于落实发展新理念加快农业现代化 实现全面小康目标的若干意见》,《人民日报》2016年1月28日第1版。

④ 《中共中央 国务院关于深入推进农业供给侧结构性改革加快培育农业农村发展新动能的若干意见》,《人民日报》2017年2月6日第1版。

⑤ 《中央农村工作会议在北京举行》,《人民日报》2017年12月30日第1版。

⑥ 《中共中央 国务院关于实施乡村振兴战略的意见》,《人民日报》2018年2月5日第1版。

本，在建设用地的获取上，我国实行的是一种牺牲农民土地财产权益的征收制度。农民承包的土地被征收以后，得到的补偿金额总体上不高，从而导致各类征地补偿纠纷不断。2012年，党的十八大召开，在报告中明确提出，"改革征地制度，提高农民在土地增值收益中的分配比例"。[1]这是征地制度改革内容首次写进中共党代会报告。2013年中央"一号文件"提出，要尽快修订土地管理法，为农村土地征收提供法律支撑。[2]同年，为保障农民公平分享土地增值收益，党的十八届三中全会提出，要缩小征地范围，规范征地程序，完善对被征地农民合理、规范、多元保障机制。[3] 2014年中央"一号文件"明确提出，要加快推进征地制度改革，缩小征地范围，逐步完善征地补偿办法，确定合理征地补偿标准。[4]同年12月，中共中央办公厅和国务院办公厅联合印发了《关于农村土地征收、集体经营性建设用地入市、宅基地制度改革试点工作的意见》，在农村土地征收制度改革方面，提出了要探索缩小土地征收范围；规范制定征收目录，健全矛盾纠纷调处机制，全面公开土地征收信息；完善对被征地农民合理、规范、多元保障机制等。[5] 2015年中央"一号文件"进一步强调，要完善被征地农民的保障机制。[6] 2016年中央"一号文件"则强调，要深入推进农村土地征收制度改革的试点工作。2017年中央"一号文件"提出，要统筹协调推进农村土地征收、集体经营性建设用地入市、宅基地制度改革试点。2018年中央"一号文件"提出，要系统总结农村土地征收制度改革试点经验，逐步扩大试点，加快土地管理法修

---

[1] 胡锦涛：《坚定不移沿着中国特色社会主义道路前进，为全面建成小康社会而奋斗——在中国共产党第十八次全国代表大会上的报告》，载中共中央文献研究室编《十八大以来重要文献选编》（上），中央文献出版社2014年版，第18—19页。
[2]《中共中央 国务院关于加快发展现代农业 进一步增强农村发展活力的若干意见》，《人民日报》2013年2月1日第1版。
[3]《中共中央关于全面深化改革若干重大问题的决定》，载中共中央文献研究室编《十八大以来重要文献选编》（上），中央文献出版社2014年版，第518页。
[4]《中共中央 国务院印发〈关于全面深化农村改革加快推进农业现代化的若干意见〉》，《人民日报》2014年1月20日第1版。
[5]《农村土地制度三项改革试点意见出台 2017年底完成》，2015年1月11日，中央政府门户网站，http://www.gov.cn/xinwen/2015-01/11/content_2802960.htm。
[6]《中共中央 国务院关于加大改革创新力度加快农业现代化建设的若干意见》，《人民日报》2015年2月2日第1版。

改，完善农村土地利用管理政策体系。①

（4）农村集体经营性建设用地②入市制度改革。农村集体经营性建设用地入市制度实际上就是让原本须通过征收变性为国有土地的集体土地，在不被征收的情况下，可以直接入市流转，从而赋予其与国有土地同等的流转权能。2000年以前，在我国，农村集体经营性建设用地是不可以自由入市的。从2000年开始，农村集体经营性建设用地入市探索就已经在部分地区进行。一直到2008年，国家才开始逐步全面放开农村集体经营性建设用地入市。2008年10月，党的十七届三中全会通过的《中共中央关于推进农村改革发展若干重大问题的决定》明确提出，逐步建立城乡统一的建设用地市场。③ 不过，由于体制机制方面的障碍，农村集体经营性建设用地入市一直未有实质性突破。2013年11月15日，党的十八届三中全会通过的《中共中央关于全面深化改革若干重大问题的决定》就建立城乡统一的建设用地市场，提出，"在符合规划和用途管制前提下，允许农村集体经营性建设用地出让、租赁、入股，实行与国有土地同等入市、同权同价"。④ 此后，2014—2018年的中央"一号文件"对农村集体经营性建设用地入市分别提出了明确的改革任务和要求。其中，2014年12月，中共中央办公厅和国务院办公厅联合印发的《关于农村土地征收、集体经营性建设用地入市、宅基地制度改革试点工作的意见》⑤，标志着农村集体经营性建设用地入市正式进入试点阶段。2015年3月，

---

① 《中共中央 国务院关于落实发展新理念加快农业现代化 实现全面小康目标的若干意见》，《人民日报》2016年1月28日第1版。《中共中央 国务院关于深入推进农业供给侧结构性改革 加快培育农业农村发展新动能的若干意见》，《人民日报》2017年2月6日第1版。《中共中央 国务院关于实施乡村振兴战略的意见》，《人民日报》2018年2月5日第1版。
② 农村集体经营性建设用地指的是具有生产经营性质的农村集体建设用地。
③ 《中共中央关于推进农村改革发展若干重大问题的决定》，《人民日报》2008年10月20日第1版。
④ 《中共中央关于全面深化改革若干重大问题的决定》，载中共中央文献研究室编《十八大以来重要文献选编》（上），中央文献出版社2014年版，第518页。
⑤ 集体经营性建设用地入市改革主要任务有三项：一是完善集体经营性建设用地产权制度；二是明确入市范围和途径；三是建立健全市场交易规则和服务监管制度。目标是建立同权同价、流转顺畅、收益共享的入市制度。

国土资源部在全国选取 15 个县（市、区）① 开展农村集体经营性建设用地入市试点工作。2017 年，国土资源部将试点地区由原有的 15 个县（市、区）扩大到 33 个县（市、区）。

总的来看，国家对农村集体经营性建设用地入市的相关规定和改革试点，对于打破长期以来土地被地方政府垄断的格局，盘活农村存量建设用地，增加农民财产性收入，促进城乡要素流动，推动城镇化和新农村建设等具有重要的推动作用。

关于推进农村集体产权制度改革。目前，我国有相当一部分农村集体经济组织积累了大量资产。如何将沉睡的资产变为农民的利益，以适应社会主义市场经济体制新要求和城乡一体化发展新趋势，迫切需要推进农村集体产权制度改革。党中央、国务院对此高度重视，推动各地积极开展了以股份合作制为主要形式的农村集体产权制度改革。党的十八届三中全会明确提出，要赋予农民更多财产权利。② 2014 年 11 月，农业部、中央农办、国家林业局联合印发《积极发展农民股份合作赋予农民对集体资产股份权能改革试点方案》，确定在 29 个县（市、区）开展试点。2015 年 8 月 24 日，国务院印发《关于开展农村承包土地的经营权和农民住房财产权抵押贷款试点的指导意见》（国发〔2015〕45 号），明确将"赋予'两权'③ 抵押融资功能，维护农民土地权益""建立抵押物处置机制，做好风险保障"作为重要试点任务。④ 2016 年 10 月，国务院印发《全国农业现代化规划（2016—2020 年）》，就深化农村集体产权制度改革，提出着力推进农村集体资产确权到户和股份合作制改革，赋予农民对集体资产股份占有、收益、有偿退出及抵押、担保、继承权。有序推进农村集体资产股份权能改革试点，到 2020 年基本完成经营性资产折

---

① 这 15 个入市试点地区分别为：北京市大兴区、山西省晋城市泽州县、辽宁省鞍山市海城市、吉林省长春市九台区、黑龙江省绥化市安达市、上海市松江区、浙江省湖州市德清县、河南省新乡市长垣县、广东省佛山市南海区、广西壮族自治区玉林市北流市、海南省文昌市、重庆市大足区、四川省成都市郫县、贵州省遵义市湄潭县、甘肃省定西市陇西县。

② 《中共中央关于全面深化改革若干重大问题的决定》，载中共中央文献研究室编《十八大以来重要文献选编》（上），中央文献出版社 2014 年版，第 524 页。

③ 农村承包土地（指耕地）的经营权和农民住房财产权。

④ 《国务院印发〈关于开展农村承包土地的经营权和农民住房财产权抵押贷款试点的指导意见〉》，《人民日报》2015 年 8 月 25 日第 1 版。

股量化到本集体经济组织成员,健全非经营性资产集体统一运行管护机制。① 2016年12月,《中共中央 国务院关于稳步推进农村集体产权制度改革的意见》发布,对深化农村集体产权制度改革进行系统全面部署。2017年,农业部会同中央农办,选择了100个改革基础较好的县(市、区),作为新一轮农村集体产权制度改革试点单位。相关数据显示,目前全国农村集体经济组织拥有土地等资源性资产66.9亿亩,各类账面资产3.1万亿元,大体上全国每个村平均资产总额是555.4万元,东部地区资产总额超过全国的3/4,部分富裕村资产数以亿元计,中西部地区不少是空壳村、负债村。② 在开展农村集体产权制度改革的实践中,各地积极探索涌现出了一批改革示范典型,为其他地区提供很好的学习经验。其中,湖北省会武汉市于2009年4月成立的农村综合产权交易所自启动运营以来,在组织农村产权交易、抵押融资规模方面一直保持全国领先。截至2017年年底,武汉农村综合产权交易所累计组织农村产权交易达到3631宗,交易金额达到199.87亿元,涉及面积达到134.98万亩。这一年,武汉市土地经营权交易价格达到566元/亩,与2011年相比增长了31.63%。③ 而始于2011年的贵州省六盘水市农村"三变"改革④,在农村集体产权制度改革中创造了一条系统化的改革新路,为深入推进"三变"改革打下了坚实基础。2017年9月12日,农业部批复增补贵州省六盘水市为全国农村改革试验区,主要承担农村"三变"改革试验任务。2015年,农业部在黑龙江、江苏等7个省份各选择一个县(市、区)开展的土地经营权入股发展农业产业化经营试点,为农业适度规模经营探索出了一条新路。

(四)在全国范围启动新一轮脱贫攻坚战

我国是世界上最大的发展中国家,扶贫开发任务艰巨而漫长。相关

---

① 《国务院关于印发〈全国农业现代化规划(2016—2020年)〉的通知》,2016年10月20日,中央政府门户网站,http://www.gov.cn/zhengce/content/2016-10/20/content_5122217.htm。

② 《村集体家底:摸清还得管好》,《经济日报》2018年4月10日第15版。

③ 数据来自2018年2月20日晚中央电视台《新闻联播》节目对武汉三权分置改革的介绍。

④ 通过市场化运作方式,深入开展农村资源变资产、资金变股金、农民变股东等三项改革,将农村集体、农民的"死资源"变为"活资产",让村集体和农民群众享受到入股分红收益,进一步增加农民经济收入,切切实实让农民富起来,简称"三变"改革。

数据显示,按国家扶贫标准,到2013年年底,我国还有8249万农村贫困人口,贫困地区发展滞后的问题没有得到根本改变。为实现农村贫困人口的全面脱贫,确保到2020年所有贫困地区和贫困人口一道迈入全面小康社会,以习近平同志为核心的党中央站在党和国家事业发展全局的高度,把扶贫开发作为全面建成小康社会、实现第一个百年奋斗目标的重点工作摆在更加突出的位置,大力实施精准扶贫、精准脱贫,坚定不移走中国特色扶贫开发道路,全面打响了新一轮的脱贫攻坚战,开创了我国扶贫开发事业的新局面。

2015年11月27—28日,中央扶贫开发工作会议召开,习近平总书记发表重要讲话,深刻阐述了脱贫攻坚的重要意义、指导思想、目标任务和重大举措,对未来五年推进扶贫开发工作提出明确要求。同年11月29日,《中共中央 国务院关于打赢脱贫攻坚战的决定》(以下简称《决定》)印发,明确到2020年,确保我国现行标准下农村贫困人口实现脱贫,贫困县全部摘帽,解决区域性整体贫困。[①]《决定》作为指导我国当前和今后一个时期脱贫攻坚的纲要性文件,对打赢脱贫攻坚战提出了许多实举措、硬政策。此后,国家陆续作出一系列关于脱贫攻坚的决策部署,并出台相关重大政策举措。仅2016年一年的时间,就出台了对贫困县的约束机制,贫困退出机制,督查巡查制度,对省级党委和省政府扶贫开发工作成效的考核办法等多个文件。[②]随后,国务院印发《"十三五"脱贫攻坚规划》,细化落实党中央的决策部署。中共中央办公厅、国务院办公厅出台了11个配套文件,中央和国家机关各部门出台了118个政策文件或实施方案;全国各地相继出台和完善"1+N"的脱贫攻坚系列举措,以高度的政治责任感、超常规的政策举措,全力投入精准脱贫攻坚战,走出了一条通过产业扶持、转移就业、易地搬迁、教育支持、

[①]《中共中央 国务院关于打赢脱贫攻坚战的决定》,《人民日报》2015年12月8日第1版。

[②] 2016年2月,中共中央办公厅、国务院办公厅印发《省级党委和政府扶贫开发工作成效考核办法》。同年4月,中共中央办公厅、国务院办公厅印发《关于建立贫困退出机制的意见》。同年7月,中共中央办公厅、国务院办公厅印发《脱贫攻坚督察巡查工作办法》。同年10月,中共中央办公厅、国务院办公厅印发《脱贫攻坚责任制实施办法》。

医疗救助等措施实现大部分贫困人口脱贫的道路。①

党的十八大以来，全国农村贫困人口累计减少6853万人。截至2017年年末，全国农村贫困人口从2012年年末的9899万人减少至3046万人，累计减少6853万人；贫困发生率从2012年年末的10.2%下降至3.1%，累计下降7.1个百分点。2013—2017年，贫困地区农村居民人均可支配收入年均实际增长10.4%，比全国农村平均水平高2.5个百分点。2017年，贫困地区农村居民人均可支配收入是全国农村平均水平的69.8%，比2012年提高7.7个百分点，与全国农村平均水平的差距进一步缩小。②尽管如此，我国的脱贫攻坚形势依然严峻。

党的十九大把脱贫攻坚战作为决胜全面建成小康社会必须打赢的三大攻坚战之一，作出全面部署。2018年5月31日，中共中央政治局召开会议审议了《关于打赢脱贫攻坚战三年行动的指导意见》（以下简称《意见》）。《意见》指出，未来3年，还有3000万左右农村贫困人口需要脱贫。我们必须清醒认识打赢脱贫攻坚战面临的困难和挑战，切实增强责任感和紧迫感，再接再厉、精准施策，以更有力的行动、更扎实的工作，集中力量攻克贫困的难中之难、坚中之坚。③

总的来看，这一时期，党和国家在城乡发展上更加注重转变农业发展方式，更加关注深化农村改革，更加关注农村贫困人口，更加关注城乡基本公共服务均等化，从推进供给侧结构性改革到农村土地制度改革、农村集体产权制度改革；从推进城乡养老并轨到社会救助并轨、基本医疗保险并轨、城镇常住人口基本公共服务并轨，大刀阔斧集中推出的一大批重点改革举措，带给城乡居民，特别是农民更多获得感，工与农、城与乡的界限逐渐被打破，城乡二元社会结构的冰点正在消融、难点开始破题、底线加紧筑牢。

---

① 《庄严的承诺 历史的跨越——党的十八大以来以习近平同志为核心的党中央引领脱贫攻坚纪实》，《人民日报》2017年5月22日第1、2版。
② 《2017年全国农村贫困人口明显减少 贫困地区农村居民收入加快增长》，2018年2月1日，国家统计局官网，http://www.stats.gov.cn/tjsj/zxfb/201802/t20180201_1579703.html。
③ 《中共中央 国务院关于打赢脱贫攻坚战三年行动的指导意见》，《人民日报》2018年8月20日第1版。

三 开创性提出实施乡村振兴战略

改革开放 40 年来，我国经济和社会获得了巨大的发展，取得了举世瞩目的成就，但城乡发展以及农村内部发展不平衡、农村发展不充分的问题日益凸显。[①] 当前及未来一段时间内，高水平全面建成小康社会，加快建设社会主义现代化国家，最艰巨、最繁重的任务在农村。习近平总书记基于我国社会主要矛盾已经转化为人民日益增长的美好生活需要和不平衡不充分的发展之间的矛盾的科学判断，在党的十九大报告中提出要实施乡村振兴战略，意在解决城乡发展不平衡，农村发展不充分等重大问题，加快补上"三农"这块全面建成小康社会的短板。

如何实施乡村振兴战略？党的十九大报告提出，要坚持农业农村优先发展，按照产业兴旺、生态宜居、乡风文明、治理有效、生活富裕的总要求，建立健全城乡融合发展体制机制和政策体系，加快推进农业农村现代化。[②] 这是继 2002 年党的十六大提出"统筹城乡发展"以来，党中央首次提出"城乡融合发展"。从"统筹城乡发展"到"城乡融合发展"的转变，是对以往我们党关于"三农"工作、城乡关系政策的继承和发展，更是一种突破和超越。

党的十六大提出的统筹城乡发展战略，体现的是"以城带乡、以工促农"的方针，靠的是"带"和"促"而确立起来的城乡关系，并不能改变"城市强农村弱""工业强农业弱"的基本格局。"工业反哺农业""城市支持农村"的长效机制很难在短期内建立起来，只能简单地依靠行政干预的手段，农村仍然处于"被动"发展状态。此外，统筹城乡发展的实践在一定程度上也造成了城市对农村各种资源的侵占。由于城乡经济社会发展呈现的巨大反差，农村大量的优质资源在城乡二元制度和市场机制的双重作用下义无反顾流向城市，农村反而陷入更加凋敝和落后的境地。

[①] 习近平总书记曾在党的十八届三中全会上明确提出，城乡发展不平衡不协调，是我国经济社会发展存在的突出矛盾，是全面建成小康社会、加快推进社会主义现代化必须解决的重大问题，城乡二元社会结构是制约城乡发展一体化的主要障碍。

[②] 《决胜全面建成小康社会 夺取新时代中国特色社会主义伟大胜利》，《人民日报》2017 年 10 月 19 日第 2 版。

党的十九大提出的城乡融合发展，则是站在乡村主位的战略立场，实行的是农业农村优先发展的政策思路，其前提和基础是城和乡各自均得到充分发展，更强调城市和乡村两个板块共生共荣，共同发展。① 应该说，党的十九大提出的实施乡村振兴战略，强调建立健全城乡融合发展体制机制和政策体系，为我们构建新型工农城乡关系指明了方向，体现了我国城乡关系发展思路从"城乡二元"到"城乡统筹"，再到"城乡融合"的根本转变，表明我国城乡关系发生了历史性变革，同时也显示了新时代"三农"工作将具有历史性的突破。

乡村振兴战略关乎全局、关乎根本、关乎长远。按照党的十九大、2017 年中央农村工作会议、2018 年中央"一号文件"和习近平总书记系列重要讲话精神，从中央到地方，各级政府及部门，凝聚共识，纷纷围绕实施乡村振兴战略这篇大文章，不仅深入开展了学习讨论，而且还出台了一系列重要文件，密集制定了相关举措，并开展了专题调研和规划编制工作，及时明确了乡村振兴的任务书、作战图。

总的来讲，改革开放 40 年来，我国在解决好"三农"问题，调整好城乡关系，推动城乡一体化发展方面所进行的一系列重大改革，在理论认识和实践创新两个层面所进行的一系列积极而富有成效的探索，让广大农民群众切实享受到了改革发展带来的红利，极大增强了农民群众的"获得感"和"幸福感"。但从长远来看，由于城乡二元社会结构还没有从根本上破除，城乡一体化发展的许多制度性障碍依然存在。未来，迫切需要在重点领域和关键环节，继续加大深化体制改革和机制创新的力度，从而在逐步缩小城乡差距，破除城乡二元体制，推动城乡融合发展，促进改革发展成果共享等方面实现重大突破。

---

① 吴理财:《城乡发展:从"统筹"到"融合"》，2018 年 2 月 27 日，中国地方治理网，http://dfzlw.org/html/34-2/2676.htm。

第三章

湖北推进城乡一体化的历史沿革及主要成就

推进城乡一体化，是关系我国，更是关系湖北长远发展的重大战略任务，是湖北破除城乡二元社会结构的历史任务，缩小城乡差距，解决"三农"问题的关键所在，促进社会公平正义，构建和谐社会的重要手段，实现全面小康、推进现代化的战略需要。

改革开放40年来，湖北作为地处华中腹地的全国人口大省、农业大省、粮食大省、劳动力输出大省，在改革开放的大潮中，紧跟党中央步伐，勇担改革重任，与时俱进、不断创新、笃实力行，在推进城乡一体化发展道路上所取得的成就及存在的问题，既有湖北自己的地方特色，又带有一定的普遍性。

本章对湖北的经济社会发展概况进行了简要介绍，并以改革开放40年为时间维度，结合不同发展阶段，国家和省级两个层面的政策调整及其推进的重大改革，对湖北城乡一体化发展的历史进程和取得的阶段性成果，进行了较为全面、深入的分析和总结。

第一节 湖北概况[①]

湖北，省会武汉，东连安徽，西邻四川，西北与陕西接壤，南接江

[①] 本节除部分文字内容来源见脚注所引用参考文献外，其余文字大部分来自或参考湖北省地方志编纂委员会办公室编《湖北年鉴2017》所载省情概览有关内容。该年鉴由湖北年鉴社于2017年出版。

西、湖南，北靠河南，因位于长江中游的洞庭湖之北，故称湖北，简称"鄂"。春秋、战国时期属于楚国之地，是楚国兴起、发展和强盛的中心地带，人们也习惯称其为"楚"。自秦汉起，历经各朝各代，地名经过多次改置，直到清朝康熙六年，才由湖广左布政使司改称为湖北省，治武昌府（今武汉市武昌区），湖北省名从此确立下来，并一直沿用至今。由于清代省会武昌是隋以后鄂州的治所，所以湖北省简称为"鄂"。

1949年5月，中共湖北省委、湖北省人民政府在孝感花园镇成立，省会设在武汉。中华人民共和国成立以后，湖北省行政区划调整和变动十分频繁。相关资料显示，截至1986年6月，湖北省管辖6个地区，1个自治州，8个省辖市和1个省辖林区，12个县级市，59个县（含自治县）。截至2017年，湖北省行政区划发生重要变化，下辖12个省辖市，1个自治州，1个林区，3个省直管市，39个市辖区，24个县级市，37个县，2个自治县，165个乡政府。①

表3—1　　　　　　湖北省行政区划简表（截至1986年6月）

省辖市	市辖县（含县级市）、区名称	地区自治州	辖县（含县级市、自治县）名称
武汉市	8区（武昌区、汉阳区、青山区、洪山区、硚口区、江岸区、江汉区、东西湖区） 4县（武昌县、汉阳县、黄陂县、新洲县）	黄冈地区	8县（黄冈县、红安县、罗田县、英山县、浠水县、蕲春县、广济县、黄梅县） 1市（麻城市）
黄石市	4区（黄石港区、铁山区、下陆区、石灰窑区） 1县（大冶县）	孝感地区	5县（大悟县、应山县、安陆县、云梦县、汉川县） 2市（孝感市、应城市）
襄樊市	6县（襄阳县、谷城县、南漳县、宜城县、枣阳县、保康县） 2市（随州市、老河口市）	咸宁地区	6县（咸宁县、嘉鱼县、通城县、崇阳县、通山县、阳新县） 1市（蒲圻市）

① 根据《湖北统计年鉴2018》第一章综合部门表1—1土地面积与行政区划整理得出。

续表

省辖市	市辖县（含县级市）、区名称	地区自治州	辖县（含县级市、自治县）名称
沙市市		荆州地区	9县（钟祥县、京山县、潜江县、天门县、松滋县、公安县、监利县、洪湖县、江陵县） 2市（仙桃市、石首市）
宜昌市		宜昌地区	9县（宜昌县、宜都县、枝江县、当阳县、远安县、兴山县、秭归县、长阳土家族自治县、五峰土家苗族自治县）
十堰市		郧阳地区	5县（郧县、郧西县、竹山县、竹溪县、房县） 1市（丹江口市）
荆门市		鄂西土家苗族自治州	6县（建始县、巴东县、宣恩县、咸丰县、来凤县、鹤峰县） 2市（恩施市、利川市）
鄂州市		神农架林区	

资料来源：根据湖北省统计局编《湖北省情》，湖北人民出版社1987年版，第14页内容整理所得。

论天时，湖北全省除高山地区外，大部分地区为亚热带季风性湿润气候，冬寒夏暑，热量丰富，雨热同季，光能充足。全年平均气温15℃—17℃，多年平均实际日照时数1110—2150小时，无霜期长达230—300天。雨水充沛，年平均降水量在800—1600毫米，由于境内地貌结构复杂，南北有别，东西迥异，小气候丰富，适宜农业全面发展。①

论地利，湖北地势西高东低，境内三面环山，中间低平，形成向南敞开的不完整盆地。地貌类型多样，既有沃野千里的江汉平原，也有连绵起伏的丘陵岗地，还有层峦叠嶂的广大山区，以及适宜养殖的广阔水

---

① 湖北省统计局编：《湖北奋进40年》，湖北人民出版社1989年版，第3页。另参见湖北省人民政府门户网站湖北省情介绍。

域。全省国土地面积18.59万平方公里,占全国国土面积的1.94%,居全国第16位。其中,山地占55.9%,丘陵岗地占24.2%,平原湖区占19.9%。①耕地面积7867.91万亩②。全省山地大致分为西北山地、西南山地、东北山地、东南山地四大块。其中,西北山地为秦岭东延部分和大巴山的东段,西南山地为云贵高原的东北延伸部分,主要有大娄山和武陵山,东北山地为绵亘于豫、鄂、皖边境的桐柏山、大别山脉,东南山地为蜿蜒于湘、鄂、赣边境的幕阜山脉。全省丘陵主要分布在两大区域,一为鄂中丘陵,包括荆山与大别山之间的江汉河谷丘陵,大洪山与桐柏山之间的水流域丘陵;二为鄂东北丘陵,以低丘为主,地势起伏较小,丘间沟谷开阔,土层较厚,宜农宜林。省内平原主要为江汉平原和鄂东沿江平原。

论水资源,湖北境内河流纵横,湖泊众多,素有"千湖之省"之称,境内水域面积2500万亩,居全国第一。除长江、汉江干流外,省内各级河流河长5公里以上的有4228条,河流总长5.92万公里。其中,河长在100公里以上的河流有41条。境内湖泊主要分布在江汉平原上,由于自然淤填、围湖造田、城市建设,其数量由20世纪50年代的1066个③减少到现今的755个,湖泊水面面积合计2706.851平方公里。湖泊水面面积1平方公里的城中湖泊有497个④,100平方公里以上的湖泊有洪湖、梁子湖、长湖、斧头湖。水能资源理论储藏量居全国第7位,可开发的水能装机容量为3310万千瓦,仅次于川、滇、藏,居全国第4位,且开发利用条件优越,是我国中部最理想的能源宝库。⑤位居十堰市的丹江口水库是全国南水北调工程的源头。

论历史,湖北历史悠久,文化灿烂,是中华文明的重要发祥地之

---

① 湖北省地方志编纂委员会编:《湖北省志·地理》(上),湖北人民出版社1997年版,第2—3页。
② 湖北省人民政府第三次全国农业普查领导小组办公室:《湖北省第三次全国农业普查主要数据公报》(第一号),2018年1月19日,湖北省统计局官网,http://tjj.hubei.gov.cn/tjsj/pcgb/117267.htm。
③ 湖北省气象局编:《湖北气象志》,气象出版社2002年版,第3页。
④ 参见中央政府门户网站直通地方栏目·湖北,2019年1月28日,http://www.gov.cn/guoqing/2019-01/28/content_5361765.htm。
⑤ 湖北省统计局编:《湖北奋进40年》,湖北人民出版社1989年版,第1—2页。

一。鄂西北发现的猿人牙齿化石和"长阳人"化石均证明,早在50万—100万年前,就有远古人类生息劳作。以蛋壳彩陶为代表的京山屈家岭文化反映着母系氏族社会向父系氏族社会的过渡,距今已有4000年,黄陂发现的盘陇城遗址是3500年前商代文明的见证。湖北还是灿烂的楚文化的摇篮,2500年前,就出现了大规模的铜采掘和冶炼,创造了光辉的青铜文化。随州"地下乐宫"的编钟,在2400年前就已是七声音阶。江陵出土的丝绸更是璀璨夺目,被誉为全国的"丝绸宝库"。[①]

论产业,湖北是全国近代经济开发最早的地区之一。19世纪中叶,已开办了我国最早、最大的铁矿开采和冶炼业。19世纪末开创的官布局,属国内最早的机器纺织之列。外贸出口也曾称盛一时,被誉为"东方芝加哥"。湖北是著名的鱼米之乡,自古以来就享有"湖广熟天下足"之美誉,这生动地反映了湖北农业生产在全国的地位。[②] 其中,美丽的江汉平原,土地肥沃,光热资源丰富,历来担当着"天下粮仓"的重任,农业生产总量约为全省农业生产总量的60%,为全国农业生产总量的5%—12%,一直是全国闻名的粮、棉、油和鱼、肉、蛋生产基地。江汉平原的粮食作物以水稻为主,其次为小麦。粮食产量占全省的40%左右,被誉为湖北的"粮仓"。

论科教,湖北是全国重要的科教资源大省,科技、教育基础雄厚,科教比较优势十分突出。截至2017年,全省拥有普通高校128所,高校全职两院院士47人,入选国家"千人计划"364人,长江学者272人。入选国家"双一流"建设高校共7所、建设学科共29个,分别居全国第5位、第4位。高校建有国家实验室1个、国家研究中心1个(全国共6个),国家重大科技基础设施、国家协同创新中心各2个,国家重点实验室18个,国家工程技术中心、国家工程实验室18个。[③] 全省共建有省级

[①] 湖北省统计局编:《湖北奋进40年》,湖北人民出版社1989年版,第4页。
[②] 同上。
[③] 湖北省统计局社科处:《教育事业全面发展 人才培养硕果累累 改革开放40年湖北经济社会发展成就系列报告之十六》,2018年10月12日,湖北省统计局官网,http://tjj.hubei.gov.cn/tjbs/qstjbsyxx/119333.htm。

工程研究中心（工程实验室）160家、省级企业技术中心475家。[1]

2018年年末，全省常住人口为5917万人。其中，城镇人口3567.95万人，乡村人口2349.05万人，城镇化率为60.3%。[2]

第二节　湖北推进城乡一体化的历史沿革

湖北城乡一体化发展始终是在全国城乡关系不断演变的大背景下不断向前推进的，但是湖北城乡一体化发展进程有别于全国，有别于其他省份。具体来看，湖北城乡一体化发展进程大致经历了城乡对立和城乡均衡发展、农村与城市顺次改革和城乡同步发展、小城镇加快发展和城乡经济联系逐步加强、城乡一体化深入推进、城乡一体化迈向融合发展五个阶段。

一　城乡对立和城乡非均衡发展阶段

这一阶段主要指的是1949年湖北省人民政府成立至1980年改革开放之初。改革开放初期，湖北在农村主要推行了农业生产定额计酬管理和包工包产责任制，虽然部分地区也搞了包产到户，但并没有积极推行联产到组、到户。与此同时，城市经济体制改革试点也还没有正式启动。受中华人民共和国成立初期政府主导下"快速、优先、重点发展重工业"和"城市偏向"的战略实施所产生的惯性作用和"城乡分割"的户籍制度的限制，湖北的城市与农村之间是一种对立的关系，呈现非均衡发展之态。中华人民共和国成立初期，国家实施优先发展重工业的战略，设想把武汉建成以冶金、机械、纺织工业为主体的南方工业基地，湖北得以成为国家重点投资的地区之一。1949—1982年，国家把许多重点工业项目安排在了湖北。其中，在武汉安排部署了苏联援建的156项工业重点工程项目中的3项，即武汉钢铁公司一期工程、武汉重型机床厂和青山

---

[1]　《湖北省2017年国民经济和社会发展统计公报》，载《湖北统计年鉴2017》，中国统计出版社2017年版。2018年年末，全省共建有190家省级工程研究中心（工程实验室）、528家省级企业技术中心。

[2]　《湖北省2018年国民经济和社会发展统计公报》，载《湖北统计年鉴2018》，中国统计出版社2018年版。

热电厂一期工程,还安排了武汉长江大桥,武汉肉类联合加工厂、武昌造船厂、武汉锅炉厂、汉阳造纸厂、武汉热电厂、武汉热水瓶厂等一批重点项目。[①] 随后根据"三线"建设[②]的需要,在鄂西、鄂西北地区重点安排了电力、铁路和汽车制造业等项目,从而在湖北形成了以钢铁冶金、石油化工、建材、纺织等基础原料工业和机械与汽车、电力设备、通信等基础装备工业为支柱、门类齐全的工业体系,[③] 这为湖北全省经济社会发展和城市化发展奠定了重要的基础,但这一时期农村发展却较为滞后,城乡非均衡发展问题比较突出。

二 农村与城市顺次改革和城乡同步发展阶段

这一阶段主要指 20 世纪 80 年代初至 20 世纪 90 年代初。这一时期,湖北与全国较为一致的是农村经济体制改革走在了城市的前面。随后,在农村经济体制改革的推动下,城市经济体制改革也迈开了稳健的步伐,城市改革与农村改革基本上是同步进行的。其中,农村改革的内容和全国其他省份一样,主要是推行家庭联产承包责任制,撤销人民公社体制,建立乡、镇政府,取消农产品统购派购制度,允许农民自带口粮进城务工,恢复和发展城乡集贸市场,发展以乡镇企业为主体的农村第二、第三产业。城市改革重点是导入市场机制,扩大国有企业自主权,实行多种形式的经营责任制,释放市场经济活力,积极开展各类城市经济体制改革试点。与其他省份不一样的是,这一时期,湖北省委、省政府十分注重宏观布局,城乡联动发展,从盘活城乡经济发展一盘棋的角度,发表系列重要讲话,出台系列重要文件,有力推动各地城乡经济加快发展。[④]

1979 年 1 月,中国共产党湖北省第三届委员会第十四次全体(扩

---

① 施亚利:《"一五"时期优先发展重工业战略与武汉工业建设》,《党史文苑》2009 年第 4 期。

② "三线"建设指的是自 1964 年开始,中央政府在我国中西部地区的 13 个省、自治区进行的一场以战备为指导思想的大规模国防、科技、工业和交通基本设施建设。

③ 郭熙保、胡卫东:《湖北工业发展路径:过去、现在与未来》,《发展经济学论坛》2005 年第 2 期。

④ 徐尚思:《1982—1992 年湖北城市经济体制改革论析》,《决策与信息》2016 年第 6 期上旬。

大）会议召开，时任中共湖北省委第一书记的陈丕显在会上作了《起好步带好头把工作重心转得快一些好一些》的讲话。他主张，"今后我们要一手抓农业，一手抓工业；一手抓农村，一手抓城市"。1984年9月29日，中共湖北省委发布《关于进一步发展城乡改革和经济工作大好形势的若干意见》，明确指出，中共湖北省委发布的《农村改革十条》《城市改革十条》，对各地大胆改革起了指导和促进作用。1985年6月10日，中共湖北省委再次发布《关于统筹全局抓好当前工作的意见》，指出以城市改革为重点，带动全面改革，各大城市中的有关部门要从城乡经济一体的全局出发，积极支持农村发展商品生产，调整产业结构，保证农民养猪的利益与积极性。① 1991年4月28日，时任湖北省省长的郭树言同志在湖北省第七届人民代表大会第四次会议所作的政府工作报告中，对过去十年的经济体制改革进行了总结，认为湖北在9个县（市）进行综合改革，在20多个县（市）进行单项改革的试点，探索县级经济发展的路子，"推进了城乡经济一体化的进程"。②

总的来看，这一时期，由于湖北省委、省政府从全局发展的角度，树立的是城乡、工农一起抓的发展思路，再加上农村和城市两个方面的经济体制改革，极大释放了束缚多年的城乡生产力，城乡封闭的体制逐渐被打破，城乡经济都得到迅猛发展，城乡居民收入差距较小且保持稳定，城乡居民收入比基本维持在2∶1左右。有以下几方面。

农村改革与发展取得的成果突出体现在：（1）农业生产得到快速发展。1990年，湖北粮食总产达到247.5亿公斤（基层上报数超过250亿公斤），实现了粮食总产达到250亿公斤的跨越，③ 人均粮食产量居全国第4位，商品粮达到70多亿公斤，居全国第2位，商品大米居全国第1位。农业不仅满足了省内需要，每年还有大量农产品调往全国各地。

---

① 徐尚思：《1982—1992年湖北城市经济体制改革论析》，《决策与信息》2016年第6期上旬。

② 同上。

③ 万德宝、曾德云：《湖北粮食生产的回顾与"九五"发展探讨》，《计划与市场》385页1996年第6期。

(2) 农村产业结构得到合理调整。整个农村产业结构实现了由单纯的农业生产结构向农、工、建、运、商全面发展的综合结构的转变。1989年，农业产值比1978年增长2.9倍，占农村总产值的比重由75.4%降到55.2%，非农产业产值比1978年增长8.9倍，占农村总产值的比重由24.6%上升到44.8%。(3) 城乡集贸市场发展得到恢复和发展。在改革、开放、搞活方针的指导下，集市贸易这一民间交易形式得到恢复和发展，1987年年底，全省集市网点发展到4644个，比1980年增加1.39倍，集市贸易成交总额达到83亿元，比1980年增加10倍，相当于社会商品零售额的1/4。一些主要副食品，如猪肉、鲜蛋、水产品、家禽、蔬菜、水果等集市成交量，大大超过国营商业的经营量。集贸市场为活跃城乡经济，繁荣市场，方便人民生活起到了重要作用。同时，也使得大量农民进入城市和小城镇。(4) 农村商品经济得到快速发展。主要表现在全省贸易粮收购量的成倍增长，农副产品收购额的不断提高。以1989年为例，全省粮食（贸易粮）社会收购量达到142.674亿斤，与1980年相比增加83.122亿斤，增长1.39倍，年均增长10.2%。全省社会农副产品收购总额达到159.48亿元，与1980年的39.60亿元相比，增加了119.88亿元，增长3.02倍，年均增长16.7%。与此同时，全省农副产品商品率由1980年的46.9%提高到52.6%，农村专业化商品化程度更高，一般达到80%。(5) 乡镇企业发展呈异军突起之势。1978年以后，随着党的工作重点转移，全省乡镇企业认真贯彻湖北省委、省政府提出的"乡镇企业要坚持四个层次一起上，一、二、三产业齐发展"的指导方针，形成了乡、村、联户、个体四个层次齐发展的新格局。乡镇企业发展迅猛，成为农村经济的重要支柱，吸纳了大量的农村劳动力。1987年，全省乡镇企业总产值首次超过当年的农业总产值。[①] 1989年，全省乡镇企业个数达到107.38万个，居全国第7位，比1978年增长8.63倍；从业人数达到401.57万人，居全国第12位，比1978年增加238.83万人；总产值达到327亿元，占全省农村社会总产值的比重超过了50%，达到54%。(6) 农民收入大幅度增长。1989年，全省农民年人均纯收入达到571.8元，

---

① 全省乡镇企业总产值按1980年不变价计算，1989年达到186.97亿元，当年农业总产值为172.52亿元。

比1978年的110.52元翻了两番多，年均增长16.1%。其中，农民从事家庭经营所得的收入占全年纯收入的比重由1978年的16.3%上升到1989年的89.1%。人均纯收入在200元以下的农户所占比重实现大幅下降，由1978年的96.8%下降到2.3%，下降了94.5个百分点；人均纯收入在200—500元、500—1000元的农户所占比重分别达到41.4%、49.8%。[①]

  城市改革与发展取得的成果突出体现在两个方面：（1）在全国涌现出了像沙市市、武汉市等试点颇为成功的典型，在活跃城乡经济，加强城乡要素交流方面发挥了重要作用。1979年9月，武汉市政府决定，恢复汉口汉正街中断了数十年的自由贸易传统，在全国第一个重新开放小商品批发市场，鼓励发展个体私营经济。到了1984年，汉正街一举发展成为全国最大的小商品贸易中心，更是成为湖北开放、搞活经济的重要窗口和风向标，被称为"天下第一街"。1981年，地处江汉平原，轻纺工业发达的"明星城市"——沙市市成为我国第一个经济体制改革综合试点城市。[②]沙市市从改革工业管理体制起步，在实行工业改组和联合，开展用工、工资、劳动和社会保障，开放市场，逐步形成多渠道、少环节、城乡开放的流通体制等方面进行了改革，为全国、全省城市综合改革起到了重要的开拓和示范作用。[③]1984年，武汉市被国务院确定为我国第一个省会级的城市综合改革试点城市。在改革过程中，武汉市创造了城乡一体、"两通起飞"[④]的宝贵经验。同时，创造了多个全国第一，即第一个放开物价，第一个撤局改委转变政府职能，第一个公开招标，第一个聘请洋厂长，第一个建立技术市场，第一个建立

---

  ① 相关数据来自《湖北农村经济（1949—1989）》，中国统计出版社1990年版，第10—11页。

  ② 其中，生产"活力28"洗衣粉的沙市日化，成为第一个在中央电视台做洗衣粉广告的企业，第一个将广告牌竖在香港的内地日化企业，第一个赞助春节晚会的企业，第一个进入全国500强的日化企业。

  ③ 沙市市在20世纪80年代涌现了一批著名企业和名牌产品，如"活力28"洗衣粉（于1986年荣获国家银质奖章，当时"活力28沙市日化"闻名全国）。

  ④ 武汉市提出并实施"'两通'（交通和流通）突破"、放开搞活的战略。中共湖北省委党史研究室：《从改革开放到崛起新政：湖北锐气引领时代风气》，2011年5月5日，荆楚网，http：//www.cnhubei.com/xwzt/2011/jd90/ds/dszs/201105/t1691391.shtml。

兼并市场等。①（2）国有企业体制机制改革全面启动，计划经济体制下湖北大中城市的发展瓶颈开始突破，工业生产实现全面增长，经济效益有所提高。这一时期，在城市经济体制改革的推动下，全省工业发展在经济管理体制上实行了利改税、推广厂长负责制，实行多种经营形式的改革，并引入竞争机制和风险机制，企业活力逐步增强。同时，还广泛开展"质量、品种、效益年"活动，工业生产呈现出全面增长势头。1991年，全省完成工业总产值1180.61亿元，比1990年增长9.1%。质量稳定提高率达到91%，开发新产品、新品种4600多项。预算内工业企业的资金利税率、销售利税率高于全国平均水平，亏损户和亏损额分别比1990年下降了9.5%和30.9%。企业改革在二轮承包的基础上，围绕搞好国有大中型企业采取了一系列政策措施，初见成效。全省大中型企业新增产值占全民企业新增产值的一半以上，主体地位得到加强。全省有200多家国营商业企业开展了经营、价格、分配、用工"四放开"试点，组建了一批工商、商商联合体，发展了一批物资批发市场，部分工业企业开展了"破三铁"②的试点。③

三　小城镇加快发展和城乡经济联系逐步加强阶段

这一阶段主要指20世纪90年代初至2008年。进入20世纪90年代，随着社会主义市场经济体制的逐步建立，城市发展的动力大大增强。特别是1992年年初邓小平"南方谈话"和党的十四大召开之后，出现了大规模的城市化。也正是从这个时期开始，湖北省的城镇化进程开始昂首阔步、勇立潮头，特别是小城镇发展迅速，成为推动农村城市化的主力军，在加强城乡之间的经济联系方面发挥了重要作用。自1994年12月23日，《中共湖北省委　湖北省人民政府关于加强小城镇建设的决定》（鄂发〔1994〕24号）发布实施以来，全省小城镇建设在完善规划、加

---

① 中共湖北省委党史研究室：《构建战略支点　创造光辉业绩——湖北改革开放35年的成就与经验》，《湖北日报》2014年7月31日第4版。
② "三铁"指的是"铁饭碗""铁工资"和"铁交椅"。
③ 徐尚思：《1982—1992年湖北城市经济体制改革论析》，《决策与信息》2016年第6期上旬。

快建设、规范管理、健全法规、培养人才等方面取得了可喜的成绩，一大批新型小城镇迅速崛起，展示出政治上的凝聚力、经济上的推动力、市场上的辐射力和文化上的渗透力。1999年12月8日，中共湖北省委、湖北省人民政府印发《关于进一步加快全省小镇建设的意见》（鄂发〔1999〕23号），进一步明确小城镇建设的思路、目标和重点。总的格局是：以促进县（市）域经济发展为基点，以县城（市区）为中心，构建中心镇——一般镇—中心村"一点三级"小城镇规划布局新体系。在长江、汉江、铁路、公路沿线和大中城镇周围，合理规划城镇布局，提高水平，形成密集的城镇带、群。力争到2005年，全省有25%的建制镇建设成为布局合理、设施完备、功能齐全、产业发达、经济繁荣、环境优美、各具特色的明星镇。在经济社会发展的推动下，到2008年，全省建制镇数量达到733个，设镇率达到59.69%，远高于全国47.11%的平均水平。[①]值得一提的是，湖北省襄樊市（今襄阳市）1992年专门出台《小城镇新发展战略》，意在发挥自然资源和农副产品丰富的优势，以农副产品和资源加工、交易为主，以农业产业化和乡镇企业带动小城镇发展。通过不懈发展，襄樊市在探索小城镇建设之路上，建立了310座小城镇、使100万"泥腿子"实现了由农民到市民的历史跨越，以高于全国近10个百分点，即40%的城镇化率，创造了全国著名的"襄樊模式"，走在了全国各省市的前面。[②]

进入21世纪之后，湖北更是把小城镇建设作为农村工作的三大战略之一，与农业产业化和乡镇企业二次创业扭在一起抓，全省小城镇迅速崛起。[③] 2003年9月，《省人民政府关于加强城镇建设工作的决定》（鄂政发〔2003〕30号）发布，提出要有重点地加快小城镇建设。截至2004年，湖北省城镇化率达到43.7%，有小城镇2406

---

① 2008年，湖北省乡镇级行政区划数为1228个，其中镇数733个。同年，国家乡镇级行政区划数40828个，其中镇数19234个。

② 刘东仿、熊北涛：《襄樊模式——襄樊市探索内陆地区小城镇建设之路》，《村镇建设》1999年第8期。

③ 《湖北小城镇建设的成绩、问题及对策建议》，2009年6月8日，湖北省统计局官网，http://tjj.hubei.gov.cn/wzlm/tjbs/qstjbsyxx/2521.htm。

个。其中，建制镇738个，乡集镇1671个。① 2005年，《湖北省人民政府关于进一步加快小城镇建设的意见》（鄂政发〔2005〕42号）发布，提出关于加快小城镇建设的指导思想、发展目标，特别提出进行"百镇千村"示范建设工程。此外，在市场化、工业化的发展推动下，特别是在农村内部经济结构加快调整和转型以及以乡镇企业为主体的农村工业化的冲击和推动下，农村剩余劳动力不断向城镇转移，城乡之间要素流动、人员交流、经济联系不断加强，这一时期，湖北城镇化水平大幅提高。2008年，湖北省常住城镇人口由1990年的1551.51万人增加到了2581.37万人，城镇化率由1990年的28.52%提高到了45.2%。②

然而，必须清楚地看到，小城镇的加快发展，客观上也造成农业生产效率增长缓慢，农村开始被边缘化。尽管，自2004年开始，国家在政策上更加支持农业、关注农村、关心农民，但国家发展的主线依然是城市和工业，城乡二元社会结构并没有发生根本改变。相对城市的发展，"三农"问题日益突出，成为制约城乡整体发展的重要瓶颈。其中，湖北"三农"问题尤为突出，一度引起党中央高度关注。当时，时任监利县棋盘乡党委书记的李昌平同志，曾以"农民真苦，农村真穷，农业真危险"13个字为题在写给朱镕基总理的信中，真实地反映了湖北农业农村发展所面临的严峻问题。

总的来看，这一时期，以经济作为重要维系的城乡联系虽然逐渐加强，但城乡发展总体是逐渐失衡的。城乡发展差距特别是城乡居民收入差距在经历了20世纪80年代前期短暂的缩小之后，在这一时期明显表现为持续扩大，并不断再创新高。相关数据显示，湖北城乡居民收入比由1990年的2.12∶1扩大到了2008年的2.83∶1。

四 城乡一体化深入推进阶段

这一阶段主要指2008年至2017年党的十九大召开前。进入21

---

① 胡蝶、闫海英：《湖北小城镇发展的现状、问题及对策》，《沿海企业与科技》2006年第4期。《湖北省小城镇建设工作会议召开——俞正声罗清泉讲话》，2005年10月25日，湖北省住房和城乡建设厅官网，http://zjt.hubei.gov.cn/info/wcm/21005.htm。

② 数据来自《湖北统计年鉴2010》，中国统计出版社2009年版。

世纪之后，基于我国发展总体上进入全面建设小康社会的重要阶段，已经具备工业反哺农业，城市带动农村的能力和条件的客观现实，国家明确了在统筹城乡经济社会发展的框架内来解决"三农"问题，制定了"多予、少取、放活"的基本方针，先后于2003年提出"统筹城乡发展"的战略思想、2005年提出新农村建设的任务、2006年提出要逐步实现基本公共服务均等化目标、2007年提出要形成城乡经济社会发展一体化新格局等，并从2004年开始，每年发布聚焦"三农"的中央"一号文件"。同时，密集出台系列强农富农惠农政策，配套推进一系列重要改革，包括减免和全面取消农业税，建立农业支持保护体系，调整国民收入分配结构，更加积极地支持"三农"发展等，基本构建了以工促农、以城带乡，促进城乡经济社会一体化发展的制度框架。

在这种宏观背景下，湖北立足于农业大省实际，一方面，把解决"三农"问题放在整个经济社会发展的全局和优先位置来考虑，按照"五个加快"，即加快公共财政向农村倾斜、加快基础设施向农村延伸、加快社会保障向农村覆盖、加快公共服务向农村侧重、加快城市文明向农村辐射的思路，把党中央、国务院出台的各项强农富农惠农政策和措施落到实处，推动农业农村繁荣进步；另一方面，按照"三个集中"（工业向园区集中、农民向城镇集中、土地向规模集中）和"六个推进"（推进城乡规划、产业布局、基础设施、公共服务、劳动就业、社会管理一体化）的发展思路，在全省统筹部署，高位推进城乡一体化工作。[①]

然而，从时间节点上来看，湖北真正从决策层面，深入开展城乡一体化推进工作，则始于2008年。2008年1月，湖北省委、省政府确定鄂州市为全省城乡一体化试点城市。同年4月，湖北省委、省政府作出建立仙洪新农村建设试验区[②]的战略决策和任务。同年，党的

[①] 周希祥：《湖北省推进城乡一体化发展的实践与思考》，《农村财政与财务》2013年第10期。

[②] 地处江汉平原地方腹地，包括仙桃、洪湖、监利3个市（县）的14个乡镇、407个村，涉及75.45万人，后又于2009年进一步扩大试验范围。

十七届三中全会召开，承先启后，在继续强调发展现代农业、推进新农村建设的基础上，提出"坚定不移加快形成城乡经济社会发展一体化新格局"的目标，可以说这是由"统筹城乡"到"城乡一体化"的一次跨越。从 2008 年开始一直到 2017 年党的十九大首次提出"实施乡村振兴战略"和"城乡融合发展"的这一时期内，湖北结合自身发展实际，坚持统筹推进城乡发展，主动作为，先后作出了一系列重大战略性安排和实践性举措，逐步探索出一条具有湖北地方特色的城乡一体化发展之路。

从政策层面来看，2010 年 2 月，中共湖北省委、湖北省人民政府发布《关于加大统筹城乡发展力度促进农村经济社会又好又快发展的意见》（鄂发〔2010〕1 号），对 2010 年农业农村工作，重点提出以"促进农民收入持续增加，提高农民生活水平；落实强农惠农政策，推进资源要素向农村配置；提高现代农业装备水平，促进农业发展方式转变；加快改善农村民生，缩小城乡公共事业发展差距；协调推进城乡改革，增强农业农村发展活力；加强党对农村工作的领导，为统筹城乡发展提供坚强的组织保证"为主要内容的六大任务。2010 年 11 月，中共湖北省委、湖北省人民政府发布《关于加快推进新型城镇化的意见》（鄂发〔2010〕25 号），提出湖北要走以特大城市、大城市为龙头，以加快小城市和中心镇提质扩容为重点，资源节约、环境友好、经济高效、文明和谐、城镇布局科学、城乡互促共进，区域协调发展的新型城镇化道路，做强武汉城市圈、做大"宜荆荆""襄十随"城市群、加快县级市和县城发展、大力培育中心镇和特色镇、推进农村新型社区和中心村建设。2013 年 2 月，中共湖北省委、湖北省人民政府发布《关于创新和完善农村体制机制 增强城乡发展一体化活力的若干意见》（鄂发〔2013〕1 号），对 2013 年农业农村工作，重点提出以"建立农产品供给保障机制，提高农业综合生产能力；健全农业支持保护制度，千方百计增加农民收入；探索'四化同步'发展机制，搭建城乡发展一体化平台；构建新型农业生产经营体制，提高农民组织化程度；改进农村公共服务机制，统筹推进城乡公共事业发展；创新'三农'工作机制，落实'重中之重'地位"为主要内容的六大任务。① 2017年1月15日，湖北省人民政府代省长王晓东在湖北省第十二届人民代表大会第五次会议上所作的政府工作报告中，提出将坚定不移统筹城乡区域发展作为2017年的一项重点工作进行部署，提出加快长江经济带湖北战略实施、加快构建多级发展格局、增强县域经济活力。2017年6月25日，中共湖北省委书记蒋超良在中国共产党湖北省第十一次党员代表大会报告中，就加快城乡一体化发展，提出坚持城乡统筹，协调推进新型工业化、城镇化、信息化、农业现代化和绿色化；创新完善城乡规划体系，科学合理布局生产、生活、生态空间；深入推进国家新型城镇化综合试点，建设绿色、人文、智慧的现代化城市，打造一批以产业为支撑的宜居宜业特色小镇；做好乡村规划，建设美丽乡村。②

从规划层面来看，为加强城乡规划管理，统筹城乡空间布局，2011年8月3日，湖北省第十一届人民代表大会常务委员会第二十五次会议通过《湖北省城乡规划条例》③，正式确定了城乡总体规划在湖北省规划体系中的法律地位。为发挥规划引领作用，着眼于统筹城乡各种要素，2012年9月，全省城市工作会议在武汉召开，正式发布《湖北省城镇化与城镇发展战略规划（2012—2030）》。该规划既是对全省城镇化发展空间的战略部署，也是全省城镇发展的引导性规划④，标志着城乡规划从省到市、县，再到乡镇、村、社区和居民点的全覆盖。其中，湖北省域城镇体系规划于2012年编制完成，共有36个城市、40个县域、915个乡镇编制了总体规划，1.5万个行政村完成了村庄规划编制。为了贯彻落实《国家新型城镇化规划（2014—2020年）》和《中共湖北省委 湖北省人民政府关于加快推进新型城镇化的意见》，2014年，湖北结合实际制定实施了《湖北省市（县）城乡总体规划编制导则》。2016年，进一步作出全省城乡规划工作要

---

① 《关于完善和创新农村体制机制 增强城乡发展一体化活力的若干意见》，《湖北日报》2013年2月16日第3版。
② 《高举旗帜 牢记嘱托 全面建成小康社会 开启湖北"建成支点、走在前列"新征程》，《湖北日报》2017年7月3日第3版。
③ 于2011年10月1日起施行。
④ 《湖北：发布城镇化与城镇发展战略规划》，《小城镇建设》2012年第10期。

全力抓好《湖北省城镇体系规划（2016—2030年）》编制工作，逐步构建具有湖北特色的以"区域协同规划—城镇体系规划—市（县）城乡总体规划—镇（乡）域全域规划—村庄体系布局—村庄规划"为主体的、覆盖全域的城乡一体化规划体系。2016年，湖北省人民政府工作报告就坚持区域协调发展，不断优化发展新格局，提出要加快推进以人为核心的新型城镇化。坚持"五个统筹"，全面提升城乡规划、建设、管理水平。推进城乡规划体系与制度创新，推动县（市）多规合一。鼓励支持各城市按照自身定位和"产城融合"的思路，实现错位发展。2017年，湖北省人民政府工作报告提出，要加快特色镇村规划建设，重点培育5个国家级、20个省级特色小镇，推进1000个绿色示范乡村创建。

从实践层面来看，一是以城乡联系最直接、最紧密的县域为主战场，坚持"一主三化"方针[1]和"多予、少取、扩权、放活"的方针，积极创新县域经济发展体制机制，逐步完善和落实支持县域经济发展的政策措施，有力推动县域城乡经济社会一体化发展。2008年，全省县域经济现场会在宜昌市召开，会上隆重推出《中共湖北省委 湖北省人民政府关于在新的起点上推进县域经济又好又快发展的若干意见》（鄂发〔2008〕11号，以下简称《意见》）。《意见》增加了不少"含金量"较高的政策，对县域经济的支持力度比过去更大，在许多影响县域经济发展的关键环节上进行了创新。将扩权县市扩大到所有县市，推行省管县和激励性转移支付的财政管理体制，建立县市财力稳定增长机制。同年，湖北省经委组织编制了《湖北省县域经济2008—2012年发展规划纲要》（以下简称《纲要》）。《纲要》在新的起点上对湖北省县域经济新一轮大发展进行了谋划。此后，又于2012年、2017年分别编制发布《湖北省县域经济发展规划（2011—2015年）》《湖北省县域经济发展规划（2016—2020年）》。2017年5月，中共湖北省委书记蒋超良在丹江口市就县域经济发展、精准扶贫进行调研，与基层党员代表座谈，听取对开好中国共产党湖北省第十一次党员代表大会的意见建议时强调，要坚持以新发展理念为引

---

[1] 以民营为主体，走工业化、城镇化和农业产业化之路，简称"一主三化"。

领，推动县域经济转型升级。二是从区域经济一体化的角度，加快推动区域间的合作与联动，在更大的范围内，将城市圈（群）、经济带和城乡一体化结合起来，充分发挥城市圈（群）、经济带对全省经济发展的辐射带动作用，形成功能互补、产业兼容、发展共进的城乡体系。这一时期，湖北先后提出"两圈一带"（后上升为"两圈两带"）战略以及"宜荆荆""襄十随""三峡城市群"等新的城市群战略。[①]三是树立协调发展的理念，为加强不同层次战略之间的融合和跟进，确立了以"一元多层次"战略体系为统领，着力形成以协调发展多点支撑新格局为重要内容的统筹城乡发展的主体框架。先后提出并实施了"一特五大""一主两副"中心城市带动战略，"一主两副多极"的区域发展战略。其中，为了让相对落后地区在全省协调发展中不掉队，2011年，湖北率先启动"武陵山少数民族经济社会发展试验区""大别山革命老区经济社会发展试验区"建设，研究部署"幕阜山连片特困地区区域发展与扶贫攻坚"工作。2012年，又启动"秦巴山连片区域发展与扶贫攻坚"工作。从一极带动到多点支撑，湖北初步形成以城市群为主体形态，大中小城市和小城镇共同发展的新格局。四是将城镇化作为推进城乡一体化发展的重要突破口，按照"先行试点、总结完善、逐步推开"的工作思路，在全省选择一部分城市（镇），多层面开展了城乡一体化试点试验，对不同区域层面、不同类型、不同特点的城乡一体化发展和新型城镇化模式进行了探索。2008年1月，湖北省委、省政府确定鄂州市为全省城乡一体化试点城市，并作出建立仙洪新农村建设试验区[②]的战略决

[①] "两圈一带"指武汉城市圈，鄂西生态文化旅游圈和长江经济带。"两圈两带"指武汉城市圈和鄂西生态文化旅游圈，长江经济带和汉江生态经济带。"宜荆荆"城市群指宜昌—荆州—荆门城市群。"襄十随"城市群指襄阳—十堰—随州城市群。"三峡城市群"主要包括湖北的宜昌、荆州、荆门、恩施和神农架，湖南的张家界、岳阳和常德，重庆的万州、巫山、巫溪、奉节、云阳和开县，区域总面积约14万平方公里。

[②] 2008年4月首批纳入14个乡镇，包括仙桃市张沟镇、仙桃工业园，洪湖市峰口镇、万全镇、汉河镇、沙口镇、曹市镇、戴家场镇、滨湖办事处、小港管理区、黄家口镇、瞿家湾镇，监利县毛市镇、福田寺镇。2009年5月将仙桃市杨林尾镇、郭河镇，洪湖市府场镇、螺山镇，监利县白螺镇、柘木乡、桥市镇、棋盘乡、汴河镇等9个乡镇纳入。2010年6月将仙桃市彭场镇、沙湖镇、沔城回族镇、陈场镇，洪湖市新滩镇、龙口镇、大同湖管理区、老湾回族乡，监利县朱河镇、龚场镇、周老嘴镇、分盐镇、网市镇等13个乡镇纳入。

策。2009年2月，湖北省委、省政府在"一元多层次"发展战略的引领下，立足统筹城乡区域协调发展，推动贫困山区建设，补齐全面小康"短板"，选择丹江口、五峰、保康、大悟、英山、通山和鹤峰等7个山区贫困县（市），开展整县脱贫奔小康试点，着力将7个县（市）打造成"全省脱贫奔小康示范县""山区新农村建设先进县"，为全省全面建成小康社会奠定坚实基础。同年4月，为推广仙洪新农村建设试验区经验，深入开展试点工作，在全省全面推进新农村建设，湖北省委、省政府决定，在武汉市蔡甸区奓山街道等88个乡镇（街道）开展新农村建设试点工作，探索总结经验，加强典型示范。2010年，全省城乡一体化试点工作会议召开，湖北省委、省政府决定，在继续抓好鄂州市城乡一体化试点工作的同时，将仙桃、洪湖、监利、宜都、大冶、掇刀等6个县（市、区）纳入全省城乡一体化试点范围，先行先试，探索经验。同年底，为推进贫困山区新农村建设、促进区域协调发展，湖北省委、省政府决定建立竹房城镇带①城乡一体化试验区。抓好武汉市、孝感市、仙桃市、宜城市、松滋市、宜都市等新型城镇化试点，支持天门市建设"四化同步"② 发展示范区。2011—2015年，湖北省先后启动实施了100个重点镇、100个特色镇、1000个宜居村庄示范工程，开展小城镇建设试点。通过推进"四化同步"示范乡镇试点、小城镇综合改革试点、经济发达镇行政管理体制改革试点、新农村建设试点、千村百镇示范工程等，在湖北相继涌现出"鄂州模式""尹集模式""彭墩模式"等小城镇建设典范。2016年9月13日，湖北省人民政府办公厅发布《关于统筹整合相关项目资金开展美丽宜居乡村建设试点工作的指导意见》，提出从2016年起，每年重点支持300—500个村开展美丽宜居乡村建设试点，到2020年年底，建成2000个左右美丽宜居示范村。2017年1月，《湖北省人民政府关于加快特色小（城）镇规划建设的指导意

---

① 竹房城镇带是以346国道为主轴，横贯湖北省十堰市南部竹溪县、竹山县、房县呈带状分布的城镇群，以3县划分为3个片区，覆盖28个乡镇、520个村，区域总面积5681.17平方公里。

② 工业化、信息化、城镇化、农业现代化同步发展。

见》（鄂政发〔2016〕78号）发布，提出力争3—5年在全省规划建设500个国家级特色小（城）镇。创建特色小镇和美丽乡村，将有效推进各乡镇产业的集聚、创新和升级，促进生产、生活、生态融合，推进城乡一体化发展。

五 城乡一体化迈向融合发展阶段

这一阶段主要指2017年党的十九大召开以来。城乡融合发展是新时代推进现代化的根本要求。2017年10月，党的十九大在北京召开，习近平总书记在报告中首次明确提出"实施乡村振兴战略"和"城乡融合发展"。① 2017年年底，习近平总书记在中央农村工作会议上指出，走中国特色社会主义乡村振兴道路，必须重塑城乡关系，走城乡融合发展之路。② 2018年9月21日，中共中央政治局就实施乡村振兴战略进行第八次集体学习。习近平总书记在主持会议时指出，40年前，我们通过农村改革拉开了改革开放大幕。40年后的今天，我们应该通过振兴乡村，开启城乡融合发展和现代化建设新局面。③ 这体现了政府主导下"以城统乡"思路的根本转变，标志着我国将迎来城乡融合发展的新时代，同样也标志着湖北将迎来城乡融合发展的新时代。继2017年党的十九大召开之后，湖北省委、省政府把实施乡村振兴战略作为新时代"三农"工作的总抓手，在统筹推进农村经济建设、政治建设、文化建设、社会建设、生态文明建设和党的建设方面进行了全面部署，各级地方党委、政府，各相关部门全力投入到了贯彻落实乡村振兴战略的工作之中。至此，以工促农、以城带乡、工农互惠、城乡一体的新型工农、城乡关系和农业农村现代化格局在湖北得以基本形成。

---

① 《决胜全面建成小康社会　夺取新时代中国特色社会主义伟大胜利》，《人民日报》2017年10月19日第2版。
② 《中央农村工作会议在北京举行》，《人民日报》2017年12月30日第1版。
③ 《习近平主持中共中央政治局第八次集体学习》，2018年9月22日，新华网，http：//www.xinhuanet.com//politics/leaders/2018-09/22/c_1123470956.htm。

第三节 湖北城乡一体化发展取得的成就

改革开放40年来，特别是进入21世纪以来，湖北省委、省政府聚焦城乡一体化发展，不断推出新的政策与举措，铸造出有目共睹的巨大成就，主要体现在社会生产力水平大幅提高，经济总量连上新台阶，城镇经济实力不断增强，生态环境治理明显加强，社会保障更加有力，贫困发生率幅度大下降，城乡居民生活水平显著提高等方面，有效地激发了城乡经济社会发展的活力。

一 国民经济保持较快增长，城乡经济结构不断优化

（一）国民经济保持较快增长，经济总量不断跃上新台阶

改革开放40年来，湖北经济实力显著增强，生产力水平不断提高。2017年，全省GDP由1978年的151亿元增加到3.65万亿元，占全国的4.41%，继续保持全国第7位，人均GDP达到8915.95美元。其中，GDP过千亿元的城市增至10个（2008年只有3个，2012年只有8个）。湖北省"一主两副"城市，武汉市于2016年进入GDP万亿元俱乐部，宜昌市、襄阳市GDP双双超过3300亿元。其中，武汉市作为湖北经济的龙头城市，2017年GDP达到1.34万亿元，为中国城市综合竞争力10强市。总的来看，1978—2017年，湖北GDP先后经历从百亿元到千亿元、1万亿元、2万亿元、3万亿元的历史性跨越。其中，从百亿元跨入千亿元发生在邓小平南方谈话和党的十四大召开这一年，即1992年。从千亿元跨入1万亿元发生在改革开放30周年这一年，即2008年。从1万亿元跃上2万亿元新台阶发生在党的十八大召开这一年，即2012年。2012年，湖北经济总量在全国的位次从2011年的第10位提升到第9位，进入全国"第一方阵"，人均GDP超过6000美元，站上由中等收入水平向高收入水平迈进的新起点。[1] 从2万亿元跨入3万亿元发生在2016年。2016年，

---

[1] 《政府工作报告：湖北跨入"2万亿俱乐部"综合实力全国第9》，2013年1月23日，湖北人大网，http://www.hppc.gov.cn/2013/0123/14117.html。

湖北 GDP 达到 3.23 万亿元，首次跨进 3 万亿元俱乐部，为 1949 年以来最好水平。高新技术企业总数则从 2011 年的 1088 家，增加到 2017 年的 5369 家，居全国第 7 位、中部第 1 位。① 2017 年，湖北民营经济占比提高到 55.1%。千亿元及以上产业由 2006 年的 1 个增加到 17 个。②

（二）三次产业结构逐步优化，服务业主体地位正在形成

1978 年，湖北省三次产业结构比为 40.5∶42.2∶17.3，呈现"二一三"格局。伴随着工业化及城市化进程的加快，湖北省三次产业发展呈现第一产业比重逐年下降，第二、第三产业比重稳步上升的特征。2005 年，湖北省三次产业结构比为 16.3∶43.4∶40.3，呈现出"二三一"的格局。2017 年，湖北省三次产业结构比为 10.0∶43.5∶46.5，呈现出"三二一"的格局，实现了三次产业结构由"二三一"向"三二一"的转变。其中，第三产业占比自 2004 年以来首次超过第二产业占比，为历年来最高。而伴随着工农业生产的发展，第三产业中的服务业发展更是突飞猛进，总体规模快速扩大，占 GDP 比重不断提升，在经济发展中逐步形成主体地位。从服务业增加值来看，1978 年仅为 26.18 亿元，1987 年突破百亿元达到 109.25 亿元，1997 年突破千亿元达到 1016.69 亿元。随后，服务业增加值跨越新台阶的时间逐步缩短，2003 年突破 2000 亿元，2006 年突破 3000 亿元，2008 年突破 4000 亿元，2009 年突破 5000 亿元，2014 年迈上万亿元新台阶达到 11349.93 亿元，2017 年超过 1.5 万亿元达到 16503.40 亿元。从服务业增加值占 GDP 的比重来看，由 1978 年不足 20%，到 2017 年提高到 46.5%。从服务业对全省经济增长的贡献率来看，2017 年达到 53.3%，比第二产业对全省经济增长的贡献率高出 1.1 个百分点，服务业成为拉动全省经济增长的重要引擎。③

---

① 陈自才、丘剑山：《四十年只争朝夕 "第一动力"引领湖北跑出加速度》，《湖北日报》2018 年 12 月 19 日第 18 版。

② 2006 年，汽车成为湖北省首个千亿元产业。此后，农副食品、制造业、建材、钢铁、电力等 7 个产业紧随其后，在 2010 年达到千亿元。经过不断发展，医药制造业、电气机械和器材制造业、通信和其他电子设备制造业等 10 个产业也异军突起，成功跻身"千亿产业俱乐部"。

③ 湖北省统计局服务业处：《湖北服务业发展呈现新的亮点》，2017 年 5 月 11 日，湖北省统计局官网，http://tjj.hubei.gov.cn/tjbs/qstjbsyxx/115210.htm。

表 3—2　　　　1978—2017 年湖北省经济总量及三次产业结构比

	1978 年	2005 年	2010 年	2015 年	2017 年
GDP（亿元）	151.00	6631.65	16114.59	29882.83	35478.09
人均 GDP（元）（折算成美元）	332.03 (210.53)	11626.31 (1419.28)	28163.08 (4160.29)	51224.05 (8224.27)	60198.68 (8915.95)
三次产业结构比	40.5：42.2：17.3	16.3：43.4：40.3	13.3：48.8：37.9	11.1：46.0：42.9	10.0：43.5：46.5

注：2017 年 GDP 数据根据第三次农业普查数据进行调整，其他历史数据未调整。
资料来源：《湖北统计年鉴 2018》，中国统计出版社 2018 年版。

（三）农村经济结构持续优化，产业质效进一步提升

改革开放以来，湖北坚持强化农业基础，搞活农村经济，积极推进农村经济结构调整和农村改革创新，农业经济发展质量和效益不断提升，城乡产业融合互动日益增强，农业农村经济发展取得明显成效。

1. 适应居民消费升级新需求，推动农业发展方式由化学农业逐步向生态农业转变

由于资源环境约束日趋增强，为保障居民舌尖上的安全，满足居民消费升级新需求，湖北树立绿色发展理念，通过鼓励和支持各地大力发展"两型"农业、有机农业，实施农药化肥"一控两减三基本"，建立农产品质量安全检测监测体系，促使农业由过分依赖化肥、农药的化学农业向主要依靠生物内在机制的生态农业转变。相关数据表明，湖北省农产品质量安全监测总体合格率连续多年位居全国前列。2017 年，农业部对湖北省农产品质量安全监测总体合格率达到 99.39%，为历年最高，居全国第 1 位。[1]

2. 着力提升农产品附加值，深入实施农产品加工业"四个一批"工程

针对农产品加工业大而不强，2009 年 10 月 15 日，《中共湖北省委湖北省人民政府关于大力实施农产品加工业"四个一批"工程的意见》

---

[1] 相关数据来自湖北省农业厅。

(鄂发〔2009〕27号)① 对外发布。2013年2月6日,《湖北省人民政府关于进一步支持农业产业化龙头企业快速发展的意见》(鄂政发〔2013〕8号)② 对外发布。2017年7月31日,《省政府办公厅关于进一步促进农产品加工业发展的实施意见》(鄂政办发〔2017〕62号)③ 对外发布。在这一系列高规格、系统化的政策文件的引导和推动下,湖北农产品加工业产值驶入发展的快车道,一大批农业产业化龙头企业脱颖而出,成为推动农村经济发展的新引擎。2017年,湖北农产品加工业产值与农业总产值之比由2008年的不足1∶1(即0.98∶1)提高到2.4∶1,农产品加工业主营业务收入达到1.58万亿元,④ 农产品加工业成为全省规模最大、发展最快、就业最多、效益最好和农民获利最丰的"五最"产业。

3. 应对农业供需结构失衡,深入推进农业供给侧结构性改革

针对农业大而不强,多而不优的结构性问题,湖北以确保"大宗农产品供给"为总基调,以"优质、高效、特色"为目标,深入推进农业供给侧结构性改革。一是坚守国家粮食安全底线,建成高标准农田2490万亩,综合生产能力明显增强。全省粮食产量自2013年以来,连续5年稳定在500亿斤以上,2017年达到519.94亿斤,居历史第3高位。其中,2004—2015年实现连续12年增产。二是围绕降成本,积极利用专业合作、土地入股、土地托管等多种形式,发展多种形式的农业适度规模经营。2017年,全省承包地流转面积达到1998万亩、流转比例达到

---

① 力争用5年左右的时间,形成一批在全国同行业有竞争力的农产品加工龙头企业、一批在全国有影响的知名品牌、一批销售收入超过50亿元的农产品加工园区、一批农产品加工销售收入超过100亿元的县市。

② 力争用3—5年的时间,建设一批与龙头企业对接的专业化、标准化、规模化、集约化生产基地,打造一批科技与管理创新能力强、精深加工水平高、在全国同行业领先的大型龙头企业,形成一批基础设施完善、上中下游产业配套、功能互补的龙头企业聚集区,培育一批产品竞争力强、市场占有率高、消费者口碑好的知名品牌,实现让全国人民"喝长江水、吃湖北粮、品荆楚味"的目标。

③ 明确到2020年,全省规模以上农产品加工业产值达到1.9万亿元,保持中高速增长;农产品加工转化率达到70%,精深加工率提高5个百分点,产品向中高端迈进。《省政府办公厅关于进一步促进农产品加工业发展的实施意见》提出,推进优势产业(区)集中布局。以农产品加工业为核心,每个市州培育2—3个具有较强竞争力的优势特色农产品产业集群。

④ 湖北省人民政府研究室综合处:《过去五年经济社会发展重大成就》,湖北省十三届人大一次会议《政府工作报告》辅导读本(2018)。

44.1%。三是围绕提质增效,加快推进种植业转型升级、扎实推进牛羊增量提质和猪禽稳量提质,大力发展优质高效特色农产品,持续推进优势作物向优势产区集中,实施水稻产业提升计划,建设双低优质油菜保护区,启动特色农产品优势区创建,优质粮油与蔬菜成为产值超千亿元的大产业,"粮改饲""油改饲"面积突破100万亩,畜禽规模化、标准化养殖水平大幅提升,稻渔综合种养蓬勃发展,小龙虾、鳝鳅、河蟹三大特色产业发展迅速。① 四是围绕附加值提升,加强农产品品牌建设。截至2015年年底,湖北省农业类"中国驰名商标"达到133件,占全省驰名商标总数的44.5%,是2010年的5.5倍,成为驰名商标最集中的行业。农业类湖北名牌产品391个,湖北著名商标825件,全省"三品一标"主体1988家,品牌总数4386个,总量规模位居全国前列。② 五是围绕补短板,加强对农业基础设施等农业供给薄弱环节的建设。建设一批现代化养殖场,对现有果园、茶园、蔬菜基地设施进行改造升级。实施了稻、麦、油等7大主要农作物全程机械化解决方案,2017年,全省主要农作物耕种收综合机械化水平达到68%,全面完成160万亩农机深松整地作业任务。目前,湖北省建立并打通"农机通"电子政务平台(门户网站、购机补贴、监理推广、产品展示"四网合一"),建立标准统一的农机化基础数据库。通过北斗项目搭建了湖北省精准农业信息化平台。12316热线实现市州全覆盖,28个县(市、区)开展信息进村入户试点,建设益农信息社1790个。农村电子商务迅速发展,2017年农村网络交易额达到436亿元。

4. 引导城乡要素合理流动,加快推进农村一二三产业融合发展

从20世纪90年代中期开始,社会资本不再紧盯着城市的投资需求,转而瞄准农村,寻求更大发展空间。进入21世纪以后,随着党中央提出和深入推进统筹城乡发展、新农村建设、"四化同步"发展、城乡一体化发展等战略任务,在各类政策的支持、鼓励和引导下,城市资本、技术、人才开始外溢农村,提振了农村经济的发展。休闲农业、创意农业、农村电商等新业态,田园综合体、共享农庄、生态小镇等三产融合新载体,

---

① 相关资料来自湖北省农业厅。
② 农业部新闻办公室:《湖北省农产品加工业取得积极进展》,2016年8月15日,农业农村部官网,http://jiuban.moa.gov.cn/zwllm/zwdt/201608/t20160815_5238828.htm。

"科技+""互联网+""休闲旅游+"现代农业等新模式不断涌现，在实践中形成一大批农村一二三产业融合发展的典范。如武汉市高效利用农村资源、高效调动社会资源开展的"三乡工程"，江汉平原以钟祥市和潜江市为代表的"一水两用、一田双收、稳粮增效、粮渔双赢"的稻田综合种养模式（即钟祥市独创的"香稻嘉鱼"种养模式和潜江市打造的"虾稻"共作模式），宜城市"农业+电子商务"的农村物流交邮合作模式，嘉鱼县官桥村八组以"工业带农业、农业带生态、生态带旅游"的"三带"模式等一大批典型。

综上分析，改革开放以来，湖北农业农村经济发展和结构调整的脉络是十分清晰的。可以看到，在发展方式上，实现了由过去单一的粗放型农业生产经济向集约化、专业化、产业化、商品化、品牌化、现代化的综合经济的转变。在功能和形态上，实现了从单一的农业业态向一二三产业多业态融合发展的转变。在经济结构上，种植业经历了由"以粮为纲"的单一粮食型结构向粮、经、饲作物多元化结构的转变，大农业发展经历了由单一的种植结构向农、林、牧、副、渔五业全面协调发展的结构转变，整个农村经历了由单纯的农业生产结构向农、工、建、运、商、服全面发展的综合结构的转变。

二 城乡居民收入与经济发展同步增长，脱贫攻坚取得决定性进展

改革开放以来，湖北省委、省政府及各级地方党委、政府以惠民富民为导向，不断加大民生投入，取得城乡居民收入持续增加，农村居民收入结构不断优化，城乡居民收入与经济发展同步增长，城乡居民收入差距逐渐缩小，脱贫攻坚取得决定性进展，人民生活步步攀升的显著成就。

（一）城乡居民收入持续增加，农村居民收入结构不断优化

2017年，全省居民人均可支配收入同比增长8.5%，高于同期GDP增速（7.8%）0.7个百分点，自2014年以来连续4年高于GDP增速。城镇居民年人均可支配收入由1978年的350元增加到31889元。农村居民年人均可支配收入由1978年的110.52元增加到13812.09元。城乡居民收入比由1978年的3.15∶1缩小到2017年的2.31∶1。1995年之前，城乡居民收入差距指数同全国的指数互有高低。1995年之后，城乡居民

收入差距指数低于全国的指数。① 以农村居民收入水平和收入结构进行分析，1978—2017 年，农村居民收入大致经历 3 个快速增长期，第一个快速增长期为 1978—1985 年，农民年人均纯收入由 1978 年的 110.52 元迅速提高到 1985 年的 421.24 元。这主要得益于改革开放初期实施的一系列农村经济改革举措以及国家、省相关政策的支持，最重要的在于实行了家庭联产承包责任制以及大幅度提高了粮食等农产品的收购价格。第二个快速增长期为 1993—1997 年，农民年人均纯收入增长较快，4 年提高 1000 元。这主要得益于粮食购销体制深入改革、乡镇企业以及个人私营经济的快速发展对农民增收的劳动作用。第三个快速增长期为 2004—2017 年，主要得益于农村税费改革、国家持续出台和实施的系列强农富农惠农政策以及城市工业对农村劳动力的吸纳作用。这一时期，湖北农村常住居民年人均可支配收入②于 2014 年首次"破万"，首次高于全国平均水平。其中，2004—2015 年，全省农民家庭收入实现连续 12 年快速增长。截至 2015 年，全省农民收入增速已连续 6 年高于全国平均水平，连续 6 年位居中部第一。

从农村居民收入结构方面来看，1989 年以前，统计部门关于农民家庭收入构成主要分为集体所得、经济联合体所得、家庭经营所得、其他非生产性收入四类。20 世纪 90 年代以后，统计部门将农民家庭收入构成分类调整为工资性收入、家庭经营性收入、转移性收入、财产性收入四类。1978—2017 年，自 1982 年湖北全面推行家庭联产承包责任制之后，家庭经营性收入在很长一段时间内一直是农民家庭收入最主要的来源。而进入 21 世纪以后，由于劳务经济、打工经济的蓬勃发展，农民家庭收入的增长则转变为主要依赖于工资性收入和家庭经营性收入的增长。2014 年开始，农民收入的增长除主要依赖于工资性收入和家庭经营性收入的增长外，转移性收入成为第三大重要收入来源，其占比由之前的不足 7% 陡增到 22.27%，并一直保持 22% 以上的高占比。2017 年，农民家庭年人均可支配收入为 13812.09 元。其中，工资性收入 4389.58 元，占

---

① 胡治艳、夏泽宽：《湖北城乡居民收入状况比较分析》，2011 年 3 月 28 日，中国共产党新闻网，http://theory.people.com.cn/GB/14257725.html。

② 2014 年起，统计部门将农村居民年人均纯收入改为农村常住居民年人均可支配收入。如无特别说明，全书 2014 年之前以农村居民年人均可支配收入形式出现的文字均指农村居民年人均纯收入。

比31.78%；家庭经营性收入5963.95元，占比43.18%；转移性收入3292.77元，占比23.84%；财产性收入165.79元，占比1.20%。这表明农民家庭收入主要由工资性收入、家庭经营性收入和转移性收入构成。

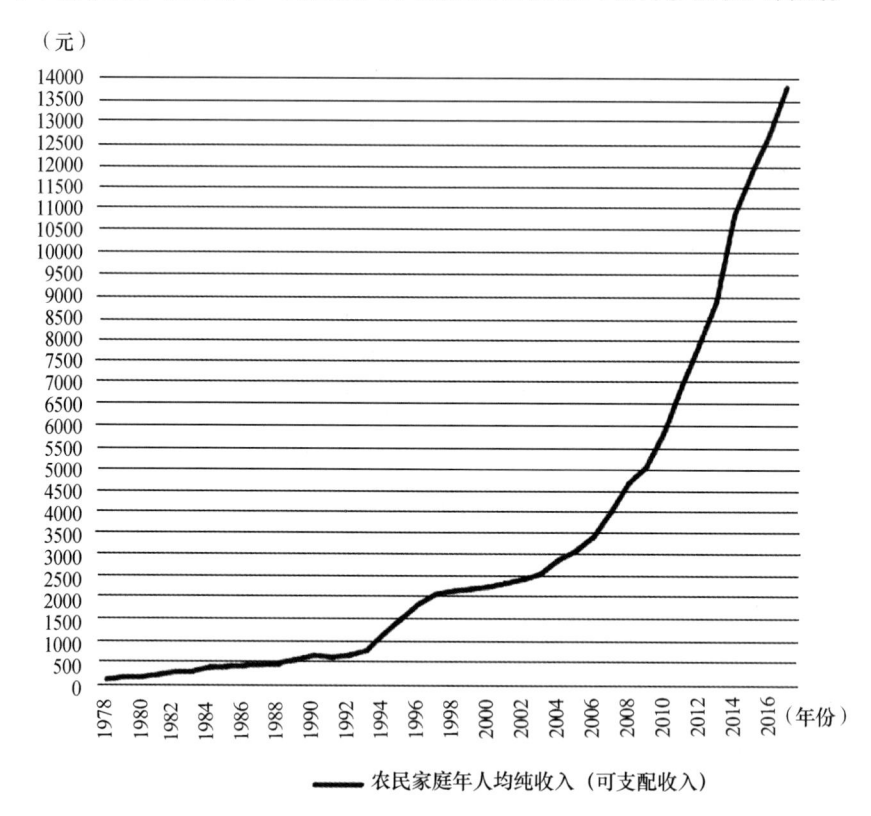

图3—1 1978—2017年湖北省农民家庭年人均纯收入（可支配收入）变化趋势

表3—3　　　1978—1989年湖北省农民家庭年人均纯收入及构成　（单位：元）

年份	全年纯收入	集体获得	经济联合体中获得	家庭经营获得	其他非生产性收入
1978	110.52	88.27	—	17.96	4.29
1979	159.68	114.46	—	36.83	8.39
1980	169.96	99.56	—	53.46	16.94
1981	217.44	113.10	—	80.81	23.53
1982	286.07	161.85	—	100.19	24.03
1983	299.24	22.72	0.07	249.86	26.59
1984	392.30	26.03	1.21	334.83	30.23

续表

年份	全年纯收入	集体获得	经济联合体中获得	家庭经营获得	其他非生产性收入
1985	421.24	21.31	2.78	355.46	41.69
1986	445.13	23.20	2.47	386.73	32.73
1987	460.66	28.45	1.21	410.66	20.34
1988	497.84	33.25	0.76	440.44	23.39
1989	571.84	34.89	1.34	509.65	25.96

资料来源：《湖北农村经济 1949—1989》，中国统计出版社 1990 年版。

表3—4　　1990—2017年湖北省农民家庭年人均纯收入（可支配收入）及构成　　（单位：元）

年份	家庭经营纯收入	工资性收入	转移性收入	财产性收入
1990	607.63	—	—	—
1991	560.28	—	—	—
1992	603.59	—	—	—
1993	646.62	105.86	28.02	2.68
1994	969.30	147.81	32.69	20.26
1995	1234.37	192.37	51.01	33.47
1996	1479.01	272.65	68.58	43.38
1997	1677.78	337.54	76.94	9.94
1998	1652.48	396.18	109.65	13.93
1999	1596.58	496.40	107.62	16.48
2000	1617.80	547.69	83.46	19.55
2001	1676.19	582.60	80.52	12.85
2002	1694.40	662.19	73.38	14.09
2003	1785.27	706.79	58.95	15.76
2004	2051.62	755.23	66.96	16.19
2005	2049.04	941.64	91.71	16.81
2006	2095.15	1199.16	99.13	25.91
2007	2379.82	1454.50	125.46	37.70
2008	2690.83	1742.33	182.40	40.82

续表

年份	家庭经营纯收入	工资性收入	转移性收入	财产性收入
2009	2828.53	1900.54	247.81	58.37
2010	3234.94	2186.11	304.30	106.92
2011	3731.34	2703.05	379.08	84.45
2012	4123.49	3189.84	472.51	65.87
2013	4616.55	3648.20	518.07	84.13
2014	5009.34	3298.61	2415.66	125.44
2015	5281.41	3682.91	2718.79	160.78
2016	5534.01	4023.04	3009.32	158.60
2017	5963.95	4389.58	3292.77	165.79

资料来源：《湖北农村经济（1949—1989）》，中国统计出版社1990年版。《湖北统计年鉴》（2010—2017年）。

（二）脱贫攻坚取得决定性进展，贫困居民收入增幅高于农村居民收入增幅

改革开放以来，按照党中央和国务院的决策部署和要求，湖北把扶贫开发和脱贫攻坚作为全省经济社会发展的头等大事和第一民生来组织推进和落实，先后制定实施《湖北省扶贫攻坚计划》《湖北省扶贫开发"十一五"规划》《湖北农村扶贫开发纲要（2011—2020年）》《湖北省农村扶贫开发"十二五"规划》，并推进新时期的精准扶贫、精准脱贫攻坚工作。

2015年9月，《中共湖北省委 湖北省人民政府关于全力推进精准扶贫精准脱贫的决定》（鄂发〔2015〕19号，以下简称《决定》）对外发布。《决定》作为湖北新时期扶贫精准脱贫攻坚决战的行动纲领，对全省做好精准扶贫精准脱贫工作作出总体部署。按照《决定》要求，全省各地按照"精准扶贫、不落一人"的总要求，认真落实"省负总则、市州主导、县抓落实"的工作机制，采取成立扶贫作战指挥部，倒排工期，挂图作战，湖北省委书记、省长双挂帅，领导联系片区、贫困县和少数民族县的制度。建立五级书记齐上阵，层层签订脱贫责任书，层层立下军令状、限期脱贫，不摘"穷帽"终不还，严格实行党政"一把手"负

总责的限期脱贫责任制。同时，围绕脱贫攻坚总目标，构建了"1+N+M"的政策支撑体系①，出台了《湖北省脱贫攻坚规划（2016—2020年）》，圈定一批主战场，启动并实施秦巴山区、武陵山区、大别山区、幕阜山区等4个连片特困地区扶贫开发规划，建立了财政资金刚性投入机制，出台了贫困县资金整合意见，制定实施了产业扶贫、易地扶贫搬迁、健康扶贫、教育扶贫、生态扶贫、保障扶贫等特惠政策。把"准、实"要求贯彻到脱贫攻坚的各领域、全过程，实施了扶持对象、项目安排、资金使用、措施到户、因村派人、脱贫成效"六个精准"，产业发展、易地搬迁、教育扶贫、生态补偿、社会保障"五个一批"脱贫攻坚计划，构建了政府、市场、社会"三位一体"大扶贫工作格局，探索了银行、证券、保险"三驾齐驱"的金融扶贫新模式，"基本医保+大病保险+医疗救助+补充医疗保险"四位一体有效防止因病致贫的健康扶贫模式，"交钥匙工程"的易地扶贫搬迁新模式，"政府+市场主体+农户+银行+保险"的"五位一体"产业扶贫新模式，"市民下乡、能人回乡、企业兴乡"的"三乡工程"扶贫新模式，招商引资建站、政府投资建站、贷款筹资建站等十余种光伏扶贫新模式和以整村推进为平台，建立由政府主导、部门联动、社会参与的综合干预阻断贫困代际传递新模式。

总的来看，各项扶贫攻坚工作得到有序推进，脱贫攻坚成效显著。全省590万建档立卡贫困人口中90%以上摘掉"贫困帽"。其中，2017年，取得91.7万建档立卡贫困人口脱贫，1013个贫困村出列，3个贫困县脱贫摘帽，13.47万户37.21万人实现易地扶贫搬迁，贫困地区农村居民人均可支配收入增长率高于全省平均增幅②，基本公共服务主要领域指标接近全国平均水平的显著成绩，为我国减贫事业提供荆楚样本，作出湖北贡献。其中，在健康扶贫方面取得的成效尤为显著。湖北在全国率先建立"基本医保+大病保险+医疗救助+补充保险"四位一体的健康扶贫模式，取消住院起付线，政策范围内医保报销比例提高

---

① "1"，即《中共湖北省委 湖北省人民政府关于全力推进精准扶贫精准脱贫的决定》；"N"，即贫困县约束机制、帮扶机制、考核机制、退山机制、激励脱贫机制、扶贫责任制、精神支撑机制和用人导向机制；"M"，即省直部门出台的精准帮扶措施。

② 《我省脱贫攻坚取得决定性进展》，《湖北日报》2018年4月3日第1版。

20%。①各县（市、区）按照每人每年不低于200元的标准建立补充医疗保险制度。全面实施大病集中救治一批、慢病签约服务管理一批、重病兜底保障一批"三个一批"行动计划，慢病患者签约服务率达到85%，重病患者报销比例提高到90%，年度个人自负不超过5000元。贫困大病患者住院政策范围内基本医保加大病保险平均报销比例达到85%以上，大病保险最高支付限额提高到35万元以上。普遍落实了"先诊疗后付费"、"一站式"结算等便民惠民服务。2017年，全省因病致贫、因病返贫户较2016年减少29.33%，较2015年减少41.29%。②

三 整体城镇化水平明显提升，城镇辐射带动作用明显增强

改革开放以来，随着经济社会的发展、体制机制改革的推进、工业化进程的加速，湖北省城镇化经历了一个从起点低，到曲折发展，再到加速发展的过程。1978年，湖北城镇化水平较低，城镇集化率低于全国平均水平2.83个百分点，一直到1982年，湖北省城镇化率才突破20%，达到21.48%，略高于高于全国平均水平0.35个百分点。从1982年开始一直到1994年，湖北城镇化水平极不稳定，城镇化率时高时低，相对于全国平均水平，分别在1984年、1986年、1987年、1994年4个年份出现了低于全国平均水平的情况。1995—2017年，长达23年，湖北城镇化发展水平呈现出稳步快速提升的态势，与之前徘徊不定的发展态势完全不同，城镇化率从1995年的31.2%提升到2017年的59.3%，年均递增1.2个百分点以上。这一期间除了2006—2009年，城镇化率略低于全国平均水平以外，其余年份均高于同期全国平均水平。其中，1995—2003年，湖北城镇化水平明显高于同期全国平均水平。与中部六省相比，湖北省城镇化率多年位居中部第一。全省17个市州中，就2017年的数据来看，武汉市、宜昌市、襄阳市、黄石市、鄂州市的城镇化率均高于全省59.30%和全国58.52%的平均水平。武汉市作为中部特大城市和正在建

---

① 大病保险起付线降至5000元以下，报销比例提高5—10个百分点。
② 《"湖北保障和改善民生的举措成效"新闻发布会》，2018年1月28日，湖北省人民政府门户网站，http://www.hubei.gov.cn/2015change/2015news/xwfbh/newsfbh/xwfbh201809/。

设中的国家中心城市，城镇化率高达80.04%，对劳动力具有极强的吸纳能力，全市常住人口在2011年突破1000万人大关，到2017年增加到1089.29万人。

表3—5　　　　1978—2017年湖北省和国家城镇化率

年份	湖北省总人口数（万人）	湖北省城镇人口数（万人）	湖北省乡村人口数（万人）	湖北省城镇化率（%）	国家城镇化率（%）
1978	4574.91	690.23	3884.68	15.09	17.92
1979	4632.78	747.92	3884.86	16.14	19.99
1980	4684.45	786.49	3897.96	16.79	19.39
1981	4740.35	815.60	3924.75	17.21	20.16
1982	4780.81	1026.72	3754.09	21.48	21.13
1983	4846.81	1069.23	3777.58	22.06	21.62
1984	4913.81	1078.22	3835.59	21.94	23.01
1985	4980.81	1464.65	3516.16	29.41	23.71
1986	5047.83	1187.23	3860.60	23.52	24.52
1987	5120.27	1288.61	3831.66	25.17	25.32
1988	5184.94	1389.99	3794.95	26.81	25.81
1989	5258.83	1491.37	3767.46	28.36	26.21
1990	5439.29	1551.51	3887.78	28.52	26.41
1991	5512.33	1433.06	4079.27	26.00	26.37
1992	5579.85	1637.68	3942.17	29.35	27.63
1993	5653.48	1731.66	3921.82	30.63	28.14
1994	5718.81	1604.13	4114.68	28.05	28.62
1995	5772.07	1800.89	3971.18	31.20	29.04
1996	5825.13	1965.40	3859.73	33.74	29.37
1997	5872.60	1834.60	4038.00	31.24	29.92
1998	5907.23	1884.41	4022.82	31.90	30.40
1999	5938.03	1990.17	3947.86	33.52	30.89
2000	5646.00	2285.11	3360.89	40.47	36.22
2001	5658.00	2308.50	3349.50	40.80	37.66
2002	5672.00	2348.20	3323.80	41.40	39.09
2003	5685.00	2387.70	3297.30	42.00	40.53

续表

年份	湖北省总人口数（万人）	湖北省城镇人口数（万人）	湖北省乡村人口数（万人）	湖北省城镇化率（%）	国家城镇化率（%）
2004	5698.00	2427.30	2466.70	42.60	41.76
2005	5710.00	2466.70	3243.30	43.20	42.99
2006	5693.00	2493.50	3199.50	43.80	43.90
2007	5699.00	2524.70	3174.30	44.30	44.94
2008	5711.00	2581.40	3129.60	45.20	45.68
2009	5720.00	2631.20	3088.80	46.00	46.59
2010	5723.77	2844.51	2879.26	49.70	47.50
2011	5758.00	2984.32	2773.68	51.83	51.27
2012	5779.00	3091.77	2687.23	53.50	52.57
2013	5799.00	3161.03	2637.97	54.51	53.73
2014	5816.00	3237.80	2578.20	55.67	54.77
2015	5851.50	3326.58	2524.92	56.85	56.10
2016	5885.00	3419.19	2465.81	58.10	57.35
2017	5902.00	3499.89	2402.11	59.30	58.52

注：1981年及以前人口数据为户籍统计数，1982年及以后人口数据为常住人口数。其中，1982年、1990年、2000年、2010年人口数据为当年人口普查时点数据，其余年份人口数据为年度人口抽样调查推算数据。

资料来源：根据《湖北统计年鉴2017》和国家统计局网站公布数据进行整理得出。

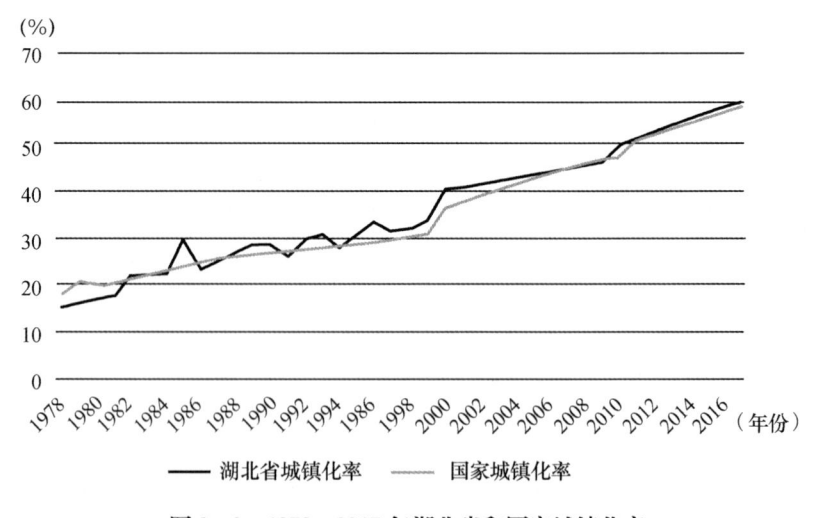

图3—2　1978—2017年湖北省和国家城镇化率

随着城镇化进程的加快，目前，湖北初步形成了大中小城市和小城镇协调发展，并与产业布局相协调的城镇格局，有特大城市和大城市6个，中小城市40个，建制镇761个（不含乡政府），3万人以上的建制镇46个。就城镇人口规模来看，2017年，湖北省17个市州中，城镇常住人口在800万人以上的城市有1个，城镇常住人口约占全省城镇人口的25%；城镇常住人口在300万—400万人的有2个，城镇常住人口约占全省城镇人口的18%；城镇常住人口在200万—300万人的城市有3个，城镇常住人口约占全省城镇人口的23%；城镇常住人口在100万—200万人的城市有6个，城镇常住人口约占全省城镇人口的26%。其中，武汉城市圈城镇常住人口达到2000万人以上，城镇化率达到62%以上，高出全省、全国平均水平3个百分点以上。具体到单个城市，武汉市、襄阳市、黄石市、鄂州市和宜昌市是全省城镇化率排名居前5位的城市。

值得肯定的是，城镇化进程快速推进的同时，城市水、电、路、气、信息网络等公共基础设施得到显著改善，教育、医疗、文化、体育、卫生、养老等社会事业和社会保障等公共服务水平明显提高，城镇对农村的辐射能力也不断提升，尤其是城镇吸纳农村劳动力转移就业的能力大大增强。这带来了社会结构的深刻变革，促进了城乡居民生活水平的全面提高。2017年，全省城镇新增就业人口91.86万人，同比增长1.3%，这是"稳增长"与"保就业"相辅相成、改革红利与政策保障共同作用的结果。此外，农村向城市长期稳定输送劳动力也发挥了重要推动作用。

四 城乡基础设施对接迈上新台阶，城乡居民生产生活更为方便

改革开放40年来，湖北省委、省政府高度重视基础设施建设，不断加大资金投入力度，交通、饮水、用电、通信、治污等基础设施建设进展顺利，由经济发展的"瓶颈"成为经济发展的重要支撑和保障，为城乡居民生产生活带来极大便利。

（一）交通建设取得历史性突破，交通路网大格局基本形成

改革开放以来，湖北省委、省政府始终把加快交通建设、提升交通

能力、突出交通优势作为推动经济社会发展的重要突破口，结合不同时期的工作重点，统筹规划，科学布局，交通建设呈现出公路、铁路、水路、航空齐头并进，加快发展、加快衔接融合的良好态势。全省范围内基本形成以高速公路为主骨架、国省干线公路为基础、县乡农村公路沟通城乡并与其他运输方式有效衔接，安全、便捷、舒适、高效的现代道路运输体系和交通路网大格局。2017年，全省公路总里程、农村公路总里程、高等级航道总里程均进入全国前三名。2018年5月，《湖北综合交通公路水路三年"四大攻坚战"（2018—2020年）方案》发布，明确了高速公路、干线公路、"四好农村路"、水运建设等4个方面的新目标和措施，提出到2020年建成"祖国立交桥"。展开湖北省交通地图，一张密密麻麻的路网彰显湖北交通运输改革开放40年的巨大成就，湖北成为当之无愧的华中交通枢纽。[①]

1. 公路网规模及等级大幅提高，基本形成干支相连、镇村直达、对接循环的区域公路网络

2017年，全省实现了100%的县市通国道、100%的乡镇通国省道、100%的建制村通沥青（水泥）路。全省公路总里程突破26万公里，达到269484公里，是1978年45519公里的5.9倍。其中，国道14109公里，省道19363公里，县道10514公里，乡道61341公里，专用公路743公里，村道163415公里。湖北公路路面质量一直位居全国前列。进入改革开放之后，湖北以提高公路建设等级为主要方针，大力改造、新建高等级公路，对行车密度大的国省干线、城市出口路等进行重点建设。1988年，湖北等级公路里程由1980年的18980公里增至23496公里。1990年，湖北成立高等级公路管理局。1992年年底，全省一级专用、一级公路达到273公里，二级公路达到2670公里，为1982年的35倍，实现省会城市武汉到各地市州干线公路全部黑色化。1997年8月5日，湖北省第八届人民代表大会常务委员会第二十九次会议通过《湖北省高等级公路管理条例》。进入21世纪，公路建设以"联网、配套、升等、扩口"为目标，以建设等级公路、拓展大中城市出口路、改善县乡公路、

[①] 林志慧：《交通先行写华章——60年湖北交通运输发展的辉煌成就与宝贵经验》，《政策》2009年第10期。

提高路网运载能力为重点，着力完善高等级公路网络和服务武汉城市圈的路网建设。2015年，全省99%的县级以上城市通一级及以上公路，98%的建制乡镇通二级及以上公路，100%的行政村通沥青（水泥）路。2017年，全省等级公路达到259591公里，占总里程的96.33%。其中，一级公路5874公里，二级公路22712公里，均位居全国第一方阵。农村公路中等级公路里程达到21.6万公里，占全省等级公路的83.4%。[①]

2. 高速公路建设实现重大飞跃，基本形成内畅、外联、互通的高速公路体系

1991年1月，全省第一条、全国第四条高速公路——武（汉）黄（石）高速公路通车试运行。1999年，汉十高速公路开始建设。2000年，湖北通车的高速公路仅有武黄高速、黄黄高速、汉宜高速三条高速路。进入21世纪以后，湖北高速公路建设进入了快速发展的时代。2002年，京港澳高速湖北段全线通车。2005年，湖北高速公路里程是2000年的3倍。截至2007年，连接全省经济大三角（武汉、襄樊、宜昌）、江汉平原腹地以及周边省会城市的"三纵两横一环"高速公路骨架网基本建成，武汉城市圈一体化现代交通网络初具雏形。[②]高速公路连接所有周边省市，路网辐射全省86%的县（市、区），覆盖90%左右的人口和96%左右的经济总量。[③]2009年，湖北启动新一轮高速公路建设。2014年，全省高速公路通车里程达到5106公里，成为全国第八个"突破5000公里"的省份。2015年，湖北以总里程6204公里进入全国高速公路总里程排名前列，居全国第4位。截至2018年年底，这一数字变成7611公里，全省基本建成"七纵五横三环"高速公路网，25个省际通道与周边五省一市畅通连接，路网辐射全省98%的县（市、区）、99%左右的人口和99%左右的经济总量。[④]从全国布局来看，湖北高速公路网东穿安徽，南通江

[①] 相关数据来自《湖北统计年鉴2018》以及湖北省交通运输厅公路管理局和武汉理工大学联合编制的《2017年湖北省公路交通情况分析》（简本）。

[②] 《"三纵两横一环"高速公路骨架网基本贯通》，《岩土力学》2008年第2期。

[③] 湖北省交通运输厅：《湖北：荆楚高速路》，2009年3月2日，http://www.chinahighway.com/news/2009/318353.php。

[④] 湖北省高速公路管理局：《"庆祝改革开放40周年暨湖北高速公路发展30年成果展"成功举办》，2018年12月29日，湖北省交通运输厅官网，http://jtt.hubei.gov.cn/zwdt/ywkb/713228.htm。

西、湖南,西连重庆,北接河南,西北承接陕西,如同祖国闹市区一座重要的大型立交枢纽,连通着九州大地。①

3. 农村交通变化翻天覆地,基本形成"乡镇公路联网成片、村与村全面循环、组与组路路相通"的农村公路网

为消除制约农村发展的交通瓶颈,改变广大农民出行难的问题,湖北省委、省政府一直高度重视农村交通工作,将农村公路发展作为"贴近民生实事"的重要内容,在完善农村公路基础设施网络,推进城乡交通运输统筹协调发展等方面取得重要成效。

(1) 乡镇和行政村全部通沥青(水泥)路。截至2000年,湖北全省还有200多个乡镇未通沥青(水泥)路,2000多个行政村未通公路。鉴此,湖北省人民政府明确提出,交通发展思路必须坚持"两个并举",即将高速公路和农村公路作为发展交通的两个战略重点,在推进高速公路大通道建设的同时,全力加快农村公路建设。从2004年起,湖北连续11年将农村公路建设纳入向社会公开承诺的"十件实事",确保每年建成农村公路不少于1万公里。全省连村公路和其他村级公路的补助标准为:大别山试验区每公里20万元,其他贫困县每公里15万元,一般地区每公里10万元。2014年,全省建设完成农村公路14274公里,超额完成湖北省人民政府确定的12000公里的建设任务,湖北农村公路总里程突破了20万公里大关,实现100%的乡镇和99.8%的行政村通沥青(水泥)路②。2017年,全省农村公路里程达到23.5万公里,占全省公路通车总里程的87.4%,进入全国前3名,全省乡镇、行政村的公路通畅率达到100%,基本形成"乡镇公路联网成片、村与村全面循环、组与组路路相通"的农村公路网。③

(2) 率先在全国实现"村村通客车"。受自然条件恶劣、地理位置偏远等因素制约,到2014年10月,湖北全省仍有9.3%的建制村未通客

---

① 《湖北五年巨变:高速突破6500公里 中部大立交夯实发展底盘》,2015年10月19日,人民网湖北频道,http://hb.people.com.cn/n/2015/1019/c337099-26843677.html。
② 《2014年湖北新增农村公路1.4万公里 总里程突破20万公里》,2015年1月14日,人民网湖北频道,http://hb.people.com.cn/n/2015/0114/c337099-23552244.html。
③ 《湖北吹响交通强省集结号 2020年建成"祖国立交桥"》,《湖北日报》2018年1月31日第8版。

车、农民出行难、城乡互联互通程度低的问题仍不同程度存在。2014年10月9日,时任中共湖北省委书记李鸿忠、湖北省人民政府省长王国生召开会议,专题研究农村客运工作,提出到2015年实现全省"村村通客车",逐步推行农村客运公交化。① 2015年年初,湖北省委、省政府将"村村通客车"列为全省"一号工程",并确定为2015年"三万"活动(即"万名干部进万村入万户"活动)的主题。湖北省交通运输厅,针对平原、丘陵、山区不同地形,选择7个县市先行先试,在打通"断头路"、加宽路基、修建错车台、配套安保设施的同时,采用政府购买服务与企业营运相结合的方式,探索符合湖北实际的"村村通客车"营运方式。随后,试点经验在全省推广。② 同年,《省人民政府关于加快农村客运发展的若干意见》(鄂政发〔2015〕8号)发布。截至2015年12月15日,全省17个市州、100个县(市、区)、25989个行政村全部实现通客车,率先在全国实现"村村通客车"。同时,在全省四大连片特困地区建成总长3813公里的扶贫攻坚特色路,惠及29个贫困县800万贫困人口,基本形成以县(市、区)城区为中心、连接乡镇、辐射村庄的农村客运网,以班车客运为基础、区域经营和电话约租等其他方式为补充的农村客运经营模式。农村客运条件大幅改善,彻底解决农民出行难、出行贵、出行慢、出行不安全的问题③。为确保农村"村村通客车"这项民生工程长期保持稳定运行,2016年,湖北省进一步出台《关于巩固"村村通客车"成果建立农村客运发展长效机制的意见》,从安排专项资金、完善政策措施、落实成品油价格补贴等方面,提出建立完善开得通、留得住的长效机制。

(3)"四好农村路"示范效应显著。2014年,习近平总书记对"四好农村路"建设作出重要指示,强调把农村公路建好、管好、护好、运营好。④ 为扎实推进"四好农村路"建设,湖北省交通运输厅成立"四

---

① 《李鸿忠、王国生专题研究我省农村客运工作时提出:明年实现村村通客车》,《湖北交通报》2014年10月20日第1版。

② 石斌、潘庆芳、高斌:《湖北实现村村通客车》,2015年12月17日,中国交通新闻网,http://www.zgjtb.com/zhitong/2015-12/17/content_65320.htm。

③ 石斌:《湖北在全国率先实现"村村通客车"》,《农村新报》2015年12月24日第4、5版。

④ 《习近平对"四好农村路"建设作出重要指示》,《新华每日电讯》2017年12月26日第1版。

好农村路"建设领导小组，印发实施了《关于推进"四好农村路"建设的实施方案》。2016年6月，湖北省交通运输厅组织召开全省农村公路暨交通扶贫工作会，对"四好农村路"建设工作进行全面动员部署。此外，为进一步加快全省"四好农村路"建设向纵深发展，推进"四好农村路"示范创建由县（市、区）向乡镇延伸，湖北省交通运输厅还专门拟定了《湖北省"四好农村路"示范县创建实施方案》，决定从2016年开始，每年评选一批"四好农村路"示范县。2017年，湖北新改建农村公路15144公里，撤并村及20户以上自然村通畅率超额完成进度任务，竹山县、黄州区获首批全国"四好农村路"示范县，钟祥市、松滋市等6个县（市、区）获省级"四好农村路"示范县。[①] 2018年，湖北省交通运输厅专门发布《湖北省"四好农村路"示范乡镇创建实施方案》，同时出台《湖北省"四好农村路"三年攻坚战行动方案》，提出到2020年，将新建1.3万公里农村公路，实现组组通；3万公里已通客运班车的农村公路路面扩宽至5.5米以上，实现"由线成网、由窄变宽、由通到畅"，并提出按照"四好农村路"示范县、示范乡镇创建方案和美丽农村路创建标准，从2018年起，每年创建一批"四好农村路"示范县、示范乡镇和示范路。湖北推进"四好农村路"建设的做法在全国引起重大反响。

（4）基本建成覆盖县、乡、村三级的农村物流网。为推进农村交通与"三农"发展深度融合，湖北坚持"城乡统筹、以城带乡、城乡一体、客货并举、运邮结合"的总体思路，大力推进县、乡、村三级物流站场设施和信息系统建设，按照"多站合一、资源共享"的模式，积极推进交邮、交商、交供、交农等共建模式发展农村物流，基本建成覆盖县、乡、村三级的农村物流网。截至2017年，建成客货运站场项目90个，建成集农村客运、农村物流、快递收寄等功能于一体的农村综合运输服务站382个、村邮站2万多个、快递服务网点1万个左右，有效保障农村运输与物流发展。[②] 其中，具有十几种服务功能，包括收发快递包裹、村民转账支付、小额取款、网上代购、农资销售、代缴电话费、代缴电费等

---

① 《湖北吹响交通强省集结号 2020年建成"祖国立交桥"》，《湖北日报》2018年1月31日第8版。

② 同上。

服务功能的村邮站，已经实现行政村全覆盖，村民真正实现"购物不出村、销售不出村、生活不出村、金融不出村、创业不出村"。

4. 铁路网四通八达，以武汉为中心的"米字形"高铁网正在加速形成

湖北是中国铁路发祥地之一，有着100多年的铁路史，最早的京汉铁路、粤汉铁路在武汉汇合。经过改革开放40年的建设与发展，湖北铁路客运量居中部第一、全国第六，在全国率先进入高铁时代，高铁、动车已经覆盖除荆门市、神农架林区以外的所有市州。目前，湖北已建成以武汉为中心，覆盖省内300公里范围，至长沙、南昌、合肥、郑州等中部省会城市2小时左右，至长三角、珠三角、京津冀城市群4小时左右，至海峡西岸、太原、重庆、南宁等城市群5—6小时的快速客运交通圈，以及高铁和动车至全国24个重点城市的"半天生活圈"。

在湖北境内，不仅有全国主要干线京广、京九、焦柳线纵揽南北，沙大、武大、武九、汉丹、襄渝线等横贯东西，还有京广铁路客运专线、沪汉蓉大能力通道（武康线、武九线）和沪汉蓉铁路快速客运通道（合武、汉宜、宜万铁路）贯穿全省，以及畅通便利的城际铁路和轨道交通。

当前，以武汉为中心，加快通达周边省会城市的高速铁路、长江中游城市群城际铁路和省内快速铁路，覆盖主要经济节点"客货并重"的铁路网建设正在进一步加快推进。2017年，湖北境内铁路营运里程达到4211.24公里，较1978年增加2771.24公里。其中，高铁2583.36公里，占铁路营运总里程的61.3%。[①]

2018年3月6日，《湖北省人民政府关于进一步加快铁路建设发展的若干意见》（鄂政发〔2018〕8号）发布，明确指出，将加快建设呼和浩特至南宁、郑州至万州、武汉至西安高铁通道，争取分段建设武汉通达重庆、上海方向的沿江高铁通道，推动建设北京至九龙新的高铁通道，尽快形成以武汉为中心的"米"字形高铁网。同时，将结合国家《中长期铁路网规划》，推动实施武汉铁路枢纽改造升级，高标准规划建设襄

---

① 湖北省统计局服务业处：《交通运输跨越式发展 邮电通信新动能迸发——改革开放40年湖北经济社会发展成就系列报告之十》，2018年10月11日，湖北省统计局官网，http://tjj.hubei.gov.cn/tjbs/qstjbsyxx/119327.htm。

阳、宜昌综合性枢纽，加快形成荆门、荆州、黄冈等区域性枢纽。① 铁路特别是高铁的加快建设与发展，在改善交通条件，方便居民出行的同时，也为沿线城市的经济社会发展注入了强劲动力。

以部分铁路线的建成通车为例，20世纪90年代，举世瞩目的"大京九"铁路干线穿越湖北黄冈地区6个县（市）（即红安、麻城、浠水、蕲春、武穴、黄梅），为大别山革命老区发展注入新的活力。2002年，长荆铁路全线建成通车，推动沿江经济的大发展。2010年，世界公认最困难、最复杂的山区铁路宜万铁路建成营运，使得武汉向西的动车可以一路直达重庆、成都，终结了"蜀道难，难于上青天"的窘境。2012年，汉宜铁路的开通运营，结束了江汉平原地区不通国家铁路的历史；郑武高铁的开通运营，让武汉、郑州、西安这3个省会城市的连接更加紧密，把沿线的明港、大悟、许昌、漯河、驻马店、信阳等县市带入了一个"快速生活圈"；京广高铁全线的开通运营，在使我国高速铁路网初具规模的同时，使武汉的交通区位优势更加明显，武汉率先实现高铁纵横交汇连线成网。可以说，铁路运输的发展，为整个社会带来了巨大的综合效益。

5. 航空运输实现跨越式发展，基本形成以武汉天河机场为核心的"一枢纽多支线"机场发展格局

湖北省航空运输事业起步于20世纪30年代，但发展一直较为缓慢。改革开放以来，特别是20世纪90年代以来，随着改革不断深化，湖北省航空运输事业进入了一个全新的发展阶段。目前，湖北省各类机场建设梯度有序，干线枢纽机场日益成熟壮大，同时新增一批支线机场，正在加快建设一批通用机场，航空运输网络不断拓展，湖北已基本形成以武汉天河机场为核心的"一枢纽多支线"机场发展格局。湖北境内现有华中地区唯一的综合枢纽机场武汉天河机场，以及神农架机场、十堰武当山机场、恩施许家坪机场、襄阳刘集机场、宜昌三峡机场、荆州民用机场6个民用机场，加上2018年4月获批的鄂州顺丰机场，湖北的机场版图关键点增至8个。此外，湖北还有沙市、漳河、厉山、仙桃4个通用机场，民用机场覆盖全省70%以上的县级城市、75%以上的人口。

---

① 《湖北省人民政府关于进一步加快铁路建设发展的若干意见》，《湖北省人民政府公报》2018年第7号。

按照湖北省发展改革委印发的《湖北省"十三五"民用航空发展及中长期机场建设规划》和《湖北省通用航空中长期发展规划》提出的"到2020年，基本实现每个地级市在1.5小时车程范围内享受到航空运输服务；力争全省建成和在建的通用机场达20个，基本覆盖全省17个市（州），建成一批直升机临时起降点和停机坪。通用航空公共服务、通用航空制造、职业教育与飞行培训和空中观光游览等四大产业初具规模。实现省内航空应急救援30分钟到达施救，努力辐射周边省份。到2030年，湖北还将规划建设4个民用机场，分别布局咸宁、黄冈、随州和荆门"，未来在湖北境内，每80公里范围内，就将布局一个机场。

目前，就武汉天河机场的建设和发展来看，武汉天河机场是国内六大区域性航空枢纽之一，我国中部地区最大的航空港。1995年，武汉天河机场建成并投入营运，20多年来，武汉天河机场客流快速增长，2017年旅客吞吐量突破2300万人次，达到2312.94万人次，是2005年469.7万人次的4.8倍多。据统计，2017年，武汉天河机场完成货邮吞吐量18.50万吨、运输架次18.28万架次。其中，国际及地区旅客吞吐量达到262.63万人次，国内、国际及地区旅客吞吐量均居中部第一，迈入全国大型繁忙机场行列。[1] 武汉已经成为中部地区目前唯一直飞四大洲的城市和华中地区对外开放的"空中门户"。

6. 港行建设全面展开，形成长江—汉江—江汉运河810公里"高等级航道圈"

改革开放的头10年，湖北港行建设刚刚起步，主要以恢复港口和通航功能的工程为主，如"港口大会战"及碍航闸坝复航工程等。进入20世纪90年代，湖北港行建设进入快速发展阶段，开始大力投资港口设施建设，港口吞吐量和机械化作业水平不断提高。同时，港行建设管理模式开始改变，港行建设投资转向多元化。进入21世纪，以汉江、清江、江汉平原航道网为重点的港行基础设施建设全面展开，港门建设向布局合理化、集装箱化稳步推进。全省港行建设以打造武汉航运中心为龙头，

---

[1] 《湖北机场集团2017年完成旅客吞吐量2493.68万人次》，2018年1月8日，中国民航局网站，http://www.caac.gov.cn/local/ZNGLJ/ZN_XXGK/ZN_TJSJ/201801/t20180108_48423.html。

以提高长江中游航道等级、完善江汉平原河湖航道网、实施汉江梯级开发、建设4个主要港口（武汉港、宜昌港、荆州港和黄石港）为支撑，以标准化、专业化的运输船舶为载体，以通信、信息、安全监督及救助系统为保障，实现了航运的跨越式发展。

党的十八大以来，湖北省交通运输部门着重补短板、扬优势，十分重视水运绿色发展，实施一系列重大工程，武汉长江中游航运中心建设加速；以武汉新港为龙头，宜昌、荆州、黄石、襄阳为区域中心的港口集群建设提速，实现扩能增效，沙洋港、钟祥港、仙桃港先后建成投产；汉江碾盘山以下航道提升为千吨级航道，江汉运河全面贯通，围绕江汉平原，连通长江、汉江沿线城市，形成一条总里程达810公里的高等级航道圈。[1]

2017年，全省高等级航道达到1930公里，居全国第三。多项"第一"载入湖北水运历史：武汉港首次跻身长江内河亿吨大港行列、集装箱吞吐量位居南京以上港口第一位；阳逻港第一个铁水联运集装箱班列从港口始发启运；长江航道645工程第一个项目——蕲春水道开工建设；仙桃至武汉第一条集装箱航线开通；第一个扫码岸电系统在宜昌三峡游客中心启用；鄂州发出全省第一张电力推进疏浚工程船船舶检证书。其中，武汉新港货运总量超过1亿吨，集装箱达到100万标箱，武汉长江中游航运中心建设加快推进。2017年，长江沿线省、市在武汉中转集装箱量比2013年增加了1倍多，全省完成港口货物吞吐量3.69亿吨（其中，长江干线完成港口吞吐量3.2亿吨）、集装箱吞吐量167万标箱，分别是2013年的1.4倍、1.5倍。通过进一步的建设，到2020年，湖北港航将重点推进航道畅通成网、港口综合枢纽、港口集疏运衔接、多式联运培育、航运服务能力提升和绿色安全保障"五大工程"，以筑牢水运大省向水运强省跨越的基础，形成通江达海的"水上高速"。[2]

---

[1] 《新增千吨级航道614.4公里》，2015年12月10日，湖北省人民政府门户网站，http://www.hubei.gov.cn/zwgk/zcsd/ztjd/ztjddseq/ztjddseqkd/201512/t20151210_762005.shtml。

[2] 湖北省港航局：《2018年全省港航海事工作会召开》，2018年1月23日，湖北水运网，http://www.hbghj.gov.cn/zwdt/tpxw/172655.htm。

(二) 农村饮水安全工作逐步巩固提升，饮水安全保障水平稳步提高

改革开放以来，湖北农村饮水安全保障工作，大致经历了3个阶段，即2005年以前的农村饮水解困阶段、2006—2015年的农村饮水安全阶段、2016年以来的农村安全饮水巩固提升阶段。

1. 2005年以前的农村饮水解困阶段。湖北和全国大部分地区一样，农村供水主要以饮水解困为主，重点在于解决没水吃和取水困难的问题。其中，农村饮水困难人口主要分布在鄂西北十堰市、鄂西南恩施州以及宜昌市、襄阳市、荆门市、孝感市、黄冈市、咸宁市等山区丘陵地带。2000年，启动农村饮水解困试点工作。2002年，《省人民政府关于抓紧实施农村饮水解困工程的通知》发布，决定用3年时间基本解决农村200万人饮水困难问题。但这一时期，无论是在供水工程的投资金额和数量上，还是在供水建设标准以及设施上，都处于较低的建设和发展水平。农村饮用水水源经常受到污染，根本不能满足农村饮水安全的要求。2004年年底，全省经调查核实但尚未纳入国家总体规划的饮水安全问题人口有1306.36万人。2001—2005年，湖北投入7.98亿元，实施了以一户一窖为主体的"建窖解渴"的安全饮水工程，基本解决了全省200万人、95万头大牲畜的饮水困难问题，并逐步改善了饮水困难地区的饮水水质，改善了老、少、山、边、穷地区人民的生产、生活条件。[①]

2. 2006—2015年的农村饮水安全阶段。自2006年开始，湖北全面启动和实施了历史上最大规模的农村饮水安全工程建设，同时决定在"十一五"期间（2006—2010年）将解决全省农村饮水安全问题列入省政府每年确定的"十件大事"。经过艰苦努力，2006年全年超额完成65万人饮水安全的目标任务，共完成91万人（血吸虫疫区21万人）饮水安全的建设任务。2007年，《省人民政府关于加强农村饮水安全工程建设和管理的意见》发布，明确"十一五"期间（2006—2010年）要全面解决农村1609.6万人的饮水安全问题。2011年，《中共湖北省委 湖北省人民政府关于加快水利改革发展的决定》提出，实施农村饮水安全"村村通"

---

① 王忠法：《饮水思源 大浪淘沙——湖北水利改革与发展30年回顾》，《中国水利报》2008年12月12日第15版。

工程。2013年,《湖北省农村供水管理办法》(湖北省人民政府令第360号)出台并实施,正式将农村饮水安全工作纳入法制轨道。同年,湖北省财政厅和水利厅联合印发《湖北省农村小型水利设施维修养护和项目建设补助资金使用管理办法(试行)》。其中,就包括对小型农村饮水工程的维修养护补助支持。为建立农村安全饮水长效机制,确保通过农村饮水安全工程建设,湖北各地认真汲取过去"一年建,二年坏,再过二年要重来"的经验教训,将湖北省委、省政府提出的"建得好、管得好、用得起、长受益"十二字方针,贯穿到了饮水安全工程的规划设计、施工建设和运营管理的全过程,通过将城市供水管网向农村延伸、新建城乡一体化供水工程;着力发展"千吨万人"以上规模供水工程;建立集团式水务公司对农村水厂实施统一管理、统一经营,形成规模效益;实行对联村及以上的供水工程采取政府定价,单村供水工程采取协议价的两部制水价;实施农村用水供电价格执行居民生活电价,同时免征水资源费,减免农村供水运营各种税收的政策;选择水量充足、水质良好的大中型水库、大江大河、山泉作为供水水源并加强保护,针对不同地形,因地制宜地推进生物慢滤工程和做好水质检测监测;抓监管机构建设、抓监管制度建设、经营机制建设等,在提高农村饮水安全保障水平方面取得了实实在在的成效。[①] 截至2014年年底,全省共落实农村饮水安全项目资金127.77亿元,建成9000多处规模以上集中供水工程,解决了2700万农村居民和300万农村学校师生的饮水安全问题,使全省农村饮水安全普及率由31%提升到90%。有102个县(市、区)成立了农村饮水安全专管机构。其中,有83个县(市、区)出台了工程运行管理办法,45个县(市、区)建立了县级维修养护基金,31个县(市、区)建立了水质检测中心。恩施、荆州、十堰、襄阳、潜江、武汉、鄂州等地共计30多个县成立总公司运营,实行企业式运作,运行效果良好。[②]

3. 2016年以来的农村饮水安全工作巩固提升阶段。2016年4月,

[①] 陈楚珍、廖霞林:《湖北农村饮水安全长效机制建设的实践和思考》,《中国水利》2013年第19期。

[②] 参见《认清形势 强化措施 确保按时完成农村饮水安全工程规划目标任务》(原水利厅党组成员、省饮水办主任陈楚珍2015年1月28日在全省农村安饮工程建设推进会上的讲话)。

《湖北省农村饮水安全巩固提升工程"十三五"规划》获湖北省人民政府批准，提出到2020年，湖北省农村饮水安全集中供水率，平原地区达到95%以上，丘陵地区达到90%以上，山区达到85%以上；水质达标率整体有较大提高；供水保证率全省达到90%以上；城镇自来水管网覆盖行政村比率达到33%以上；自来水普及率全省平均达到85%以上；建立健全供水工程运行管护机制，逐步实现可持续长久运行。2016年11月，《省人民政府关于巩固提升农村饮水安全工作的意见》出台，提出要围绕"村村通自来水、户户饮放心水"的总体目标，力争到2019年年底前解决953万人农村饮水安全巩固提升问题。截至2017年，湖北省农村饮水安全集中供水率达到88.04%，农村自来水普及率达到87.7%。

（三）城乡电网建设步伐进一步加快，城乡居民用电实现同网同价

湖北是创办电力工业比较早的省份之一，距今有120多年的历史。然而，在中华人民共和国成立之初，发电装机容量只有4.15万千瓦，35千伏以上输电线路不足100公里。改革开放以来，经过全省人民的共同努力，湖北电厂（站）建设不断跨上新的台阶，电力工业得到快速发展，电压等级逐步提升，电网规模不断扩大，城乡居民用电基本实现同网同价。

1978年，湖北电网新建成的大型火电厂，即荆门第一、第二台机组并网发电，青山热电厂再次扩建。1981年，万里长江第一坝——葛洲坝截流，第一台17.5万千瓦机组并网发电。1987年，由湖北投资建设的清江隔河岩电站胜利截流，标志着湖北地方水电事业的新发展。20世纪80年代，湖北就已经建成覆盖全省的统一电网，并与河南、湖南、江西、上海等省（市）电网相连。1990年，全省电力装机容量达到705.69万千瓦，比1978年增长了3.8倍。但是电力供应仍然满足不了经济发展和人民生活水平迅速提高的需要，电力仍是"瓶颈"产业。

1991—1995年，湖北在西部和东部新建了一批大、中型骨干水、火电厂及其配套输变电项目，有效改善和强化了全省电网结构，基本形成以鄂西大型水电基地和鄂东大型火电站群为主，水火电相互补偿运行的电网格局。1993年，地处湖北西部，装机容量为120万千瓦的隔河岩水电站逐步投产，4台机组于1995年实现全部发电。1995年，地处湖北东

部负荷中心的阳逻电厂和鄂州电厂第一期装机容量逐步建成并网发电。[1]这些电厂接入系统,极大地稳定了湖北的电网水平。

1996—2000年,随着一大批火电项目(如汉川二期、阳逻二期、鄂州电厂、襄樊电厂)和水电项目(如王甫洲、高坝洲)相继投产,湖北电源基本形成了火电以30万千瓦机组为主,水电以葛洲坝、隔河岩、丹江等大型水电站为主的水电火电平衡的格局。同时,随着500千伏双河—汉阳Ⅱ回输电线路及一批220千伏输变电工程的投产,基本形成了以500千伏电网为骨架、220千伏电网为主体的网络格局。此外,湖北按照国家加强基础设施建设的总体安排,进行了大规模的城乡电网建设改造工作,电网覆盖全省各市县。2000年,全省发电装机容量在1990年的基础上翻了一番,达到1510.9万千瓦,从1995年居全国第9位上升到第8位,走在全国前列。发电量为559.12亿千瓦时,全省电网用电量为503亿千瓦时,外送电量为73.11亿千瓦时,全省长期缺电局面得到根本缓解。[2]

2001—2005年,为逐步缓解电力供需矛盾,湖北进一步加大电力投资建设。2003年,三峡电站开始投产发电。2005年年末,全省发电装机容量达到2742万千瓦,装机总容量跃居全国第4位。2001—2005年,累计新增装机容量1249万千瓦,累计发电量达到963亿千瓦时。同时,为加强电网网架、完善配电网络,对主网、城乡电网实施了全面建设与改造,实现了城乡居民用电同网同价,农村用电价格大幅下降,长期积累形成的城乡电网严重滞后的问题得到初步解决。2005年年底,湖北电网拥有500千伏线路总长4629公里,220千伏线路总长7420公里,500千伏变电站(含开关站)11座,主变容量806.8万千伏安;220千伏变电站88座,主变容量2030.1万千伏安。[3]

2006—2010年,随着湖北经济总量不断扩大,总体经济实力不断增强,湖北电网发展进入了黄金时代,资源优化配置、跨区输电、电网载

---

[1] 李胜洪:《"八五"期间湖北电网的稳定水平及其评价》,《华中电力》1992年第6期。
[2] 参见《湖北省电力工业十五发展规划》。
[3] 参见《湖北省人民政府关于印发湖北省能源发展"十一五"规划的通知》(鄂政发〔2007〕34号)。

体等方面的能力显著提升。这一时期，湖北电网总投资600亿元。全省电力装机容量大幅增长，全面完成三峡外送输变电工程的建设，相继建成投产了阳逻电厂三期等6个大型火电项目；荆州热电厂等3个大型"以大代小"热电联产项目；水布垭水电站、白莲河抽水蓄能电站等2个大型水电站项目。电网最高电压等级上升为1000千伏，大部分地级市构建了较为坚强的220千伏主网结构，构建了强大的鄂西外送电网，全部解决水电送出卡口问题。随着2008年三峡工程26台机组全部投产、2009年1月特高压500千伏电网工程建成，湖北电网已经成为三峡外送的起点，西电东送的通道、南北互供的枢纽，全国联网的腹地，湖北电网在全国电网中的重要枢纽地位进一步体现。此外，一大批风电、垃圾、秸秆、光伏发电等可再生能源和新能源发电项目得到发展。在解决农村薄弱地区的电网建设方面，湖北省电力公司于2006年投资约20亿元实施"户户通电"工程，国家先后于2008年投资26亿元实施中西部农村电网完善政策，于2009年投资20亿元用于农村电气化建设，于2010年启动新一轮农网完善改造工作，投资金额超过25亿元。通过这些工程的实施，农村供电质量大幅提高，极大提高农村地区居民的生活水平、生活质量和生产效率。[①]

2011—2015年，历时十余年建设的三峡枢纽水电建设工程全面建成投产。与此同时，蒲圻电厂、汉川电厂、西塞电厂、猇亭热电、荆门热电、应城热电等一大批大型电源点项目建成顺利投产，城乡电网建设步伐进一步加快，城乡居民用电实现户户通，供电服务水平大大提高，全面实现销售到户、抄表到户、收费到户、服务到户。2015年，全省电力装机规模达到6410万千瓦。在全国率先启动新一轮农村电网改造升级，2011—2015年累计完成农网改造投资325亿元，消除"低电压"台区41924个，用户年均停电时间下降45%，209万农户用电"低电压"问题得到有效解决。[②]

2016年，湖北电网建设和改造投资达到228.84亿元，创年投入

[①] 雷钟洋：《科学发展，湖北电网谱就"十一五"华章》，《湖北电业》2011年第1期。
[②] 相关数据来自《湖省人民政府关于印发湖北省能源发展"十三五"规划的通知》（鄂政发〔2017〕51号）。

历史新高。其中，城网投资46.38亿元，农网投资155.28亿元，主要用于城市周边和部分工业园区供电卡口问题和消除全省农网存量低电压卡口问题。① 2017年，全省发电装机总容量达到7124.48万千瓦，完成电网建设和改造投资193.6亿元。其中，配网和农网投资157.6亿元，主要用于解决老城区和农网低电压问题，以及农村所有机井、排灌站、村庄通动力电。目前，湖北电网已经成为全面承接特高压输送电能，以500千伏电网为骨干，以220千伏电网为主体，110千伏及以下电网覆盖全省城乡，供电人口达到6100多万人的现代化大电网。全省全社会用电量为1869亿千瓦时。2018年，湖北进一步推进电网主网和城乡配电网协调发展。②

（四）城乡通信基础设施建设大步迈进，城乡居民生活品质显著提升

改革开放之初，湖北乃至全国通信基础设施严重落后，网络、技术、服务水平低下，成为制约经济发展的重要瓶颈。然而，在改革开放大潮的推动下，经过40年的建设和发展，湖北通信实现了从城市到农村的广覆盖和深覆盖，其发展步伐之快、成就之巨大，有目共睹。40年间，随着通信技术业务由人工向自动、模拟向数字、单一业务向多样化业务的转变，移动通信和光纤通信的广泛使用，互联网等各类新兴行业的迅猛发展，人们之间的信息沟通更加方便快捷，城乡居民生活品质显著提升。当前，湖北电信运营商正大力推进云计算、大数据、物联网等新兴技术与传统产业的融合，未来，还将充分利用人工智能技术（AI）发展机遇和研究成果，将AI和5G网络结合，为国民经济转型升级增添新动能。

改革开放初期，湖北通信能力发展比较滞后。1988年，虽然全省91.6%的乡镇和43.5%的行政村通了电话，但对于城乡居民家庭而言，固定电话还是奢侈品。1988年，全省电话普及率只有0.74部/百人。进入20世纪90年代，1992年5月11日，湖北省通信建设会议在东湖宾馆

---

① 湖北省能源局电力调度处：《2016年湖北电力运行情况》，2017年1月22日，湖北省发展与改革委员会官网，http://fgw.hubei.gov.cn/xw/fzggyw/201701/t20170122_109367.shtml。

② 湖北省能源局电力调度处：《2017年全省电力运行情况》，2018年1月25日，湖北省发展与改革委员会官网，http://fgw.hubei.gov.cn/xw/fzggyw/201801/t20180125_134798.shtml。

召开，明确提出"邮电企业要大胆实行负债经营"。随后，地方政府扶持政策相继出台。湖北电信成为第一个吃螃蟹的运营商，积极利用外资，推行联合建设，广筹建设资金，推动电话进入千家万户。到20世纪90年代末，全省固定电话用户达到546.1万户，移动电话用户达到235万户。其中，武汉市有200万家庭安装了固定电话。

进入21世纪以来，通信行业进行了市场化的改革和行业间的多轮重组，中国电信、中国联通、中国移动三巨头迈入了"固话、宽带、移动"全业务发展时代。2001年开始，湖北电信在武汉推出宽带业务，并大力推动政府上网、企业上网、家庭上网和学校上网四大上网工程，到2005年，仅用了4年时间，就发展电信宽带用户过百万户，并建成全省网络覆盖最广的宽带网络，宽带网络覆盖省内所有市（州）县及90%的乡镇。相关数据表明，2005年，全省电话用户达到2637万户。其中，固定电话用户达到1236万户（城市电话用户为900万户，乡村电话用户为336万户），移动电话用户达到1401万户。全省电话普及率提高到43.9部/百人。计算机互联网用户达到392.8万户。随着信息化基础设施建设步伐的不断加快，通信网络布局的不断优化，通信服务水平的不断提高，2017年，全省固定电话用户在2005年的基础上减少了46.7%，为658.78万户；移动电话用户迅猛增加，在2005年的基础上增长了256%，达到4994.11万户；电话普及率提高到95.78部/百人，为1988年的129倍；互联网宽带接入用户由2005年的不足400万户增加到1242.92万户。进入2018年，全省移动电话用户进一步增加，突破5000万户大关，达到5168万户；固定宽带用户达到1632万户，宽带用户人口普及率达到27%，中部排名第一。[①]

综观40年的变革与发展，相对于城市而言，农村的通信建设与发展始终是短板。为补齐农村通信发展"短板"，缩小城乡"数字"鸿沟，让农村地区也能享受数字信息化带来的好处，2004年1月16日，国家信息产业部下发了《关于在部分省区开展村通工程试点工作的通知》，同时出台了《农村通信普遍服务——村通工程实施方案》，并在全国范围内全面

---

① 《我省手机用户突破5000万大关 宽带用户普及率中部第一》，《湖北日报》2018年5月31日第10版。

启动"村村通电话"工程。2005年,湖北正式启动"村村通电话"工程。《湖北省人民政府办公厅关于实施"村村通电话工程"进一步加快全省农村通信发展的通知》(鄂政办发〔2005〕78号),提出用两年时间解决全省所有行政村的通信问题,并确保2005年完成1400个行政村"村村通电话"任务。截至2006年,全省28671个行政村全部实现了"村村通电话",惠及农村人口近4000万人,这标志着农村通信实现了历史性跨越。2007年,湖北省将"村村通电话"工程进一步扩大到自然村。2008年,湖北省通信管理局向全省通信业下发了《关于做好农村通信发展和信息服务工作的通知》,对湖北省农村2008年的通信和信息服务工作提出具体要求。2009年,湖北省通信管理局向全省通信运营企业下发了《关于2009年度实施"村村通电话"和"信息下乡"工作的通知》,提出全面完成635个20户以上未通电话自然村新开通电话的目标任务。2010年,全省电话用户达到4481.1万户。其中,固定电话用户达到1026.4万户,较2005年减少了209.6万户;移动电话用户达到3454.7万户,是2005年的2.46倍。全省电话普及率提高到78.5部/百人。计算机宽带互联网用户达到459.4万户。[1] 2011—2015年,湖北争取国家专项资金2.8亿元,分别用于大别山、武陵山、秦巴山3个集中连片贫困地区以及襄阳、黄石等6个地级市的信息基础设施建设,"千镇万村"上网、"宽带进村"等工程得到有效推进。2013年5月,湖北省人民政府召开会议,专题研究宽带工作,明确把光纤设施、基站设施建设纳入城乡建设统一规划。2014年,国家发展改革委、工信部、财政部等14个部委联合启动了"宽带中国"2014年专项行动,湖北省通信管理局迅速响应,携手移动、电信、联通三大运营商,围绕组织创建宽带示范城市、深入推进光纤大户、大力发展TD—LTE等无线宽带业务,制定了《"宽带湖北"2014年专项行动实施方案》。[2] 2014年10月,武汉市获批成为2014年度

---

[1] 《2017年湖北省国民经济和社会发展统计公报》,2018年3月6日,湖北省统计局官网,http://tjj.hubei.gov.cn/tjsj/ndtjgb/hbs/117599.htm。

[2] 《"宽带湖北"2014年专项行动方案出炉 武汉黄石创建国家宽带示范城市》,《湖北日报》2014年5月16日第9版。

"宽带中国"示范城市,居民优先享受到了高带宽下的极速上网体验。[①] 2015年,全省行政村通宽带率达到95.4%、通光纤率达到85.9%、4G网络覆盖率达到90%。同时,以"幸福新农村""信息田园"等为重点,建成了农村信息服务业务平台,完善了涉农信息化服务。为进一步填平城乡"网速"鸿沟,2015年,湖北省发展改革委召开"宽带乡村"建设工作启动会,并于当年和2016年先后启动实施了两个国家级农村宽带"补短板"工程项目,即宽带乡村试点工程和电信普遍服务试点工程项目。同时,将固定宽带普及率及提升幅度纳入县(市、区)域经济工作考核指标体系。2016年年底,全省实现"村村通"宽带。2017年,湖北省委、省政府安排4亿元专项资金支持农村互联网建设。同时,完成了湖北省人民政府于2015年印发的《加快推进智慧湖北建设行动方案(2015—2017年)》制定的关于实现"村村通"光纤(约2.5万个行政村),在中部地区率先建成"全光网省"的目标任务。通过光纤网络改造,全省普遍具备20兆宽带接入能力,20兆以上宽带用户达到1151万户,占比高达93.3%,全国排名第7位,约有6000个小区接入千兆宽带。其中,20户以上农民聚集区的光纤通达率达到80%以上,网速提高到80兆。武汉市是全省首个推出千兆宽带入户小区的试点城市。行政村实现4G网络全覆盖。2017年,全省约90%的农村地区宽带接入能力达到12兆。2018年,襄阳、宜昌、荆州等11个地区的7837个行政村(含1613个贫困村)正式成为"百兆宽带乡村"。

五 社会保障进入城乡衔接新阶段,城乡居民获得感明显增强

湖北的社会保障制度建设与全国同步。自20世纪80年代我国改革和创建城镇职工社会保障制度以来,在国家大的政策框架下,湖北积极响应党中央提出的各项改革任务,适应经济和社会发展的需求,始终坚持"兜底线、补短板、提水平、建机制",围绕社会保障制度建设和提高社会保障水平,出台一系列政策和举措,对传统社会保障制度逐步进行改

[①] 梁艳:《加快"宽带湖北"建设+打造"中部信息中心" 湖北省通信管理局全力支持信息经济发展》,《中国电信业》2014年第12期。

革，通过加大资金投入，推进改革试点，建立完善制度，创新服务方式，特别是在建立和完善多层次的社会保障制度，构建覆盖城乡居民的社会保障体系等方面取得了突飞猛进的发展，城乡社会保障水平显著提高，人民群众更好地分享了改革发展的成果。

（一）覆盖城乡居民的社保体系基本建立，全民社会保障日渐完善

自20世纪80年代始，经过30多年坚持不懈的努力，全省社会保障事业逐步实现了由"企业保障"向"社会保障"、由"单一保障"向"多层次保障"、由"覆盖城镇职工"向"覆盖城乡居民"的根本性转变，逐步构建以社会保险为主体，以社会救助、社会福利为基础，以基本养老、基本医疗和最低生活保障制度为重点，以慈善事业、商业保险为补充，统筹城乡的社会保障体系的主体框架。目前，全省已形成"城乡基本养老保险制度全面建立，全民医保体系基本建立，社会救助体系基本形成，社会保障基本实现制度全覆盖"的良好局面。

从社会保障覆盖面来看，社会保障覆盖范围持续扩大。2017年，全省城镇居民最低生活保障对象45.9万人，农村居民最低生活保障对象137.9万人，国家抚恤、补助各类优抚对象43.3万人。年末全省各类社会福利收养床位32.5万张，城镇社区服务中心（站）共计5074个。年末领取失业保险金人数6.4万人。[①] 全省基本养老、基本医疗、失业、工伤、生育保险参保人数分别达到3730.6万人、5622.16万人、561.31万人、656.62万人、522.13万人，五项社会保险参保人数合计达到1.1亿人次，社会保障由主要面向职工、面向城市，覆盖到全民、扩大到城乡。[②]

从社会保障待遇水平来看，社会保障待遇水平稳步提升，更多群众分享了改革发展的成果。其中，企业退休人员养老金实现连续13年增长，从2004年的647元增至2016年的2200元，年均增长8.8%。城乡居

[①]《2017年湖北省国民经济和社会发展统计公报》，2018年3月6日，湖北省统计局官网，http：//tjj.hubei.gov.cn/tjsj/ndtjgb/hbs/117599.htm。

[②]《"湖北保障和改善民生的举措成效"新闻发布会》，2018年1月28日，湖北省人民政府门户网站，http：//www.hubei.gov.cn/2015change/2015news/xwfbh/newsfbh/xwfbh201809/。

民基本养老保险基础养老金最低标准从 2009 年的每人每月 55 元增至 2018 年的每人每月 103 元①。2017 年，居民医保财政年人均补助标准由 2013 年的 280 元提高到 450 元，城乡居民政策范围内住院费用医保基金支付比例达到 76.5%。门诊特殊慢性病基准病种保障范围扩大到 14 大类，40 个高值药品纳入医保报销范围。湖北省在国家基本药物目录的基础上增补到 800 种。大病医疗保险②起付线从 4000 元提高到 1.2 万元，最低的报销比例从 50% 提高至 55%。③ 建立工伤职工伤残津贴、供养亲属抚恤金、生活护理费等长期待遇调整机制。从 2017 年 11 月 1 日起，全省失业保险金发放标准分区域分别提高到 1488 元/月、1275 元/月、1173 元/月、1063 元/月，全省失业保险金标准从最低工资标准的 70% 提高至 85%。④ 生育保险待遇水平在 2012 年的基础上人均增加 4000 多元。

（二）城乡居民基本养老保险制度实现并轨，打通职工和居民基本养老保险制度的衔接通道

湖北是全国率先建立城乡居民养老保险制度的省份之一。从 1991 年开始探索农村养老保险制度，并率先在鄂州市、武昌县进行试点。1995 年，《湖北省农村社会养老保险暂行办法》（湖北省人民政府令第 83 号）下发，到 1997 年年底，参保农民达到 355 万人。2009 年 12 月 30 日，湖北开始在全省开展新型农村社会养老保险试点，涉及 165 个乡镇，500 多万农村居民。随后，又制定出台了《湖北省人民政府关于开展新型农村社会养老保险试点工作的实施意见》。2011 年，国务院决定开展城镇居民社会养老保险试点，并出台《关于开展城镇居民社会养老保险试点的指导意见》（国发〔2011〕18 号）。根据国务院的统一部署，湖北自 2011

---

① 湖北省城乡居民基本养老保险基础养老金标准调整，2009 年每人每月 55 元，2014 年每人每月 70 元，2017 年每人每月 80 元，2018 年每人每月 103 元。

② 湖北省于 2013 年启动"大病医保"。2013 年，湖北省颁布了《湖北省城乡居民大病保险工作实施方案（试行）》，明确从 2013 年起，以市州为单位全面启动实施城乡居民大病保险工作，覆盖全省所有城镇居民医保、新农合参保（合）人员。

③ 2015 年年底，《湖北省人民政府办公厅关于进一步做好城乡居民大病保险工作的通知》（鄂政办发〔2015〕79 号）印发，明确从 2016 年 1 月 1 日起到 2018 年，湖北省城乡参保居民大病保险报销比例不少于 55%，大病保险起付标准上调为 1.2 万元。

④ 相关数据来自《湖北省人力资源和社会保障厅 省财政厅关于提高失业人员失业保险金发放标准的通知》（鄂人社函〔2011〕781 号）。

年 6 月 30 日起正式启动城镇居民社会养老保险试点。到 2012 年，全省县（市、区）实现城镇居民社会养老保险制度全覆盖。

2014 年 2 月 7 日，国务院常务会议决定合并新型农村社会养老保险和城镇居民社会养老保险，建立全国统一的城乡居民基本养老保险制度。湖北在全国先行先试，早在 2011 年 7 月就出台《关于实施城乡居民社会养老保险制度的意见》，将新型农村社会养老保险制度和城镇居民养老保险制度合并实施，并对老的农村社会养老保险制度和湖北原来自行探索的村主职干部养老保险制度实行并轨，真正将城乡居民基本养老保险制度覆盖到了除机关事业单位职工和城镇企业职工以外的所有农民以及没有固定收入来源的城镇居民。截至 2013 年年底，湖北建立了统一的城乡居民基本养老保险制度，基本实现城乡公平、人群公平，全省共有 2224 万人参加了城乡居民社会养老保险。①

为了让城乡养老保险制度顺利衔接和落到实处，2014 年 8 月 19 日，湖北省人社厅正式公布了《关于湖北省城乡养老保险制度衔接有关问题的处理意见》，提出 9 条具体处理办法，规定湖北城乡养老保险可互转，重复领取时就高不就低。2014 年 11 月 27 日，《省人民政府关于被征地农民参加基本养老保险的指导意见》印发，被征地农民将根据其年龄或就业状况，按照相关规定参加城镇职工养老保险或城乡居民养老保险，并缴纳养老保险费。据统计，2017 年，全省城乡居民基本养老保险参保人数为 2207.8 万人，领取待遇人员为 718.4 万人，养老金发放率达到 100%。

（三）新一轮医改新政加快推进，基本建成覆盖城乡的医保新体系

改革开放以来，湖北以提高人民健康水平为总要求，积极推行新一轮医改新政，基本建立了"管理体制、覆盖范围、筹资政策、保障待遇、医保目录、定点管理、基金管理"七统一的城乡居民医保政策框架体系，以基本医疗保险和大病保险为主，医疗救助为辅，商业健康保险为补充，覆盖全省城乡居民的新型医疗保障制度体系，最大限度让人民享受到公平可及的健康服务。2017 年，全省城乡医保参保人数达到 4606.3 万人，

---

① 翟兴波、黄励、吴丽华：《湖北省建立统一城乡居民基本养老保险制度》，2014 年 2 月 13 日，湖北日报网，http://news.cnhubei.com/xw/zw/201402/t2836133.shtml。

基本医疗保险参保率达到95%，基本医疗保险制度成为全省覆盖人群最多的社会保险制度。①

1. 基本形成全民医疗保险大网

城镇职工基本医疗保险，于1999年在全省开始建立，于2007年在武汉、孝感、荆门开展试点，于2008年在全省全面建立。2003年，新型农村合作医疗制度在部分县（市、区）开展试点。2008年，全省有农业人口的95个县（市、区）全部开展了新型农村合作医疗工作②。2009年，全国范围内的新医改启动之后，为帮助困难群体参保，湖北通过多渠道筹资，逐步将全省近70万破产困难国有企业、部分困难集体企业的退休人员纳入城镇职工医保。随后，又将领取失业金期间的失业人员、大学生等纳入医保。还利用财政补助，把城镇低保人员、重残人员及低收入家庭60岁以上老人纳入医保。至此，全民医保大网基本形成。相关数据显示，2017年，全省参加城乡居民基本医疗保险人数为4606.3万人，年末全省参加城镇职工基本医疗保险人数为1018.9万人（参保退休人员为316.2万人）。③

2. 医疗报销比例实现逐步增长

为了让人民群众看得上、看得起、看得好病，自2009年新医改启动以来，仅通过3年努力，湖北全省城镇职工医保报销比例就由2008年的72%提高到了2011年的76.5%，城镇居民医保报销比例则由45%提高到了70.05%。④ 2013年，在全省范围启动实施了新型农村合作医疗大病保险。其中，困难农民总报销比例可达到90%。2016年，湖北省人民政府对外发布《湖北省整合城乡居民基本医疗保险制度工作方案》，要求2017年全省城镇居民医疗和新型农村合作医疗报销完成合并，实施统一的城乡居民医疗报销制度，住院报销比例统一在75%左右。湖北还取消了享

---

① 湖北省统计局社科处：《医疗改革取得新突破 健康产业迎来大发展——改革开放40年湖北经济社会发展成就系列报告之十七》，2018年10月15日，湖北省统计局官网，http://tjj.hubei.gov.cn/tjbs/qstjbsyxx/119340.htm。

② 参加新型农村合作医疗保险的农民达到3543万人，参合率为88%。

③ 有关数据来自《2017年湖北省人力资源和社会保障事业发展统计公报》和《湖北统计年鉴2018》。

④ 《看病"一口价"，推广难在哪？》，《人民日报》2012年3月26日第13版。

受城镇居民低保待遇的残疾人以及农村贫困人口基本医疗报销住院报销起付线，并适当提高了报销比例。2017年，湖北发布的最新版医保报销药品目录在2005年版目录的基础上增加了789个药品，比2010年版目录新增了295个药品。

3. 初步构建全民和谐医保新格局

为建立全民和谐的医保网，从2008年开始，湖北在鄂州市、黄石市本级等地探索开展了医疗保险城乡统筹试点。从2010年开始，在荆门市、咸宁市等地开展医疗保险市级统筹试点。2011年，在全省初步实现了医疗、工伤、生育保险市级统筹，提高了医保基金调剂能力。2011年年底，咸宁市、荆州市、仙桃市等地率先探索建立异地结算机制。2015年，全面实现了医疗保险全省范围内异地就医联网结算，医保报销告别"跑腿、垫支"等问题。从2013年开始，实施大病保险政策，全面启动新型农村合作医疗大病保险即时结报。全省17个市州全部建立了城乡居民大病保险制度。同年10—11月，在全省范围内启动健康管理试点。2014年，扩大医保个人账户使用范围，在28个县（市、区）启动分级诊疗试点工作，有效遏制"小病大看"。从2016年开始，全面启动分级诊疗制度建设。2017年，全省实行城乡居民医疗保险制度并轨，制定了统一的城乡居民医疗保险政策。医保支付方式推行以按病种付费为主改革，有效抑制医疗费用不合理增长。所有公立医院取消药品加成，实行药品零差率销售，"以药补医"机制告别历史舞台。

（四）社会救助体系建设日益完善，为困难群众织牢社会托底保障网

为建立健全社会救助体系，推进社会救助工作取得长足发展，湖北先后两次对《湖北省农村五保供养条例》进行了修订，同时配套出台《湖北省社会救助实施办法》等一系列政策措施。目前，湖北已初步建立起以最低生活保障、特困人员供养、受灾人员救助、医疗救助、教育救助、住房救助、就业救助和临时救助为主体，以社会力量参与为补充的"8+1"社会救助体系。医疗救助"一站式"即时结算服务覆盖县乡两级定点医疗机构。临时救助制度不断完善，"救急难"综合试点工作顺利推进。在全国率先实现了救助管理机构市县全覆盖，并形成了以市、县（市、区）两级救助站为依托，乡镇（街道）、村（社区）临时救助点为

补充的四级救助服务网络。①

2016年,全省实施临时救助41.2万户次,实施医疗救助340万人次,193.5万名城乡低保对象、24.9万名农村五保对象等困难群众基本生活得到有效保障。② 建立健全社会救助保障标准量化调整机制,按不低于上年度城乡居民人均消费支出的30%、40%、80%,调整公布年度城乡低保标准和农村五保供养标准。目前,湖北省的各项社会救助标准中部领先,高于全国平均水平。截至2017年11月,全省机构供养和散居孤儿平均养育标准分别达到1732元/月和1076元/月。救助流浪乞讨人员6.37万人次。累计发放困难残疾人生活补贴和重度残疾人护理补贴资金9.6亿元,惠及全省42万生活困难残疾人和59万重度残疾人。③

1. 城乡低保制度不断完善,筑牢为群众兜底的安全网

湖北省城市和农村低保工作试点都是率先在武汉市展开的。其中,城市低保制度是1996年在武汉市试点的基础上建立并逐步向全省推开的,大体与全国同步。1996年3月,湖北省城市低保工作试点在武汉市展开。1999年6月底,全省所有县(市、区)全部建立城市低保制度。截至2003年年底,基本完成了"应保尽保"的工作目标。农村低保制度的建立,同样是在武汉市农村试点的基础上逐步向全省推开的。2004年,农村低保工作试点率先在武汉市农村展开。④ 2007年下半年,全省全面建立实施农村低保制度,核定年平均收入750元以下的低收入人群53万户,110万低保人群,享受月均补助水平30元。2008年,全省低保保障规模扩大到140万人,逐步将农村特困家庭全部纳入保障范围。农村低保制度实施以来,2015年,在孝昌县、建始县前期试点的基础上,在全省全面推开农村低保按标施保工作。年度低保标准和农村五保供养标准由市

---

① 汪训前、张君、罗玉龙:《我省兜住330余万贫困人员生活底线》,《湖北日报》2015年10月10日第2版。

② 参见湖北省民政厅官网2017年2月发布的《湖北民政事业发展报告2016年》。

③ 参见2018年1月9日举办的"湖北推进社会救助的举措成效"新闻发布会:《湖北社会救助工作跨越式发展》,2018年1月9日,湖北省人民政府门户网站,http://www.hubei.gov.cn/2015change/2015news/xwfbh/newsfbh/xwfbh201801/xwfbh201801hqkd/201801/t20180109_1241573.shtml。

④ 梅志罡:《湖北省低保工作的现实状况和发展建议》,《长江论坛》2007年第4期。

（州）人民政府统一量化调整机制全面建立。居民家庭经济状况核对机制实现省、市、县三级全覆盖。城乡低保对象始终保持动态管理下应保尽保，保障水平不断提高。① 2016年，湖北省人民政府办公厅转发《湖北省农村低保制度与扶贫开发政策有效衔接实施办法》。湖北省民政厅数据显示，截至2018年年底，全省共有城乡低保对象171.4万人。其中，城市低保对象38.2万人，人均保障水平为597元/月，比2003年年初人均提高554元/月，基本实现了国家要求的动态管理下的"应保尽保"；农村低保对象133.2万人，人均保障水平为433元/月，比2007年人均提高403元/月。目前，全省所有县（市、区）农村低保标准均已超过扶贫标准，并且城乡低保保障范围还在不断扩大。②

2. 农村五保供养水平不断提升，有效保障特殊群体基本生活

1996年以来，湖北省在落实《农村五保供养工作规定》及贯彻新《农村五保供养工作条例》的过程中，不断加大投入，完善配套政策，通过开展农村福利院提升活动（包括改造升级和实行法人登记）、发展院办经济、实施和巩固"福星工程"建设成果，积极推进农村五保供养地方立法，实现了农村五保对象应保尽保和农村五保供养自愿条件下集中供养、分散供养对象得到妥善照顾的目标，农村五保供养长效机制基本建立。据湖北省民政厅统计，2016年，全省农村五保供养人员达到24.9万人（其中，集中供养5.2万人、分散供养19.7万人），在2007年年初22.2万人的基础上增加了2.7万人。全省各地的农村五保供养标准均超过各地上年度农村居民人均消费支出的80%。2017年，全省农村五保户年集中供养标准、分散供养标准平均水平分别由2007年的每人每年1500元和1000元提高到每人每年8750元和8377元，较2016年分别增长18%、15%，超过全国平均水平和中部其他省份水平。

3. 医疗救助制度进一步完善，铺就困难群众健康之路

2005年，湖北全面启动城乡贫困群众医疗救助工作，并结合实际，

---

① 《民生为重　枝叶关情——"十二五"湖北民政事业发展综述》，《湖北日报》2015年12月27日第8版。

② 《我省实招硬招为困难群众兜底保障　各项社会救助标准领先中部》，《湖北日报》2019年2月24日第2版。

出台了《湖北省城乡贫困群众医疗救助实施方案》。历经十多年的探索、改革和完善，特别是取消救助起付线，提高封顶线，取消病种限制，现已建立起了城市医疗救助和农村医疗救助相联动，资助参保、参合和大病救助相结合，与城乡居民基本医疗保险制度相衔接的城乡医疗救助制度，城乡医疗救助实现资助城乡低保对象和农村五保户参保、参合目标全覆盖。2010年9月起，湖北省民政部门和卫生部门联合开展提高农村贫困家庭参合儿童先天性心脏病医疗保障水平试点工作。各地陆续推出医前救助和医中救助两种救助方式，并对医后救助支付方式进行改革。2010年，湖北建成省级贫困群众医疗救助信息系统，在全国率先实现城乡医疗救助即时结算服务，覆盖到所有县级、乡级定点医疗机构。此外，医疗救助全面取消救助病种限制和住院救助起付线，资助重点医疗救助对象参保、参合覆盖率达到100%。① 2015年，湖北省民政厅、财政厅、人社厅、卫计委、保监局联合发布《关于进一步完善医疗救助制度全面开展重特大疾病医疗救助工作的实施办法》（鄂政办发〔2015〕39号），要求各地统筹城乡医疗救助制度，全面开展重特大疾病医疗救助工作。2016年，《省人民政府办公厅关于加强重特大疾病医疗救助与基本医疗保障制度衔接的指导意见》对外发布。2017年1—11月，全省共支出医疗救助资金13.8亿元。

（五）统筹城乡协调发展的社会养老服务体系框架基本建立，养老服务水平和能力大幅度提高

2000年以来，湖北积极应对人口老龄化，认真贯彻实施《老年人权益保障法》，将社会养老服务体系建设列入"幸福湖北"建设的重要内容、省政府"十大工程"予以安排部署，将"三无"对象集中供养和城乡社区居家养老服务中心建设等工作列入"为民办实事"的重要内容。② 通过全面实施"敬老爱老助老工程"，加快推进国办城市社会福利机构和城乡社区养老服务设施建设，加快推动公办城市养老机构实施"公建民

---

① 截至2011年年底，湖北省城乡贫困群众医疗救助范围由5个病种逐步扩大到住院救助不受病种限制；由设定救助起付线到逐步降低直至全部取消；住院救助比例从30%普遍上调到50%以上，封顶线由3000元左右普遍提高到5000元以上。

② 《湖北：多措并举 提速养老服务体系建设》，《社会福利》2013年第8期。

营"改革，支持社会力量兴办养老机构和开展养老服务业综合改革，推动建立经济困难老人购买养老服务补贴制度、社区居家养老服务设施建设与运营补贴制度以及民办养老机构建设与运营补贴制度，制定完善医养结合政策，鼓励医疗机构将护理服务延伸至社区，实施养老服务试点示范计划，依法推进建立高龄津贴、养老服务补贴和护理补贴制度，逐步开展农村互助式养老服务试点工作和全面推进城乡社区居家养老服务，基本建成以居家为基础、社区为依托、机构为支撑覆盖城乡的养老服务体系。一方面，城乡"三无"对象自愿集中供养得到兜底保障；另一方面，社会养老服务需求得到有效供给。

2000年9月，湖北省人民政府出台《关于加快实现社会福利社会化的决定》，有力推动了湖北省福利事业的社会化进程。2004年，湖北省民政厅制定出台了《湖北省福利机构民办公助办法（试行）》和《湖北省国办社会福利机构公办民营指导意见（试行）》，鼓励民间资本更多地投资社会福利事业，指导公办社会福利机构加快改革步伐。2007年、2008年，《湖北省人民政府办公厅转发省老龄办等部门关于加快发展养老服务业的意见的通知》（鄂政办发〔2007〕45号）、《湖北省人民政府办公厅转发省发展改革委等部门关于加强全省公办城市社会福利机构建设推进城镇"三无"对象集中供养工作意见的通知》（鄂政办发〔2008〕82号）相继印发。全省共筹集资金12亿多元，使县级以上城市基本拥有了1所集照料、养护、康复、娱乐等功能于一体的国办城市社会福利机构，全省城镇"三无"对象基本上实现了自愿条件下的集中供养，供养条件明显改善。[1] 2011年，湖北出台了《中共湖北省委 湖北省人民政府关于进一步加强老龄工作的意见》（鄂发〔2011〕21号），并在部分县（市、区）开展农村互助式养老服务试点工作。2012年，出台了《关于开展农村互助式养老服务工作试点的指导意见》和《关于加快发展城乡社区居家养老服务的意见》。2015年7月2日，湖北省民政厅、发展改革委等10部门联合出台了《关于支持社会力量发展养老服务业的实施意见》。2017年，《湖北省人民政府关于印发湖北省老龄事业发展和养老体系建设"十三五"规划的通知》（鄂政发〔2017〕22

---

[1]《湖北：多措并举 提速养老服务体系建设》，《社会福利》2013年第8期。

号),《湖北省人民政府办公厅关于全面放开养老服务市场 提升养老服务质量的实施意见》(鄂政办发〔2017〕44号)等涉老文件先后印发,推动养老服务业加快发展。

2017年年末,全省共有各类养老机构1935家,养老床位34万张,每千名老年人拥有养老床位32张。全省民办养老机构达到568家,床位9.69万张。城乡社区居家养老服务设施分别达到3294个和11176个,覆盖率分别提升到75%和46%。城乡公办社会福利养老机构基本实现了"一县一院、一乡一院"的发展目标。其中,公办城市社会福利机构157家、农村福利院1201家,重点为城乡特困人员、低收入老人及经济困难的失能半失能老人提供无偿或低收费的供养、护理服务。①

六 公共教育资源供给进一步扩大,城乡基础教育均衡发展迈出新步伐

自1977年恢复全国统一高考制度以来,我国当代教育的发展与改革已经走过40余年的历程。我国教育体制改革的全面启动,始于1985年《中共中央关于教育体制改革的决定》的出台。按照党中央的决策部署,1985年,湖北省人民政府迅速召开了全省教育工作会议。这次会议将教育体制改革作为一个重要的议题,提出普及九年义务教育等发展教育事业的工作意见。但从国家层面自上而下真正开始关注教育公平的问题,则始于2003年。2003年下半年,教育部批评了教育"产业化"的思路②,提出以促进教育公平作为教育公共政策的基本价值,将发展重点放在解决农村义务教育问题,以遏制城乡之间、地区之间的教育差距扩大的势头。自此以来,湖北省将推进义务教育均衡发展,促进教育公平作为教育事业的重中之重,建立了有力的工作推进机制,强化了义务教育投入保障,城乡基础教育均衡发展取得重大突破。2012年,党的十八大召开以后,全面深化改革向纵深推进,湖北进一步深化教育领域改革创

---

① 《"湖北省老龄工作和老龄事业发展情况"新闻发布会》,2018年3月27日,湖北省人民政府门户网站,http://www.hubei.gov.cn/2015change/2015news/xwfbh/newsfbh/xwfbh201815/。

② 杨东平:《我国教育改革与发展30年》,载邹东涛主编《中国经济发展和体制改革报告:中国改革开放30年(1978—2008)》,社会科学文献出版社2008年版,第697—703页。

新，进一步扩大公共教育资源供给，优质教育资源实现区域共享，城乡间、校际间差距逐步缩小，教育公平取得重大进展，群众满意度逐年上升。具体来看，主要成效主要体现在两个方面。

(一) 学前教育资源快速扩大，普及水平大幅度提升

长期以来，学前教育发展不仅起步比较晚、基础差，而且发展比较滞后，是当前教育发展最薄弱的环节。湖北省在学前教育方面，长期存在幼儿园教育资源短缺，民办幼儿园资质偏低，农村幼儿教师师资力量薄弱等问题。1978年改革开放之初，全省幼儿园有6606所，到1988年却减至4315所。2010年，全省适龄幼儿三年毛入学率仅为57.4%。"入园难""入园贵"在当时成为人民群众反映强烈、社会高度关注的民生问题。

为扩大普惠性教育资源供给，鼓励多种形式办园，解决幼儿"入园难"问题，2011年，《湖北省人民政府关于进一步推进学前教育改革与发展的意见》（鄂政发〔2011〕27号）出台，就优化配置城乡学前教育资源和加强学前教育教师队伍建设等提出要求。并于2011年、2015年先后两次出台《湖北省学前教育三年行动计划》。2011年出台的《湖北省学前教育三年行动计划（2011—2013年）》，提出2011—2013年，全省新建和改扩建1500所幼儿园，培训3万名以上幼儿园园长和教师。到2013年，全省各乡镇至少建有1所中心幼儿园，学前三年毛入园率要达到60%以上的目标。[①] 该计划实施以来，湖北省学前教育资源快速扩充，办园条件及水平明显提升，保教质量显著提高，幼儿"入园难"问题得到有效缓解。截至2014年年底，全省共有幼儿园6491所，比2010年年底增加2096所，增长47.69%；在园幼儿（含学前班）153.82万人，比2010年年底增加42.02万人，增长37.58%；学前三年毛入园率81.5%，比2010年年底提高24.1个百分点，大大高于规划目标。同时，在党中央的支持下，2011—2015年，全省共投入35亿元资金用于建设2767所公办幼儿园，新增学位45万余个，基本实现了一个乡镇至少建立1所公办中心幼儿园。同时还投入3.1亿元，奖补4248所普惠性民办园、城市企

[①] 《湖北省人民政府办公厅关于印发湖北省学前教育三年行动计划的通知》，2011年5月29日，湖北省人民政府门户网站，http://www.hubei.gov.cn/govfile/ezbf/201112/t20111209_1033818.shtml。

事业单位办园、集体办园，惠及幼儿数 86.6 万人。但总体来看，全省学前教育仍然存在办园资源有缺口，部分地区"大班额"现象亟待改善；幼儿园运转保障水平普遍偏低，学前教育健康持续发展的长效机制相对滞后；幼儿教师工资待遇保障不到位，总体数量和整体素质不能满足实际需求；幼儿园"小学化"现象不同程度存在，保教质量和办园行为规范化程度有待进一步提高等多种问题。

为逐步解决上述问题，2015 年，《湖北省学前教育三年行动计划（2015—2017 年）》及时出台，提出 2015—2017 年，全省新建和改扩建公办园（单设幼儿班）900 所（个），基本实现幼儿就近入园、方便入园。到 2016 年，全省市辖区、县城城区全面普及学前三年教育的目标。到 2017 年，全省学前三年毛入园率达到 87% 以上，城市公办园和普惠性民办园覆盖率达到 75% 以上，其他地区公办园和普惠性民办园覆盖率达到 85% 以上。截至 2017 年年底，全省幼儿园由 1978 年的 6606 所增至 7825 所，在园幼儿（包括学前班）人数在 1978 年 24.62 万人的基础上，增长了 7.15 倍。幼儿园专任教师 8.46 万人，是 1978 年的 8.13 倍。学前教育三年毛入园率达到 88.58%，比全国平均水平高 8.98 个百分点。[①]

总体来看，经过多年的发展，湖北已经逐步建立以公共财政投入为主的农村学前教育成本分担机制，基本建成以公办园和普惠性民办园为主体的学前教育公共服务体系。

（二）义务教育资源配置逐步优化，城乡义务教育基本实现均衡发展

义务教育工作一直都是中央及地方各级政府常抓不懈的重点民生工作。1986 年 4 月 12 日，全国人大常委会审议通过《中华人民共和国义务教育法》。同年 12 月 11 日，湖北省人大常委会通过《湖北省义务教育实施办法》，全面启动普及义务教育的攻坚战。1988 年，投入 5000 万元，通过"调整布局，集中投入"，加强对 37 个贫困县的 700 所初中的建设，使得山区大部分初中校舍提前实现了标准化、规范化。1990 年，又从省

[①] 湖北省统计局社科处：《教育事业全面发展 人才培养硕果累累——改革开放 40 年湖北经济社会发展成就系列报告之十六》，2018 年 10 月 12 日，湖北省统计局官网，http://tjj.hubei.gov.cn/tjbs/qstjbsyxx/119333.htm。

教育事业费中拿出 1000 万元，加快了平原地区小学校舍的建设步伐。1991 年年底，由乡到县再到地市，各级同心协力，全面整体推进普及九年义务教育工作。1994 年 9 月，召开改革开放以来的第二次全省教育工作会议，确立"科教兴鄂"战略。次年，《湖北省人民政府办公厅关于印发湖北省普及九年义务教育规划的通知》（鄂政办发〔1995〕15 号）发布，提出到 2000 年，全省基本普及义务教育，小学阶段入学率达到 99% 以上，初中阶段入学率山区县（市、区）达到 85% 以上，其他地区达到 90% 以上的目标任务和要求。

为解决在普及九年义务教育工作中县（市、区）财政投入资金不足、教师工资得不到有效保障和贫困家庭交不起学费等问题，1995 年，湖北省在全国率先提出并执行"一个百分点政策"，即从 1995 年开始，省级教育经费支出占财政总支出的比例，每年提高一个百分点。2000 年，湖北省在全国率先提出对农村中小学教师工资由乡镇发放改由县级财政统一发放。2003 年，湖北省在全国率先提出并实施建立"五个机制"和"三个专户"的农村义务教育投入保障机制①。

2003 年之后，湖北把普及巩固义务教育和发展基础教育，作为全省教育事业发展的重要战略任务，紧紧围绕基本公共教育服务均等化目标，聚焦"优质、均衡"，围绕优化资源配置，改善硬件条件；优化师资配置，提升软实力；优化教育教学，提高教学质量；优化关爱帮扶，推动真公平等重要方面，相继出台一系列政策措施。特别是 2009 年，启动并实施了"义务教育均衡发展行动计划"。2010 年年初，湖北省人民政府印发《关于进一步推进全省义务教育均衡发展的意见》，将均衡发展上升为政府行动；湖北省教育厅印发《湖北省义务教育均衡发展规划》，明确了全省 112 个县（市、区）实现基本均衡的时间表和路线图的政策；湖北省第十一届人民代表大会常务委员会第十九次会议通过《湖北省义务教

---

① "五个机制"和"三个专户"的农村义务教育投入保障机制指的是，2003 年 6 月，湖北省人民政府下发《关于确保农村义务教育正常运转的通知》，明确提出，各级政府要建立健全教师工资发放的有效机制、农村中小学公用经费保障机制、农村中小学危房改造资金投入机制、中小学收费的监管机制和化解"普九"债务的工作机制，建立中小学教师工资专户、中小学公用经费专户、中小学危房改造资金专户，切实保障农村义务教育经费投入。王建民、张才生：《荆楚大地千秋业——湖北普及九年义务教育工作综述》，《楚天主人》2004 年第 9 期。

育条例》(以下简称《条例》),该《条例》作为全省推进义务教育均衡发展的法律利器,对促进全省教育公平,推进义务教育均衡发展起到了重要的政策保障作用。

随着教师队伍建设、教学质量提高、义务教育关爱、标准化学校建设等各类计划、工程和项目的实施,农村学校办学条件实现根本好转,教育管理水平和教学质量不断提高,城乡教育均衡发展迈出新步伐。到2017年,湖北取得全省112个县(市、区)全部通过省级义务教育基本均衡发展评估认定,102个县(市、区)通过国家级评估认定;义务教育"两免一补"政策实现城乡全覆盖;全省小学、初中适龄人口入学率保持在99%以上的显著成绩。[1]

具体来看,湖北推进城乡义务教育均衡发展的重大举措主要围绕资助贫困学生、优化农村师资配置、加强农村薄弱学校改造、保障城乡义务教育经费展开。

在资助贫困学生方面:"资助贫困学生"一直以来都是政府、社会以及高校推行和实施的关怀政策。自2003年"资助贫困学生"被列入湖北省人民政府向全省人民承诺办好的"八件实事",通过对农村义务教育阶段贫困家庭学生实施"两免一补";对初中毕业接受中等职业教育的贫困家庭学生给予资助;对高校贫困家庭学生建立"奖、贷、助、补、减、绿色通道"等多位一体的资助体系[2]以来,经过多年努力,当前,湖北对贫困学生,在资助主体上,已逐步形成政府主导、学校和社会广泛参与的"三位一体"的多元化主体资助格局;在资助模式上,与国家保持一致,已形成普惠性资助、助困性资助、奖励性资助和补偿性资助有机结合的"多元混合"资助模式;在资助范围上,已经全面覆盖到所有教育学段、公办与民办学校和所有家庭经济困难学生。其中,教育扶贫政策在贫困生资助方面含金量较高。湖北在精准扶贫工作推动过程中,锁定

---

[1] 湖北省统计局社科处:《教育事业全面发展 人才培养硕果累累——改革开放40年湖北经济社会发展成就系列报告之十六》,2018年10月12日,湖北省统计局官网,http://tjj.hubei.gov.cn/tjbs/qstjbsyxx/119333.htm。

[2] 奖指的是各高校发放的国家奖学金、省政府奖学金、校奖学金;贷指的是各金融机构向贫困家庭学生审批发放的助学贷款;助指的是政府助学金;补指的是高校提供困难补助资金;减指的是高校为贫困学生减免学费;绿色通道指的是缓交学费。

全省37个贫困县、4821个贫困村、3861所义务教育学校、76.6万建档立卡贫困家庭学龄人口，先后制定实施了《湖北省教育精准扶贫行动计划（2015—2019年)》和《关于贯彻落实教育部等六部门印发的〈教育脱贫攻坚"十三五"规划〉的实施意见》。① 目前，湖北已经建立和完善了从学前教育到研究生教育的家庭经济困难学生全程资助的政策体系。截至2017年年末，全省5年累计资助学生投入金额达到220.89亿元，资助各级各类学生达到3624.54万人次，有效落实了共享发展理念，兑现了"不让一个孩子因家庭经济困难而失学"的承诺。②

在优化农村师资配置方面：为确保农村教学师资力量充沛，2012年，湖北出台《关于创新农村中小学教师队伍建设机制的意见》（被誉为"黄金十条"），建立了"国标、省考、县聘、校用"的农村义务教育教师补充新机制。2015年，制定了《关于加强全省乡村教师队伍建设实施办法》。2012年以来，5年累计招聘教师4.4万名，改善了农村教师队伍结构，有效缓解了农村义务教育学校年轻教师匮乏、结构不合理的问题。为提高农村教师队伍的素质，自2004年开始，在全省启动了"农村教师资助行动计划"，免费培训农村教师，同时建立激励机制。2005年，启动了"农村教师素质提高工程"③。近年来，主要在探索建立师范生全学段学习实践制度，建立城乡教师双向交流机制，全面推进"县管校聘"管理体制改革，推动优质师资团队化交流，实施乡村学校骨干教师补助制度，实施乡村教师专项补助，建立乡村教师奖扶制度，完善乡村教师生活补助制度，完善教师工资稳定增长机制，依法落实乡村教师工资待遇政策等方面加大了改革创新力度。

在加强农村薄弱学校改造方面：继2003年，将"学校危房改造"列入湖北省人民政府向全省人民承诺的"八件实事"之后，2012年，湖北省财政厅、教育厅联合发布《关于实施农村义务教育薄弱学校改造计划的通知》（鄂财教发〔2012〕4号）。2014年，按照党中央的决策部署，

---

① 《城乡统筹 提升质量 湖北多措并举促进义务教育均衡发展》，《湖北日报》2017年12月20日第8版。
② 《湖北：5年投220亿资助贫困学生》，《湖北教育》（政务宣传）2018年第8期。
③ 大规模组织农村乡镇中小学教师、校长到武汉高校免费集中培训，计划每年培训2万人，5年培训10万人。

湖北省以县为单位，编制全面改薄规划，在汇总各地数据的基础上，编制完成了本省全面改薄规划，制定了全面改薄实施方案，并正式启动实施了全面改薄工作。截至 2017 年年底，全省改薄工程总投入 201 亿元，农村义务教育学校办学条件发生根本性变化，校舍的安全性，住宿条件的完善性，教学实验仪器设备的齐全度，就餐环境的舒适度，运动场的现代化等都得到明显提升，部分县（市、区）乡镇以上学校实现了塑胶运动场全覆盖。农村远程教学"校校通"成果也进一步得到巩固提升。①

在保障城乡义务教育经费方面：2006 年，湖北省明确规定，从 2007 年春季开学，全部取消农村义务教育阶段学校各项行政事业性收费项目。2008 年秋季起，全面普及城乡免费义务教育，免除中小学生的学杂费。2016 年，湖北省人民政府办公厅发布《湖北省进一步完善城乡义务教育经费保障机制实施方案》，规定从 2016 年春季学期开始，统一城乡义务教育公用经费基准定额，小学生年均 600 元、初中生年均 800 元；从 2017 年春季学期开始，全省统一实施城乡义务教育学生"两免一补"。这一方案的实施，标志着全省建立起城乡统一的义务教育经费保障机制，直接惠及进城务工人员随迁子女、寄宿制学生、民办学校学生、村小教学点等小规模学校的学生、特殊教育学生等多类群体。相关数据表明，2017 年，全省义务教育经费总投入达到 687.8 亿元，比 2009 年（243.96 亿元）增加了 443.84 亿元，占全省教育经费总投入的 49.76%。

七　生态环境保护与治理取得新进展，城乡居民人居环境有效改善

改革开放以来，伴随着工业化、城镇化进程的加快，大气、水、土壤等环境问题日益严重，保护环境被确定为我国的"基本国策"，成为中央及地方各级政府共同的责任和行动。特别是党的十八大以来，以习近平同志为核心的党中央协调推进"五位一体"总体布局和"四个全面"战略布局，把生态文明建设摆上更加重要的战略位置，作出一系列重大决策部署，为湖北及全国各地推进生态环境保护与治理工作提供了重要遵循。

---

① 《城乡统筹　提升质量　湖北多措并举促进义务教育均衡发展》，《湖北日报》2017 年 12 月 20 日第 8 版。

表3—6　党的十八大以来党中央关于环境保护方面作出的重大决策部署

时间	重大决策部署
一	重大会议
2012年	党的十八大将生态文明建设纳入"五位一体"总体布局
2013年	党的十八届三中全会明确提出加快生态文明制度建设
2014年	党的十八届四中全会要求用严格的法律制度保护生态环境
2015年	党的十八届五中全会提出了绿色发展的理念,要求"坚持绿色富国、绿色惠民,为人民提供更多优质生态产品"
2017年	党的十九大对生态文明建设作出新的重大部署,要求牢固树立社会主义生态文明观,推动形成人与自然和谐发展现代化建设新格局,强调建设生态文明是中华民族永续发展的千年大计,必须树立和践行绿水青山就是金山银山的理念,并从"推进绿色发展""着力解决突出环境问题""加大生态系统保护力度""改革生态环境监管体制"等方面对生态文明建设作出了全面部署
2018年	习近平总书记在全国生态环境保护大会上强调,坚决打好污染防治攻坚战,推动生态文明建设迈上新台阶
二	重大意见
2015年7月	环保部、国家发展改革委发布《关于贯彻实施国家主体功能区环境政策的若干意见》
2016年5月	国务院办公厅印发《关于健全生态保护补偿机制的意见》
2016年5月	"土十条"印发实施,与2013年9月印发的"大气十条"、2015年4月印发的"水十条"共同构成了三大行动计划①
2016年6月	中央深改组第二十五次会议审议通过《关于设立统一规范的国家生态文明试验区的意见》
2016年9月	中共中央办公厅、国务院办公厅印发《关于省以下环保机构监测监察执法垂直管理制度改革试点工作的指导意见》
2016年12月	中共中央办公厅、国务院办公厅印发《关于全面推行河长制的意见》
2017年2月	中共中央办公厅、国务院办公厅印发《关于划定并严守生态保护红线的若干意见》

---

① 2016年5月,国务院印发《土壤污染防治行动计划》,简称"土十条"。2013年9月,国务院印发《大气污染防治行动计划》,简称"大气十条",又称空气"国十条"。2015年4月,国务院印发《水污染防治行动计划》,简称"水十条"。

第三章　湖北推进城乡一体化的历史沿革及主要成就　● 159

续表

时间	重大决策部署
三	重大规划
2014 年 9 月	国务院印发《国家应对气候变化规划（2014—2020 年）》
2016 年 3 月	国家"十三五"规划纲要将"生态环境质量总体改善"明确为今后 5 年经济社会发展的主要目标之一
2016 年 11 月	国务院印发《"十三五"生态环境保护规划》，提出了大力实施大气、水、土壤三大污染防治行动计划；"环境治理保护重点工程"和"山水林田湖生态工程"等两大类生态环境保护工程
2017 年 10 月	环保部、国家发展改革委、水利部联合发布了《重点流域水污染防治规划（2016—2020 年）》，首次覆盖全国重点流域，为各地水污染防治工作提供了指南
四	重要法规和管理办法
2015 年 8 月	全国人大常委会审议通过《中华人民共和国大气污染防治法》
2016 年 8 月	中央深改组第二十七次会议审议通过《生态文明建设目标评价考核办法》
2016 年 12 月	全国人大常委会审议通过《中华人民共和国环境保护税法》
2017 年 12 月	中共中央办公厅、国务院办公厅印发《领导干部自然资源资产离任审计规定（试行）》，今后领导干部离任既要进行常规审计也要进行生态审计
2017 年	自 2015 年 12 月启动河北省督察试点以来，中央环保督察在 2016 年到 2017 年的两年时间内，实现了对全国 31 个省（区、市）督察全覆盖
2018 年	建设"美丽中国"和生态文明被写入《中华人民共和国宪法修正案》
五	重要实施方案
2015 年 11 月	中共中央办公厅、国务院办公厅印发《生态环境损害赔偿制度改革试点方案》（中办发〔2015〕57 号）
2015 年 9 月	党中央、国务院出台生态文明体制"1+6"改革方案，明确要求建立健全八方面的制度，形成生态文明建设和体制改革"组合拳"
2016 年 4 月	中国率先公布了《落实 2030 年可持续发展议程中方立场文件》
2016 年 11 月	中央深改组第二十九次会议审议通过《关于划定并严守生态保护红线的若干意见》，国务院办公厅印发《控制污染物排放许可制实施方案》
2017 年 7 月	国务院办公厅印发《关于禁止洋垃圾入境推进固体废物进口管理制度改革实施方案》，全面向洋垃圾宣战

续表

时间	重大决策部署
五	重要实施方案
2017年9月	中共中央办公厅、国务院办公厅印发《建立国家公园体制总体方案》
2017年12月	中共中央办公厅、国务院办公厅印发《生态环境损害赔偿制度改革方案》,提出从2018年1月1日起,在全国试行生态环境损害赔偿制度
2017年12月	国家发展改革委印发《全国碳排放权交易市场建设方案(电力行业)》,并于12月19日宣布,以发电行业为突破口,全国碳排放交易体系正式启动

资料来源:相关资料根据中央政府门户网站和各部委官网公布文件资料整理所得。

改革开放以来,湖北坚持把环境保护与治理放在经济发展的大局中,以"服务经济,治理污染,保护环境,造福人民"为宗旨,从"建成支点、走在前列"的战略高度全面谋划生态环境保护与治理工作,不断创新体制机制,积极探索具有湖北特色的生态环境保护与治理道路。特别是进入21世纪以来,从新农村建设、美丽乡村建设,再到乡村振兴;从"两型社会"建设、"生态立省"到"绿色决定生死";从"耕地红线"划定到"生态保护红线"划定;从鄂西生态文化旅游圈到"绿满荆楚",再到重点突出"两江流域"生态的保护与绿色发展,全面建立河湖长制……湖北一直将生态建设这根"绿色发展"之线贯穿在整个经济社会发展的始终,取得了显著成就,突出表现在全省生态环境保护体制机制创新取得重要突破,生态环境质量全面持续改善,生态环境承载能力不断提升,生态环境重点项目建设加快,绿色生态屏障逐步建立等方面。

2017年,全省环境空气质量改善幅度居全国前列、中部第一,17个重点城市空气质量平均优良天数比例为79.1%。全省水环境质量总体稳定、局部改善,重点城市饮用水源地年水量达标率为99.6%。主要河流监测断面中,水质优良符合Ⅰ—Ⅲ类断面比例为86.6%,居全国第11位。初步建立耕地森林河湖休养生息制度,全省森林生态环境显著改善,森林覆盖率由1978年的20.3%提高至41.5%。全省土壤环境质量及生态环境状况总体良好,通过全省土壤污染状况检测,采样地区土壤生态环境状况指数为71.91。全省城市污水处理率、生活垃圾无害化处理率分别达到91.4%、98.7%。全省对生活垃圾进行处理的行政村占比为81.3%。[1]

具体来看，湖北推进生态环境保护与治理工作的主要做法和成效体现在三个方面。

(一)"生态立省"战略深入实施，湖北进入绿色发展新航道

1. 全面启动实施"生态立省"战略

2009年9月，全省生态文明建设工作会议在武汉召开，会上通过了湖北省第一个关于大力加强生态文明建设的重要文件——《关于大力加强生态文明建设的意见》，确立了构建生态湖北的奋斗目标。[2] 2012年3月，出台《关于加强环境保护促进科学发展跨越式发展的意见》。同年6月、12月，湖北省委、省政府在中国共产党湖北省第十次党员代表大会、中国共产党湖北省第十届委员会第四次全体会议上提出了"生态立省"的重要战略。2014年，第二次全省环境保护委员会全会将生态省建设职责纳入湖北省环境保护委员会，标志着湖北生态省建设全面启动，湖北成为党的十八大召开后全国第一个生态省建设试点。2014年11月，湖北省第十二届人民代表大会常务委员会第十二次会议审议通过《湖北生态省建设规划纲要（2014—2030年）》（以下简称《纲要》）。作为推进生态省建设的纲领性文件，《纲要》的通过，开启了湖北生态环境保护与治理的全新篇章。2015年，中共湖北省委、湖北省人民政府印发《关于加快推进生态文明建设的实施意见》。全省先后有18个市、县（区）纳入国家级生态文明建设和生态保护试点示范市县，神农架林区被确定为国家公园体制试点区。2017年6月25日，中国共产党湖北省第十一次党员代表大会又明确提出深入开展生态省五级联创，强力推进生态文明建设。截至2018年年底，全省已成功创建并命名省级生态乡镇366个，省级生

---

[1] 《湖北：着力在生态文明建设取得新成效》，《中国经济导报》2017年11月10日第B05版；《去年湖北空气质量改善幅度居全国前列中部第一 17城市空气平均优良天数占79.1%》，《楚天都市报》2018年3月29日A09版；《环境保护事业全面推进 生态文明建设初见成效——改革开放40年湖北经济社会发展成就系列报告之十八》，2018年10月16日，湖北省统计局官网，http://tjj.hubei.gov.cn/tjbs/qstjbsyxx/119367.htm。

[2] 《踏上生态湖北之旅》，《湖北日报》2009年12月17日第1版。

态村 3568 个。①

2. 加快完善生态文明法规政策体系

围绕"生态立省"战略，党的十八大以来，湖北先后制定《湖北省湖泊保护条例》②《湖北省水污染防治条例》③《湖北省土壤污染防治条例》④《湖北省大气污染防治条例》等地方性法规和《关于大力推进绿色发展的决定》《关于农作物秸秆露天禁烧和综合利用的决定》《关于大力推进长江经济带生态保护和绿色发展的决定》等法规性文件，持续推进生态环保制度建设。环境执法力度不断加大，先后组织开展水污染防治零点行动、长江沿线环保暗查等专项执法行动，建立环保与公、检、法、司联合打击犯罪联动机制。建立环保行政执法和刑事司法"两法衔接"工作联席会议制度，省、市、县三级法院实现环保合议庭全覆盖。⑤

3. 不断强化生态环境保护主体责任

为将生态环境保护工作落到实处，湖北逐步完善以"绿色GDP"为导向和以责任追究为主的考核评价体系。2015年，湖北省人大通过《湖北生态文明（生态省）建设考核办法（试行）》，进一步完善符合生态文明建设要求的经济社会发展评价考核体系，规定每年组织对各地、各部门生态省建设任务完成情况进行考核并在全省通报，干部任免严格实行环保"一票否决"制。2016年，《省委办公厅、省政府办公厅关于进一步明确生态环境和资源保护工作职责的通知》（鄂办发〔2016〕45号）下发，要求各地、各部门按照通知精神，明确有关部门的环境保护主体责任。2016年8月14日，《湖北省实施〈党政领导干部生态环境损害责

---

① 《荆楚大地遍写生态诗行　美丽湖北尽抒锦绣篇章》，《湖北日报》2018年12月26日第7版。

② 2012年5月30日，湖北省第十一届人民代表大会常务委员会第三十次会议表决通过《湖北省湖泊保护条例》。

③ 2014年1月22日，湖北省第十二届人民代表大会第二次会议表决通过《湖北省水污染防治条例》，坚持严防严治，规定了严格的政府责任、严格的环境标准、严格的防治措施和严格的法律责任。该条例被称为"最严治水法典"。

④ 2016年2月1日，湖北省第十二届人民代会大会第四次会议表决通过《湖北省土壤污染防治条例》。该条例是我国第一部土壤污染防治的地方性法规。

⑤ 《用法治的力量保卫碧水蓝天净土——省人大及其常委会加强生态法治建设工作纪略》，《湖北日报》2018年7月31日第9版。

任追究办法（试行）细则〉》印发实施。2016年，湖北省审计厅编制了《全省全面推开领导干部自然资源资产离任审计的实施方案》和《在鄂州市等七个地方从深层次开展领导干部自然资源资产离任审计试点的工作方案》。同年10月，《湖北省环境保护督察方案（试行）》印发实施，明确在全省落实环境保护督察制度，完善生态环保责任体系。2017年2月，出台了《关于全面推行河湖长制的实施意见》，明确由省委书记任第一总河湖长；省长任总河湖长，并担任长江的河长；清江等11条跨市（州）的重要河流和五大重要湖泊，分别由省委常委、副省长担任河湖长，全面建立以党政领导负责制为核心的四级"河湖长制"体系。

4. 积极探索空气质量和重点流域生态补偿制度

2015年，出台《湖北省环境空气质量生态补偿暂行办法》，将空气质量改善情况与地方财政转移支付资金挂钩。出台《湖北省跨界断面水质考核办法（试行）》，对跨界断面水质进行考核，跨界断面水质保护管理实行行政首长负责制。在污染严重、跨界纠纷突出的地区开展生态补偿试点工作。2018年7月，出台《关于建立省内流域横向生态补偿机制的实施意见》，明确以省内流域水质改善和水资源保护为主线，加快形成"成本共担、效益共享、合作共治"的流域保护和治理长效机制。2018年起，选择通顺河、黄柏河、天门河、梁子湖、陆水河5个流域及相关20个县（市、区），实施流域横向生态保护补偿试点。在全国率先设立省级环境保护政府奖，推行资源环境违法行为举报制度。

5. 对生态红线区实施"一张图管理"

2013年3月，湖北省被环保部列为生态红线划定试点省份，在全国率先开展生态红线划定试点工作，有序推进永久基本农田和城市开发边界划定。以2014年3月下发的《湖北省国家生态功能红线划定建议方案》为基础，湖北省对生态保护红线进行了扩展。随后，湖北省环保厅对生态功能红线划定方案广泛征求了地方意见①，并与全省17个市州、102个县（市、区）召开生态功能红线地方对接会，制定形成了《湖北省生态保护红线划定方案》。经国务院同意，《湖北省生态保护红线划定

---

① 针对全省100多个县（市、区），做到每县（市、区）一个方案、一张总图，每个类型红线一张总图，将图纸下发各地征求意见。

方案》于2018年8月正式对外发布。2016年9月10日,湖北省人民政府办公厅印发《湖北省生态保护红线管理办法(试行)》,明晰红线区内土地权属,严禁擅自改变红线区内土地用途,并对红线区禁止开展的活动、相关建设以及人口转移等作出明确规定。[1] 全省33.4%的国土面积纳入生态保护红线管理,实行分级分类管控。建立"生态保护红线、环境质量底线、资源利用上线和环境准入负面清单"("三线一单")约束机制,有效提升了环境保护优化产业布局和经济发展的能力。

(二)区域经济社会与环境协调发展,"两圈两带"生态发展格局逐步形成

1. 武汉城市圈9市携手推进环境同治

武汉城市圈居湖北省中东部地区,是以武汉为中心,由武汉及其周边100公里范围以内的8个城市(黄石市、鄂州市、黄冈市、孝感市、咸宁市、仙桃市、潜江市、天门市)构成的区域经济联合体(又称为"1+8"城市圈)。[2] 2002年6月,中国共产党湖北省第八次党员代表大会上第一次提出"武汉城市圈"的概念。2007年12月7日,国家发展改革委正式批准武汉城市圈为全国资源节约型和环境友好型社会(以下简称"两型"社会)建设综合配套改革试验区,武汉城市圈不仅担负起探索城市圈发展路径的重任,而且成为"两型"社会建设的先试先行者。随后,湖北省委、省政府出台"56531"实施框架体系(5个专项规划,6个配套支持政策,5个一体化重点工作实施方案,改革试验3年行动计划,1个重大项目清单),明晰了武汉城市圈改革和建设的基本思路。武汉城市圈9市作为一个整体申报国家"两型"社会建设综合配套改革试验区,一个重要目的就是通过改革试验,消除体制机制障碍,破除行政区划壁垒,整体推进基础设施建设、产业发展与布局、城乡建设、环境保护与生态建设"五个一体化"建设,构建区域经济联合体。2009年2月11日,湖北省委、省政府召开专项会议,对国家"两型"社会建设综合配

---

[1] 周建华:《湖北共识:绿色决定生死——湖北开展我国首个生态省试点建设纪实》,《中国矿业报》2016年8月17日第4版。

[2] 《武汉城市圈概况及农业发展现状》,载陈柏槐主编《武汉城市圈与"两型"农业》,中国农业出版社2009年版,第136页。

套改革试验工作进行总体部署,武汉城市圈"两型社会"建设进入全面实施阶段。武汉城市圈9个城市以环保为重点,通过推进环保深度合作,启动各类环保行动计划、推进"碧水工程"建设、发展循环经济、推进节能减排、强化农村环境保护、全面提升环境监管能力等,携手环境同治取得重要成绩。如在全国率先启动区域性废物回收网络——武汉城市圈废电池回收网络建设;建立了全国唯一一家专业性从事城市矿产交易的电子交易平台——武汉城市矿产交易所;在全国率先建立了节能减排目标责任制和监督考核指标体系;在全国率先实行了"环保核定、地税征收、银行入库、财政监管"的排污费征管新体制等。[①]

2. 鄂西生态文化旅游圈环境保护联动发展

鄂西生态文化旅游圈包括位于湖北省西部的襄阳、荆州、宜昌、十堰、荆门、随州、恩施、神农架8个市(州、林区),其人口总量约占全省的50%、版图面积约占全省的70%。鄂西生态文化旅游圈不仅是华中地区、华南地区的绿色生态屏障,也是南水北调中线工程的水源涵养地,同时还是湖北重要的农产品基地和制造业基地。2008年,在湖北武汉城市圈建设加快推进的新形势下,为促进湖北省区域统筹协调发展,湖北省领导于7月在恩施州召开支持民族地区加快经济社会发展现场会期间,首次提出建设鄂西生态文化旅游圈的构想。同年11月,中共湖北省委、湖北省人民政府发布《关于建设鄂西生态文化旅游圈的决定》,鄂西生态文化旅游圈开始实施。[②] 为加强对鄂西生态文化旅游圈生态环境的保护与建设,同年11月12日,湖北省环保厅正式启动《鄂西生态文化旅游圈环境保护规划》的编制工作。2009年7月,湖北省人民政府印发《鄂西生态文化旅游圈生态建设规划》。

为提升鄂西生态文化旅游圈的生态功能,有效改善圈域内山区、库区、流域水土流失严重,矿区资源开发有待规范,城镇生态环境比较脆弱,农村环境污染问题比较突出,滑坡、泥石流、崩岸等地质灾害防治

[①] 田豆豆、杨宁:《武汉城市圈的"两型"之路》,《人民日报》2013年11月10日第9版。

[②] 《构建鄂西生态文化旅游圈意义重大》,《政策》2008年第8期。《努力构建鄂西生态文化旅游圈》,《政策》2008年第9期。

任务艰巨，城乡建设性行为严重破坏生态环境等问题，构建鄂西生态型工业和生态型农业以及城镇、农村健康发展的生态经济体系，鄂西地区突出资源优势，以生态为基础，以文化为灵魂，以旅游为切入点，划定了生态空间安全格局，先后围绕交通建设和旅游开发生态环境保护等建设任务，推进了一大批生态工程，包括天然林资源保护工程、退耕还林工程、自然保护区建设工程、沙化和石漠化综合治理工程、矿山综合治理工程和流域治理工程；围绕节能减排和循环经济，加快推进圈域重金属污染防治，经济结构调整和发展方式转变；围绕生态家园建设，重点推进生态城市和镇村环境整治工作；围绕生态景区建设，加强生态景观建设，重点打造环"一江两山"（长江三峡段、神农架、武当山）交通沿线生态景观工程、神农架生态保护与利用景观建设工程。圈域生态环境明显改善。2015 年，圈域森林覆盖率达到 50.73%，森林蓄积量达到 3.17 亿立方米。国家级自然保护区 9 个，国家级风景名胜区 4 个，森林公园 27 个，地质公园 7 个，湿地公园 29 个。神农架林区被列入世界自然遗产名录，成功创建湖北首个世界地质公园，大九湖国家湿地公园被列入国际重要湿地名录，十堰、宜昌、荆州先后被列入国家生态文明先行示范区，郧阳、石首、京山成为国家首批生态保护与建设示范区，襄阳成为全省首批低碳试点城市。

2016 年，《鄂西生态文化旅游圈发展"十三五"规划》（以下简称《规划》）出台。《规划》定位"三区"，即到 2020 年，鄂西生态文化旅游圈要建成全国知名的绿色发展先行区、生态文化旅游产业聚集区、小康幸福生活示范区，对鄂西生态文化旅游圈生态发展提出了 18 项指标。其中，有 7 个约束指标，11 个预期性指标。《规划》总体基调是保护生态环境，发展生态文化产业，实现鄂西生态文化旅游圈人民的小康幸福生活，让鄂西生态文化旅游圈成为湖北的"绿肺"、中国的"绿肾"和世界的文化高地。

3. 长江经济带开放开发留足绿色发展空间

湖北长江经济带处于长江流域中心位置，是湖北省东、西两大区域联系的天然纽带，是促进武汉城市圈和鄂西生态文化旅游圈协调发展的主轴。2009 年 11 月，湖北出台《关于加快长江经济带新一轮开放开发的决定》，正式启动湖北长江经济带新一轮开放开发。2016 年 1 月 5 日，习近平总书记在重庆主持召开推动长江经济带发展座谈会时提出，当前和今后相当长一个时期，要把修复长江生态环境摆在压倒性位置，共抓大保护，不搞大开发。① 2018 年 4 月 26 日，习近平总书记来到长江岸边，把脉长江经济带发展时再次提出，把修复长江生态环境摆在压倒性位置，共抓大保护、不搞大开发。② 湖北长江经济带横贯东西，地处长江之"腰"，境内长江干线长达 1061 公里，占长江干流三分之一，流域面积 54168.5 平方公里，人口达到 2750.1 万人，在全省生态格局中具有十分重要的地位，保护生态环境的任务更加艰巨。为把握好保护与发展的辩证关系，湖北坚决贯彻落实习近平总书记的指示，将修复长江生态环境摆在压倒性位置，启动了历史上最严的环保工作。2017 年，全省长江干流有 8 个断面水质从Ⅲ类上升到Ⅱ类。具体来看，为践行绿色发展理念，湖北长江经济带开放开发主要在三个方面作出重要探索③。

（1）在全国率先出台长江经济带生态保护和绿色发展的规划体系

在沿江省、市中，湖北率先编制实施《湖北长江经济带生态保护和绿色发展总体规划》，配套编制实施生态环境保护、综合立体绿色交通走廊建设、产业绿色发展、绿色宜居城镇建设、文化建设 5 部专项规划，同时修改完善多部规划，构建了"1+5+N"的规划体系，从源头上立起生态优先的"规矩"。

（2）在全国率先以地方性法规的刚性约束为长江构筑了生态防线

2014 年、2015 年、2016 年，湖北相继出台《湖北省水污染防治条例》《关于农作物秸秆露天禁烧和综合利用的决定》《湖北省土壤污染防治条例》等地方性法规和法规性文件，通过刚性约束，保护全省蓝天、碧水、净土，在全国率先为长江构筑了生态防线。此外，湖北还强化了"三线一单"④ 的约束作用，实行总量和强度"双控"，实现"留白"发展，将各类开发活动限制在环境资源承载能力之内，为未来发展留足绿色空间。2017 年 1 月，湖北省人大出台《关于大力推进长江经济带生态

---

① 《打造中国经济新增长极——党的十八大以来推进三大战略述评》，《人民日报》2016 年 2 月 21 日第 1 版。
② 廖志慧、吴文：《滔滔大江演绎的"辩证法"》，《湖北日报》2018 年 4 月 26 日第 1 版。
③ 同上。
④ "三线一单"指的是生态保护红线、环境质量底线、资源利用上线和环境准入负面清单

保护和绿色发展的决定》，限制在长江干流沿线新建石油化工、煤化工等化工项目，禁止新增长江水污染物排放的建设项目，坚决关停沿江排污不达标企业。这一决定，与已有的水污染防治、秸秆露天禁烧、土壤污染防治等法律法规衔接，织密保护长江的"法治网"。2017 年，禁养区内规模养殖场（小区）关闭搬迁到位。其中，畜禽规模养殖场配套建设废弃物处理设施比例达到72%以上。①

（3）启动实施一批保护长江的重大战略性行动方案、举措和工程

湖北作为长江径流里程最长的省份，承担着长江流域生态保护和生态环境修复的重大责任。湖北聚焦长江大保护，启动实施一批保护长江的战略性行动方案、举措、工程和项目。2016 年 5 月，《湖北省水利厅力推生态长江建设十条意见》（简称"水十条"）印发，要求对不符合生态保护要求的新建水电站项目特别是引水式水电站项目，一律停止审批。2017 年，《湖北长江大保护九大行动方案》印发，力争"增加修复，减少污染"，在 3 年至 5 年取得长江大保护的更大实效。② 为推进长江经济带生态保护和绿色发展，进一步提升生态系统质量和稳定性，2018 年 1 月，湖北省人民政府印发《湖北省精准灭荒工程三年行动方案（2018—2020 年）》。同年 6 月，湖北省人民政府发布湖北长江大保护十大标志性战役工作方案③，提出到 2020 年年底前将完成长江沿江 1 公里范围内化工企业关改搬转（关闭、改造、搬迁或转产），2025 年年底前完成沿江 1—15 公里范围内化工企业关改搬转。为将行动方案内容落到实处，湖北省人民政府办公厅专门成立湖北长江大保护十大标志性战役指挥部和 15 个专项战役指挥部。同年 8 月，湖北省人民政府就做好生态修复、环境保护和绿色发展，出台了湖北长江经济带绿色发展"十大战略性举措"

---

① 《九大行动助推湖北长江大保护》，《湖北日报》2017 年 9 月 4 日第 1 版。
② 九大行动方案是：森林生态修复、湖泊湿地生态修复、生物多样性保护、工业污染防治和产业园区绿色改造、城镇污水垃圾处理设施建设、农业和农村污染治理、江河湖库水质提升、重金属及磷污染治理、水上污染综合治理等。
③ 十大标志性战役性方案包括沿江化工企业专项整治、城市黑臭水体整治、农业面源污染整治、非法码头整治、非法采砂整治、饮用水源地保护、沿江企业污水减排、磷石膏污染整治、固体废物排查、城乡垃圾治理 10 个工作方案。

等工作方案。① 此外，围绕"长江大保护九大行动""长江大保护十大标志性战役""长江经济带绿色发展十大战略性举措"的具体领域，湖北进一步强化长江经济带生态保护和绿色发展项目"两库"建设管理工作。

4. 汉江生态经济带"一总四专"规划体系筑牢生态屏障

2013年10月，为确保一江清水送北方，同时谋划南水北调中线工程调水后汉江中下游流域可持续发展问题，湖北省委、省政府站在全省发展大局的高度，提出了湖北汉江生态经济带开放开发战略，这标志着湖北汉江生态经济带开放开发正式上升为省级战略，标志着"两圈两带"区域发展格局初步形成。湖北汉江生态经济带涵盖省内10个市（林区）、39个县（市、区），流域面积6.3万平方公里，是南水北调中线水源区，分布有秦巴山区、大别山区等国家层面重点生态功能区和江汉平原、鄂中丘陵、鄂北岗地等国家农产品主产区，生态资源丰富。湖北省内长江经济带加上汉江生态经济带，几乎等于整个湖北的经济总量，再加上沿长江、汉江地带历来是湖北省重要的科教资源密集带、城镇密集带、人口密集带和产业密集带，生态环境保护与治理任务艰巨，责任重大。2015年6月，湖北省人民政府发布湖北省汉江生态经济带"一总四专"规划体系，即汉江生态经济带总体规划以及环保、水利、农业、旅游4个方面的专项规划，并以生态、经济和民生"三位一体"协调发展为导向，将湖北千里汉江沿线定位为长江经济带绿色增长极，提出在生态开发、城市建设、环境保护、金融合作等方面推进汉江流域城市和长江流域城市融合发展。

自湖北汉江生态经济带开放开发战略实施以来，各地将"绿色与协调"作为推动汉江生态经济带健康、可持续发展的关键，在顶层设计、发展定位和项目支撑等方面，与汉江生态经济带"一总四专"规划体系进行了有效对接。围绕打造绿色、富强、安澜、畅通、幸福汉江的总目标，在生态开发、城乡建设、环境保护等方面进行了卓有成效的探索。

---

① "十大战略性举措"指加快发展绿色产业、构建综合立体绿色交通走廊、推进绿色宜居城镇建设、实施园区循环发展引领行动、开展绿色发展示范、探索"两山"理念实现路径、建设长江国际黄金旅游带核心区、大力发展绿色金融、支持绿色交易平台发展、倡导绿色生活方式和消费模式等。

其中，十堰市在进行汉江生态经济带建设过程中，开展"五城联创""绿满十堰""清水行动"等一系列活动，取得汉江生态经济带核心区域生态环境明显改善、生态产业体系初现端倪、特色城镇和美丽村庄日益增多的显著成绩。老河口市、谷城县、丹江口市携手打造的"丹河谷"组群共建生态经济发展试验区，成为汉江生态经济带上绿色崛起的先进典范。

（三）农村环境综合治理迈开新步伐，切实提升人民群众幸福指数

城市环境与农村环境唇齿相依，农村环境保护不好，不仅损害农村居民的利益，还会严重影响城市居民的菜篮子、米袋子、水缸子。[①] 改革开放以来，随着工业化、城镇化进程的加快，我国农村环境问题从不显著到日益凸显，对农村居民的生产生活产生了巨大的影响，这与农村环境保护明显滞后于工业化和城市化进程有很大的关系。进入21世纪以来，随着国家对农村环境问题的日益重视，特别是随着新农村建设、美丽乡村、乡村振兴等重大战略任务的深入实施和一系列重大环保政策法规的颁布实施，农村环境问题明显改善。

湖北作为全国重要的粮棉油产地和最大的淡水产品产地，农村面积广、人口多，生态环境保护任务重、责任大。历届湖北省委、省政府高度重视农村环境治理问题。按照党中央的各项决策部署，湖北以农业面源污染防治，农村垃圾、污水治理和村容村貌提升为着力点，持续深入开展农村环境综合治理，探索出了"四两"模式，即"两清"（清洁种植、清洁养殖）、"两减"（农药减量化、化肥减量化）、"两治"（村庄环境整治、畜禽养殖污染治理）、"两创"（生态村创建、生态乡镇创建），基本建立覆盖中心城区、县城、乡镇的统筹城乡的生活污水、生活垃圾处理体系，基本形成农村环境综合治理工作机制和长效管理机制，切实改善农村人居环境，农民生活质量明显提高。2018年，全省农村生活垃圾有效治理率达到85%，形成了"户分类、组保洁、村收集、镇转运、县处理"的工作体系。围绕乡镇生活污水治理，新建、改扩建一批乡镇污水项目，实现乡镇污水处理厂建设全覆盖。

具体来看，围绕农村环境综合治理，湖北重点开展了四个方面的工作。

---

① 摘自李克强副总理在第七次全国环保大会上的讲话。

1. 全面加强农业面源污染防治

湖北是全国重要的农业大省，以不到全国4%的耕地面积生产的主要农产品产量均居全国前列，但受工业和城市污染向农业农村的转移排放，农药、化肥和地膜的使用量逐年上升，畜禽粪便、农作物秸秆和农田残膜等农业废弃物不合理处置等多种因素的影响，农业面源污染比较严重。针对这一问题，湖北采取了一系列积极有效的举措。

自2006年以来，湖北先后出台了《湖北省农业生态环境保护条例》《湖北省水污染防治条例》《湖北省畜牧条例》《关于农作物秸秆露天禁烧和综合利用的决定》《湖北省土壤污染防治条例》等地方性法规和法规性文件。2007年11月，湖北全面启动农业面源普查工作，主要对第一产业中的农业、畜牧业和渔业生产中产生的主要污染物种类、排放量及排放去向进行普查。2015年，农业部发布了《关于打好农业面源污染防治攻坚战的实施意见》，要求力争到2020年农业面源污染加剧的趋势得到有效遏制，实现"一控两减三基本"[①]。为全面加强农业面源污染治理，湖北省人民政府专门召开"推行'一控两减三基本' 促进农业可持续发展"的新闻发布会。湖北省农业厅专门成立了农业环境突出问题治理工作领导小组，先后制定了湖北省到2020年农业节水，农药使用量零增长，化肥使用量零增长及农作物秸秆、畜禽粪便、农田残膜基本资源化利用4个专项行动方案。2018年6月，湖北省保护厅发布《湖北省农业面源污染整治工作方案》，提出力争到2020年，全面落实"一控两减三基本"措施，有效遏制农业面源污染。

总的来看，湖北省农业面源污染专项整治成效明显，在全国率先启动水产养殖"三区"[②]划定，绿色化、标准化生产全面推行。截至2017年，全省畜禽粪污综合利用率达到67%，主要农作物秸秆综合利用率达到86%，基本实现了病死畜禽"全覆盖、全收集、全处理"的总体要求。截至2018年7月底，全省有109个县（市、区）全部完成畜禽养殖"三

---

① "一控两减三基本"这个概念是2013年8月29日农业部部长韩长赋在农业部生态与资源保护总站调研时首次提出的。"一控"就是控制农业工程性用水总量；"两减"就是减少化肥和农药使用量；"三基本"就是畜禽粪便、农作物秸秆、农田残膜基本资源化利用。

② 水产养殖"三区"指的养殖区、临时养殖区和禁养区。

区"划定,搬迁关闭禁养区内4764个养殖场,拆除127万余亩围栏围网和网箱养殖,取缔27万余亩投肥养殖和4.5万亩珍珠养殖。通过实施测土配方施肥,开展绿色防控和专业化统防统治,化肥、农药使用量连续5年实现负增长。①

2. 持续推进农村人居环境整治

开展农村人居环境整治,既是一项环境治理工程,也是一项重大惠民生态工程。与党中央步调保持高度一致,进入21世纪以来,湖北省委、省政府将农村环境问题摆在更加突出和重要的位置,大力开展农村人居环境整治工作。在环保部的指导与支持下,湖北以中央专项资金为引导,围绕农村环境连片整治、农村环境综合整治工作,主要实施农村生活污水处理、生活垃圾定点存放清运和无害化处理、畜禽粪便综合利用、饮用水水源地环境保护等工作,取得重要成果。②

2005年10月,湖北省委、省政府召开全省小城镇建设工作会议,出台了《关于进一步加快小城镇建设的意见》(鄂政发〔2005〕42号),特别提出进行"百镇千村"示范建设工程,③ 即利用3年至5年时间……通过抓好全省1000个示范村的建设与整治,以"一建、二清、三治、四改"为重点,探索改善农村人居环境的新模式。④ 2009年,湖北在仙洪新农村建设试验区、大东湖水网和城乡一体化试点镇(鄂州市长港镇)等地率先开展了农村环境连片整治试点。2010年,湖北省被财政部、环保部列为8个农村环境连片整治示范省份之一,资金安排量居全国首位。随后,湖北对农村环境综合整治进行了全面部署,并与各县(市、区)人民政府代表签订责任状。同时,在全省范围开展调查研究,科学选定仙洪新农村建设试验区、鄂州城乡一体化试点及梁子湖流域、黄冈长江生态文明示范带、鄂西生态文化旅游示范区4个

---

① 《湖北省率先启动水产养殖"三区"划定》,《湖北日报》2018年8月30日第3版。

② 由于畜禽粪污处理和饮用水水源地环境保护在前面相关章节已涉及,在这里不再一一赘述。

③ 《湖北省建设厅厅长张发懋2006年5月24日在湖北省第十届人民代表大会常务委员会第二十一次会议上的述职报告》,2007年10月10日,湖北人大网,http://www.hppc.gov.cn/2007/1010/2044.html。

④ 张发懋:《充分发挥职能作用 努力服务村镇建设》,《中华建设》2005年第8期。

农村环境连片整治区域。自农村环境连片整治示范工作开展以来，各地在示范工作推进中创新了连片整治与基本农田改造、农业结构调整等相结合，项目打捆整体推进的整合方式，初步建立政府主导、农民主体、社会力量参与的多元投入机制，推进环境监管向乡镇、农村延伸。

2012年5月，湖北省环保厅、财政厅联合下发《关于开展"十二五"全省农村环境综合整治项目库建设的通知》，面向全省开展"十二五"农村环境综合整治项目库建设，确定5个重点治理区域①，涉及全省11个市（州）、45个县（市、区），13200余个村庄、2000余万农村人口。同年6月，中国共产党湖北省第十次党员代表大会提出，要加快实施农村环境连片整治，让群众享受优美环境。同年8月，湖北省环保厅制定了《全省农村环境连片整治示范工作方案》。2016年，环保部印发《关于下达"十三五"农村环境综合整治目标任务的通知》，明确湖北省2016年完成1100个、2017—2020年每年完成1000个的新增建制村环境综合整治任务（共计5100个），并规定了农村环境综合整治的具体标准。相关数据表明，2008—2017年，湖北累计投入资金34.0369亿元，共完成5273个农村环境综合整治，约占全省村庄数的20.8%。②

为贯彻落实党的十九大报告中提出的关于"加强固体废弃物和垃圾处置"的任务要求，2017年，湖北省人民政府办公厅印发《湖北省城乡生活垃圾无害化处理全达标三年行动实施方案》，提出到2020年年底，全省形成从生活垃圾产生到终端处理全过程的城乡一体、全域覆盖的链条式管理体系……建制镇生活垃圾无害化处理率不低于70%。农村实现"三有"，即有符合国家标准的处理设施，有完善的收运体系和装备，有良好的运行机制保障（资金、队伍、监管）。完成垃圾分类试点任务，全面治理存量垃圾。③

---

① 5个重点区域指：大别山革命老区经济社会发展试验区、武陵山少数民族地区经济发展试验区、南水北调中线工程丹江口库区、三峡库区和四湖流域。
② 相关数据来自湖北省环保厅。
③ 《湖北省人民政府办公厅关于印发湖北省城乡生活垃圾无害化处理全达标三年行动实施方案的通知》，《湖北省人民政府公报》2018年第5号。

2018年2月，中共湖北省委、湖北省人民政府印发《关于推进乡村振兴战略实施的意见》，提出以推进乡村绿色发展，以农村垃圾、污水治理和村容村貌提升为主攻方向，补齐农村人居环境突出短板，实现乡镇生活污水治理3年全覆盖、农村生活垃圾无害化处理全达标的目标任务。[①] 同年5月，中国共产党湖北省第十一届委员会第三次全体会议通过《关于学习贯彻习近平总书记视察湖北重要讲话精神奋力谱写新时代湖北高质量发展新篇章的决定》，提出学习借鉴浙江"千村示范、万村整治"的经验做法，实施农村人居环境整治行动，推进美丽乡村建设。同年6月，《湖北省农村人居环境整治三年行动实施方案》印发，提出全面实施"四个三重大生态工程"，进一步聚集农村垃圾、污水治理和村容村貌提升等方面的重点任务，细化了各项工作措施。湖北省住建厅先后制定《关于加强新时代住房城乡建设工作助力现代化强省建设的实施意见》《湖北省住建厅三大攻坚战行动方案》《湖北省城乡生活垃圾治理技术导则》等重要文件。以上这些为湖北改善农村人居环境和开展美丽乡村建设，构建了目标清晰、立体推进的政策架构体系。

3. 强力推进"厕所革命"进农村

长期以来，农村居民普遍使用的是卫生条件极差的旱厕。"一口缸两块板、三尺土墙围四边"就是人们对旱厕最形象的概括。党的十八大以来，习近平总书记高度重视"厕所革命"。2013年，习近平总书记在河北调研时强调，要进一步重视农村厕所改造，解决好"连茅圈"问题。2014年，习近平总书记在江苏调研考察时指出，解决好厕所问题在新农村建设中具有标志性意义。[②] 2015年7月16日，习近平总书记在吉林延边考察时再次对改厕工作作出重要指示："随着农业现代化步伐加快，新农村建设也要不断推进，要来个'厕所革命'，让农村群众用上卫生的厕所。基本公共服务要更多向农村倾斜，向老少边穷地区

[①] 《中共湖北省委 湖北省人民政府关于推进乡村振兴战略实施的意见》，《湖北日报》2018年3月22日第9版。

[②] 《主动把握和积极适应经济发展新常态 推动改革开放和现代化建设迈上新台阶》，《人民日报》2014年12月15日第1版。

倾斜。"2017年11月，习近平总书记就旅游系统推进"厕所革命"工作取得的成效作出重要指示时强调，厕所问题不是小事，是城乡文明建设的重要方面，不但景区、城市要抓，农村也要抓，要把它作为乡村振兴战略的一项具体工作来推进，努力补齐这块影响群众生活品质的短板。① 近年来，党中央把"厕所革命"作为一项重要基础工程、文明工程和民生工程，提到乡村振兴战略和城乡文明建设的高度，在全国范围内进行重要部署，率先从旅游业突破和普及后，逐步从景区扩展到全域、从城市扩展到农村。

按照党中央、国务院的相关部署，2017年年底，中国共产党湖北省第十一届委员会第二次全体会议把"厕所革命"写入了建设现代化强省的决定，"厕所革命"迎来全新时代。湖北省委、省政府成立了高规格的指挥部，切实把"厕所革命"作为乡村振兴战略的一项具体工作来推进，作为一项重大生态工程来实施。2017年12月，湖北率先在全国印发《湖北省"厕所革命"三年攻坚行动计划（2018—2020年）》，并编制了"一总五专"规划②，提出到2020年，基本实现城乡公共卫生设施"数量充足、分布合理，管理有效、服务到位，卫生环保、如厕文明"，全面改善城乡人居环境。根据安排，3年里全省将新建200万户农户无害化厕所，改造、提升130万户农户厕所，建设、改造25063座农村公共厕所。到2020年，全省农村无害化厕所普及率达到100%。③ 此外，为给全省各地顺利推进工作提供保障，湖北省发展改革委员会同多个部门制定印发了《湖北省"厕所革命"达标县（市、区）认定办法》等十多项政策性文件，印发《湖北省"厕所革命"农村无害化厕所建设技术指南》《湖北省农村"厕所革命"实施方案（2018年）》等。湖北省厕所办和卫计委及时推荐了国家6种无害化厕所建设改造模式。湖北省住建厅确定

---

① 《坚持不懈推进"厕所革命" 努力补齐影响群众生活品质短板》，《人民日报》2017年11月28日第1版。
② 即《湖北省"厕所革命"总体规划（2018—2020年）》和农村厕所专项规划、城镇厕所专项规划、交通厕所专项规划、旅游厕所专项规划、文明如厕专项规划。
③ 《湖北省人民政府关于印发湖北省"厕所革命"三年攻坚行动计划（2018—2020年）的通知》，《湖北省人民政府公报》2018年第5号。

了36种城镇厕所建改设计方案，湖北省交通运输厅、旅游委组织专业机构设计厕所图样方案。湖北省财政厅联合4个部门印发了《湖北省农村"厕所革命"省级以奖代补资金管理办法》，各市（州）、20个试点县（市、区）均制定了"厕所革命"实施方案。2018年，湖北共改造完成农户无害化厕所139万座，农村公厕10346座。①

4. 大力推进生态宜居美丽村镇创建

"中国要美，农村必须美。"2013年中央"一号文件"第一次提出了要建设美丽乡村的奋斗目标以及进一步加强农村生态建设、环境保护和综合整治工作，创建生态文明示范县和示范村镇的建设任务。②2013年7月22日，习近平总书记来到进行城乡一体化试点所在地鄂州市长港镇峒山村。他指出："实现城乡一体化，建设美丽乡村，是要给乡亲们造福，不要把钱花在不必要的事情上，比如说'涂脂抹粉'，房子外面刷层白灰，一白遮百丑。不能大拆大建，特别是古村落要保护好。"③美丽乡村建设的根本出发点和落脚点顺应了广大农民群众对生态家园、人居环境和精神生活的美好期盼。农村环境治理效果好与坏如何体现出来，生态宜居美丽村镇是重要载体。2018年中央"一号文件"，提出"乡村振兴，生态宜居是关键"。

为落实湖北省建设美丽宜居村庄的任务，各地大胆探索和实践，坚持生态优先，按照天蓝、地绿、水净、安居、乐业、增收的目标，积极推进美丽乡村建设，涌现出一大批生态良好、环境优美、群众满意、示范作用明显的绿色示范乡村、美丽宜居乡村以及生态村镇。

2009年，湖北省环保厅发布《关于全面开展创建环境优美乡镇和生态村活动的通知》，明确了环境优美乡镇和生态村的建设标准和考核办法。环境优美乡镇和生态村创建均分为国家级、省级和市级3个层次。2011年，湖北省环保厅提出，确保在2010—2012年内，全

---

① 《农村无害化厕所有了统一标准》，《湖北日报》2019年3月4日第12版。
② 《中共中央 国务院关于加快发展现代农业 进一步增强农村发展活力的若干意见》，《人民日报》2013年2月1日第1版。
③ 《习近平在湖北考察工作时指出 建设美丽乡村不是涂脂抹粉 城镇化不能让农村荒芜》，《城市规划通讯》2013年第15期。

省农村环境连片整治示范地区的生态乡（镇）和生态村要达到整治乡（镇）、村总数的1/3及以上。为进一步强化农村连片环境整治示范效果，湖北切实贯彻"以奖促治"和"以奖代补"政策，通过加强资源整合，突出整治亮点，在示范地区范围内全面开展生态乡（镇）和生态村"四级"联创。后又结合生态省创建，推进生态省市县乡村"五级联创"。2013年，把完善村庄环境设施、整治农村环境卫生、改善村容村貌、建立农村环境卫生管护长效机制、促进乡风文明和生态文明作为在全省开展的"三万"（"万名干部进万村洁万家"）活动的主要任务。后期，又大力实施"清洁乡村·美丽家园"三年行动，加强村庄环境整治，农村环境面貌显著改善。2014年，将绿色示范乡村列入湖北省人民政府为民办的"十件实事"。截至2015年，全省建成宜居村庄1000个，获评国家无障碍环境市县17个，获得节水型城市2个以及人居范例奖项目17个。2016年，《湖北省人民政府办公厅关于统筹整合相关项目资金开展美丽宜居乡村建设试点工作的指导意见》（鄂政办发〔2016〕66号）发布，提出从2016年起，每年重点支持300—500个村开展美丽宜居乡村建设试点。到2020年年底，建成2000个左右美丽宜居示范村。[1] 2017年，湖北确定了262个美丽乡村建设试点村，2018年新增285个。

2017年，中国共产党湖北省第十一次党员代表大会召开，就加快城乡一体化发展，提出坚持城乡统筹，协调推进新型工业化、城镇化、信息化、农业现代化和绿色化，打造一批以产业为支撑的宜居宜业特色小镇。做好乡村规划，建设美丽乡村。湖北省2017年政府工作报告也提出，要加快特色镇村规划建设，重点培育5个国家级、20个省级特色小镇，推进1000个绿色示范乡村创建。2018年，湖北省住建厅出台《湖北省美丽宜居乡村示范项目建设方案》，提出用3年时间，即2018年至2020年，全省每个县（市、区）都打造一批精品型、提升型美丽宜居乡村示范项目。湖北省环保厅公布的《2018年全省环境保护工作要点》指出，到2018年年底前，湖北要创建4个省级生态建设示范县（市、区），400个

---

[1] 参见《湖北省人民政府办公厅关于统筹整合相关项目资金开展美丽宜居乡村建设试点工作的指导意见》，《湖北省人民政府公报》2016年第20号。

省级生态村镇。目前,全省17个市州全面启动生态创建工作。截至2018年年末,全省已成功创建并命名省级生态乡镇366个,省级生态村3568个。[①]

[①] 《荆楚大地遍写生态诗行 美丽湖北尽抒锦绣篇章》,《湖北日报》2018年12月26日第7版。

第四章

湖北城乡一体化发展的
新面向及政策局限

随着改革开放这艘巨轮不断向前驶进，往昔的城市和乡村发生了翻天覆地的变化，无论是经济发展水平、社会进步程度，还是人民生活水平都得到了极大的提升。与此同时，各种新情况、新问题、新矛盾也应运而生，对我们提出了新的要求和严峻考验。湖北作为地处我国内陆腹地的农业大省，相对沿海经济发达省份或地区，面临的新情况、新问题、新矛盾更为复杂，推进城乡一体化，实现城乡融合发展的目标和任务也更为艰巨。

基于湖北城乡一体化发展取得的巨大成就，本章立足实际，从国情、省情出发，科学认识、客观辨析、准确把握当前城乡改革与发展中面临的各种新情况、新问题、新矛盾，在肯定国家和省级层面各类政策在实施过程中发挥正向效应的同时，也客观分析了现有城乡一体化政策的局限性。

第一节 湖北城乡发展失衡的主要体现

在改革开放的伟大征程中，湖北城乡一体化发展取得了令人瞩目的巨大成绩，在很大程度上促进了农业农村的发展，广大农民群众得到较多实惠。然而，在看到成绩的同时，也要清醒地认识到，由于历史和现实的原因，城乡发展失衡的状态并未从根本上得到转变，城乡之间仍然存在较大的发展差距，农村发展不充分的问题依然比较突出。在加快推进城乡一体化发展的进程中，还存在诸多深层次的矛盾和问题亟待解决。

一 城乡生产要素配置不合理

同全国大多数省份一样，湖北省农村地区的生产要素，特别是土地、资金、劳动力等关键性生产要素，在城乡二元体制的惯性作用下，仍大量由农村向城市流动和集中。进入 21 世纪以来，"三农"问题被摆在全党工作重中之重的地位，中央及地方各级政府对"三农"的政策支持力度不断加大，农村迎来巨大的发展空间，新产业、新业态不断涌现，城市资本、企业、市民逐步向农村反向流动，从农村出走的部分能人也开始回乡创业。如湖北各地通过土地规模化流转，拓宽了农民进城和工商资本下乡的双向渠道；武汉市通过实施"三乡工程"，架起了一座城乡要素资源互联、互融、互通的桥梁，推动资本、技术、人才等生产要素向农村流动……但总体上来看，各类要素资源由城市向农村的反向流动或者在城乡之间的双向流动还处于初步发展阶段，还不成比例，农村各种人才、资金、劳动力等要素资源向城镇单向净流出的基本格局并没有从根本上得到改变。在湖北广大农村地区，即便是那些农业条件优越的鱼米之乡，也经常见到绵延不绝的"空心村"和"老人屯"、破旧的水利设施和被废弃的中小学校。绝大多数农村已经很难再看到青壮年的身影，"留守老人、留守儿童、留守妇女"成为农村现今最主要的群体。湖北在解决"三留守"人员问题上做了很多工作，但制度化、常态化的服务体系还没有建立起来。据湖北省统计局公布的数字，2016 年，全省农村户籍人口为 6156.8 万人，劳动力约为 2290 万人。其中，外出农民工为 1112.81 万人，接近 50%。湖北省民政厅首次发布的全省农村留守儿童摸底和调研报告显示，截至 2016 年年底，湖北省农村留守儿童总数为 73.9056 万人。其中，黄冈市 14.7425 万人、荆州市 11.2746 万人、恩施州 8.3336 万人。此外，由于各种生产要素望风溃逃，经济发展缓慢，农民持续增收压力增大。

具体来看，城乡生产要素配置不合理主要表现在三个方面。

（一）城乡土地要素流向单一

在湖北，城乡土地要素流动和全国及其他地区一致，主要是农地向城市或非农用地向城市的单向转移，城乡之间土地要素的双向动态流动机制尚未形成。特别是农村土地市场化尚未真正实现，仍由政府部门垄断。农村集体土地通过征地转变为国有土地实现的土地增值收益，在分配中，农民所占比例微乎其微，约为5%—10%，而地方政府和开发商所占比例高达60%—70%。鄂州市、仙桃市等城乡一体化水平较高的地区，一亩招拍挂的土地出让金收益，少则几十万元，多则几百万元，当地农民得到的土地补偿金却只在3万元上下。2014年3月，湖北省人民政府发布《关于公布湖北省征地统一年产值标准和区片综合地价的通知》，明确从2014年1月1日起执行新的征地补偿标准。新的征地补偿标准中，全省Ⅰ类地最高征地补偿标准为58903元/亩，最低为32120元/亩；Ⅱ类地最高征地补偿标准为44100元/亩，最低为29400元/亩；Ⅲ类地最高征地补偿标准为39900元/亩，最低为27500元/亩；Ⅳ类地最高征地补偿标准为35700元/亩，最低为29760元/亩。然而，在征地中，农民实际得到的补偿往往低于省定的征地标准。同时，由于土地要素配置在制度设计上程序复杂，再加上市场交易成本高，各方达成合意周期比较长，土地要素配置效率一般较为低下，从而造成土地闲置、浪费和稀缺现象同时存在。这种由农村向城市单向低效的土地流动模式和交换关系，一定程度上抑制了土地要素在城乡之间的平等交换，使得土地要素市场难以在城乡之间实现均衡配置，农民的利益难以得到有效维护。

（二）城乡劳动要素割裂严重

城乡劳动要素割裂严重，突出表现为城乡劳动力市场分割严重。一方面，长期以来，由于城乡二元户籍制度及附着在户籍制度背后的一系列城市取向的福利制度的存在，使得劳动力在城乡之间的迁移受到诸多限制，劳动力在城乡之间难以实现充分自由流动，大部分农民工在城市和乡村之间长期保持着年复一年候鸟式的流动之态。另一方面，即使农民工进入城市，也难以在就业机会、劳动报酬以及社会保障等方面，获得与城市劳动者同等的待遇，反而沦为城市中的"新二元结构"[①]。有研

[①] 新二元结构是指城市中的流动人口（主要为农民工）与城市户籍人口之间在政治权利、经济收入、社会保障、公共服务等方面存在的差距。张俊飚、颜廷武：《破除城乡要素不平等交换体制障碍》，《湖北日报》2013年2月19日第11版。

究表明，迁移劳动力比城市劳动力平均报酬低28.9%[1]，为来自同一行业内的报酬歧视和行业的进入障碍所造成的。这在很大程度上阻碍了湖北城乡统一的劳动力市场的建成和发育，也直接影响着劳动力要素在城乡之间的合理流动和平等交换。此外，在就业服务方面，尽管，湖北县以上地方都成立了公共就业人才服务机构，基本建成城乡统一、功能齐全、网络畅通、服务下移、队伍专业、运转高效的省、市、县、街道（乡镇）、社区（村）五级公共就业服务体系，但真正由政府部门组织的外出农民工不到农民工总量的10%，参加过由政府举办的技能培训的农民工仅占12.6%。依靠血缘、地缘、亲缘等自发方式外出仍是农民工外出就业的主要渠道。2016年年底，湖北省外出农民工中自发外出的占70.6%，通过政府部门组织和中介组织外出的各占8.7%和6.7%，通过企业招收的占14%。[2]自发外出农民工所占比重多年来一直在70%以上。

（三）城乡资本要素配置不均

长期以来，农村资金外流严重已成为湖北城乡资本要素配置不均的典型表现。20世纪90年代，为了降低经营成本，在湖北，作为金融领域"正规军"的四大国有商业银行包括农业银行掀起了一股农村网点撤并的浪潮。1995—2005年的10年时间内，湖北省县及县以下金融机构和营业网点减少了78.3%，导致县域城乡金融体系严重萎缩。即使是那些被保留下来的少数分支机构，其贷款权也大多被上收而主要从事储蓄业务。除农村信用社外，其他金融机构吸收的存款绝大部分都流向了大中城市，投向了非农领域，并没有真正用于反哺"三农"，部分地区甚至出现农村资金被城市"虹吸"的现象。来源于县域广大城镇、农村的大量资金，每年通过储蓄、国债、证券等形式源源不断流向大城市、大企业，县域金融机构存款大于贷款在当时成为普遍现象。据中国人民银行武汉分行统计，2005年，湖北省商业金融机构存贷差总额达到657亿元，而县域

---

[1] 蔡昉：《为什么劳动力流动没有缩小城乡收入差距？》，2006年12月15日，中国网，http://www.china.com.cn/review/txt/2006-12/15/content_7513735.htm。

[2] 《湖北省农民工就业特征及转移趋势分析》，2017年3月1日，湖北省统计局官网，http://tjj.hubei.gov.cn/tjbs/qstjbsyxx/114809.htm。

金融机构存贷差总额却高达1402.3亿元。①

由于资金的大量外流，大部分中小企业难以从正规金融机构获得贷款，而真正从事农业经营的农户更难获得贷款。为解决农村地区银行业金融机构网点覆盖率低、金融供给不足等问题，自2005年起，湖北大力推进金融支持"三农"政策：一是围绕"金融扶弱"工作，加强政策性金融与商业金融之间的配合，重点加大了对粮棉油收购、新农村建设和贫困学生的贷款力度；二是围绕"金融普惠化"工作，调整放宽农村地区银行业金融机构准入政策，推进了包括村镇银行、贷款公司、资金互助社等新型农村金融机构的建设力度；三是围绕"精准扶贫"工作，采取各种支持政策，加大了对贫困地区或人口的易地搬迁贷款、助学贷款、产业发展贷款等；四是允许部分地区开展农地经营权抵押贷款试点。由此，农村金融体系进一步完善，农村金融发展水平也得到极大提升。

但总体上来看，由于农业经济比较效益差，农业生产和经营投入大、周期长、见效慢，纵使倾注了大量投入也难以获得丰厚回报。有时候遇到天灾人祸和市场波动，甚至会血本无归。而以逐利为主要目的金融资本，由于与生俱来具有"嫌贫爱富"的特质及"扶强不扶弱"的信贷行为，根本不会轻易向有资金需求的农户和从事农业经营的中小企业提供贷款。即使政策明文规定可以向农户提供的贷款项目，金融机构也会设置各种附加条件将农户阻隔在大门之外。以小额担保贷款为例，农户要想从银行顺利获得贷款，除了满足基本条件以外，还必须通过政府机关、事业单位的工作人员或其他有稳定收入的人员以个人信用提供反担保才能顺利贷到款。显然，农户很难做到这一点。

二 城乡基本公共服务不均等

现阶段，城乡基本医疗、义务教育、社会保障、基础设施等公共服务供给差距有了明显的缩小，但城乡公共资源"倒挂"的现象仍然没有得到改变，城乡基本公共服务仍不均等。

---

① 宋亚平：《破解县域经济发展的融资难题》，《中国乡村发现》2007年第1期。

(一) 城乡优质卫生资源分布利用不均衡

为加强农村卫生资源供给，推进农村卫生服务体系建设，湖北从2008年开始便在全省启动了市（州）级中医院、县级医院、县级中医院、县级保健院、乡镇卫生院、农场林场卫生院、村卫生室建设改造工程。特别是近年来启动的以"产权公有化、建设标准化、服务规范化、运行信息化、管理一体化"为主要内容的村卫生室建设三年达标行动、乡村医生（全科医生）队伍建设、乡镇卫生院改薄工程和特色科室建设、联合医疗体组建、"互联网+"医疗服务模式推广等工作，极大解决了农村居民就医不便的问题，真正将"小病不出村"落在实处。但是，从优质卫生资源的配置上来看，城乡之间仍存在很大差别。据不完全统计，80%左右的卫生资源集中在大城市，尤其是先进的医疗技术、医疗设备和优秀人才高度集中在城市大医院，而农村卫生资源总体不足，突出表现在乡镇卫生院缺少大型医疗设备、专业技术骨干严重不足，农民的基本医疗需求得不到很好保障。此外，还存在乡村医生待遇低，基层卫生队伍不稳定，人才流失率较高等问题。就区域而言，优质卫生资源主要集中在像武汉市、宜昌市、襄阳市这种经济发展水平较高的市（州），部分市（州）卫生资源总量相对不足，造成群众看病纷纷涌向大城市、大医院。一些乡镇医院由于缺少优质卫生资源，已经出现了不同程度的闲置率。事实上，在优质卫生资源的配置上，不仅城乡之间存在失衡，即使在同一个城市，也存在大医院人满为患，社区医院"门可罗雀"的问题，其根本原因也在于优质卫生资源配置不均。

(二) 农村教育仍然是发展薄弱环节

教育是一个民族最根本的事业。近年来，从中央到地方高度重视农村义务教育，加大了教育资金的投入力度，特别是加大了对农村薄弱学校的改造投入力度，提高了生均公共教育经费财政拨款力度。农村学校教学硬件设施得到较大的改善，但是义务教育的地区差距、城乡差距仍然存在，主要表现为农村教师数量不足、队伍结构不合理，工资待遇和社会保障水平偏低，更重要的是农村教师整体素质和教学水平与城市相比还存在较大的差距，根本无法满足当前农村地区人民群众对接受优质教育的需求。相关调查数据显示，城市小学教师比农村小学教师高级比例要高 10% 左右，一级比例要高 20%，二级比例要高出 20%。① 正是由于优质教育资源向城市的过度集中，向重点学校的过度倾斜，无奈之下，"农村的孩子要进城，城里的孩子要读重点"不得不成为当前教育的真实写照。为了通过教育途径给孩子的人生创造更好的选择，很多家长就算是挤破了脑袋也要把孩子送到城镇教学条件稍好一点的学校去上学。即使要在城里租房陪读，或者每天接送孩子走读，家长也义无反顾。调研中发现，在湖北，由于农村生源大量流向城镇，导致农村小学就读人数大量减少，每个班只有十几人，二十几人，而城镇学校也因人数激增，不得不饱受"大班额"困扰。一个只能装 40 人的教室往往会塞进五十多人，甚至更多。湖北有些地方的学校甚至出现过 80—100 人的超级大班。

（三）农村基础设施建设滞后于城市

改革开放 40 年来，围绕农村道路、安全饮水、网络通信等民生工程，湖北各级政府集中财力、物力和人力进行了大规模地投入和建设，农村居民出行、饮水、通信等生活条件得到明显提高，与城市之间的差距明显缩小。然而，随着经济社会发展总体水平的提升，农村基础设施建设仍然滞后于城市，不能有效满足农业生产和农民生活的实际需要，主要体现在四个方面：一是农村水利设施最后一公里建设，即农村中小型水利设施建设依然十分薄弱，抗灾减灾能力明显不足。二是对农村生活污水、生活垃圾的集中处理及无害化处理、可持续利用、循环利用等基础设施关注还远远不够。目前，全省大部分地区，还缺乏配套的环保基础设施。即使像武汉市这种城乡一体化水平较高的大都市，农村的环保基础设施建设投入也不足，仍然滞后于城市。总体上来看，农村环境问题并没有从根本上得到改变。全省农村生活垃圾虽然进行了集中转运，但还未实现无害化处理，生活污水直接排放的现象也十分普遍。三是已经建好的包括农村道路、水利设施在内的基础设施，一方面等级差，另一方面长期游离于公共管理之外，缺乏长效管护机制。四是一些革命老区、贫困地区和山区，农村基础设施建设水平仍然十分落后，部分县、乡、村边界地区仍有断头路等瓶颈路段没有打通，农村饮水安全问题也

---

① 姜欢、张亭亭：《湖北城乡义务教育现状及财政政策研究》，《湖北经济学院学报》（人文社会科学版）2011 年第 8 期。

没有得到彻底解决。

(四) 农村社会保障水平明显低于城市

与城镇完善的社会保障制度和体系相比,湖北2008年前后才开始在农村推行最低生活保障制度、新型农村社会养老保险制度和新型农村合作医疗制度。进入2010年之后,这些制度才开始在全省逐步铺开。近两三年推进了城乡居民基本养老保险制度、基本医疗保险制度的并轨,农村社会保障水平大幅提高。但总体来看,农村社会保障体系还处于不断完善的过程之中,农村居民享受到的基础社会保障待遇水平不仅明显低于城镇职工,也低于城镇居民。以最低生活保障为例,2017年,全省城镇居民最低生活保障对象为45.9万人,低保金为509207.9万元;农村居民最低生活保障人数为137.9万人,低保金为857504.4万元。农村居民最低生活保障人均标准仅相当于城镇居民最低生活保障人均标准的一半多一点。2017年,湖北省农村居民基本养老保险基础养老金标准为每人每月80元,远远低于武汉市的每人每月270元。

三 城乡产业发展融合度不高

产业发展是推动城乡一体化的基本动力。近年来,湖北全省各地积极转变经济发展方式,在推动产业结构调整和优化升级、推进农村一二三产业融合上取得较大进展,产业结构相似与互补并存,但产业间的关联性不强,产业链延伸不充分,产业间的融合度不高,缺乏配套的政策支持体系,农企间利益联结机制不完善。受城乡二元社会结构的影响,中心城市和农村长期在不同的产业发展道路上运行。一方面,城市与县域在产业整合、分工协作等方面联系不紧密,产业链接度不高。另一方面,农村地域产业结构层次比较低,缺乏具有活力的主导产业,缺乏深层次的产业开发,承接中心城市产业转移的能力较弱,从而导致中心城市产业对农村区域经济发展及工业化的推动作用比较弱,城乡之间也没有形成一体化的市场体系。与此同时,政策、体制等多方面的原因客观上也阻碍了城乡产业的关联、互动和融合。在产业结构调方面,各地区间城乡产业结构趋同化现象较明显。目前,许多地方在农业结构调整中盲目跟风,不考虑地理条件、区位优势如何,不注重产出环节的效益指标,只注重生产环节的面积指标,调整结构的基本思路大体相同,要么建大棚，要么种果树，要么搞养殖，在品种选择上也基本相似，这已经成为许多农产品"卖难"、价格下跌的重要原因。此外，各级地方政府为了促进当地经济发展，在发展定位和具体的产业选择上重复交叉、协调合作不够，呈现"诸侯式格局经济"，产业空间布局过度分散，产业集聚度、融合度不高。

四 城乡居民收入差距明显

从农村居民年人均可支配收入占城镇居民年人均可支配收入的比重来看，1978年，湖北农村居民年人均可支配收入只有城镇居民年人均可支配收入的31.58%。此后几年，湖北农村居民年人均可支配收入增幅明显高于城镇居民。1984年，湖北农村居民年人均可支配收入占城镇居民年人均可支配收入的比重，在短短6年时间内增加一倍多，高达66.42%。然而，从1985年开始，随着国家改革的战略重心由农村转向城市，以卖粮难、打白条、农业税费负担重为主要表象的"三农"问题卷土重来。到2000年，湖北农村居民年人均可支配收入只有城镇居民的41.06%。此后，这一比重不断降低，到2007年只有34.81%。2007年之后，湖北农村居民年人均可支配收入占城镇居民年人均可支配收入的比重虽有所增长，但农村居民年人均可支配收入增幅并不大。截至2017年，湖北农村居民年人均可支配收入占城镇居民年人均可支配收入的比重在2007年的基础上仅增加了8.5个百分点，为43.31%。2000—2017年的17年间，湖北农村居民年人均可支配收入在大部分年份只有同期城镇居民年人均可支配收入的1/3多一点。

从城乡居民年人均可支配收入差距的绝对值来看，更能显示出城乡居民在收入上的差距。2000年，湖北农村居民年人均可支配收入为2268.5元，同期城镇居民年人均可支配收入为5524.5元，两者相差3256元。2012年，湖北农村居民年人均可支配收入为7851.7元，同期城镇居民年人均可支配收入为12987.9元，两者相差5136.2元，较2000年增加了1880.2元。2017年，湖北农村居民年人均可支配收入为13812元，同期城镇居民年人均可支配收入为31889元，两者相差18077元，较2000年增加了14821元，较2012年增加了9684.8元。由此可见，城乡居民收入差距的绝对值在不断扩大。①

五　新型城镇化质量并不高

近年来，湖北新型城镇化快速发展的同时，质量不高的问题也日益凸显。

从城镇发展数量来看，城镇数量较多，但城镇质量并不高。截至2017年，全省共有13个地级行政区，包括12个地级市、1个自治州；103个县级行政区，包括39个市辖区、24个县级市、37个县、2个自治县、1个林区；1235个乡级行政区，包括310个街道办事处、762个镇、163个乡。② 城镇人口为3499.89万人，城镇数量居全国前列。省辖市中，除武汉市城镇人口达到800万人以上外，其他城市城镇人口均在350万人以下。其中，除襄阳市、荆州市城镇人口超过300万人以外，其他城市城镇人口均在300万人以下。县城人口规模一般在10万人左右，建制镇人口规模平均在1万—3万人。

从城镇化水平来看，湖北城镇化率增长较快，80%以上的省辖市城镇化率都超过了50%。但城镇化率增长的同时，城镇的质量并没有相应得到提升，明显体现在"土地城镇化"快于"人口城镇化"。一些地方在推进新型城镇化的进程中，为了提高城镇化速度，通过行政区划调整和扩大城市规模建设，使得大部分农村地区在一夜之间变为城镇。实际上，农民仅仅在户籍制度上实现了从农民到市民的转变，生活质量并没有得到显著改善。无论是城镇产业结构的提升，还是管理机制的完善，都没有跟上城镇人口增长的步伐，尤其是对外来人口的管理乏力，社会保障制度不健全，极大制约城镇的健康发展。从城镇化规模来看，由于一些城镇规模过小，在城镇化过程中很难像大城市那样发挥对要素资源的集聚效应和对经济的拉动作用。与此同时，诸如文化、教育、卫生、社会保障等基本公共服务资源也难以得到有效配置，这在一定程度上也影响了湖北城镇化质量的提高。

从规划引领作用来看，现有的乡镇总体规划层次偏低，修编不够及

---

① 相关数据根据对应年度《湖北统计年鉴》所列数据计算得出。
② 相关数据来自《湖北统计年鉴2018》统计资料。

时，难以适应新型城镇化发展的需求。已编村庄规划缺乏对村庄居民点布局、农村产业发展、公共基础设施和服务设施等方面的统筹安排。在农村，由于村镇规划建设管理无序，农民建房十分随意，即使占用耕地也无人敢管。一些地方通过村庄归并试点形成的新型农村社区，由于具有"非城非乡、亦城亦乡"的特点，在社区管理中存在着体制性难题。这些都是影响城镇质量难以提高的重要原因。此外，城镇布局不尽合理，城镇化协调发展难度较大。从空间结构布局来看，湖北城镇东密西疏的特点十分明显，城镇主要沿交通干线或长江汉水沿岸集聚，东部城镇数量多、密度高、规模大，西部城镇数量少、密度低、规模小。[①]

从地区间的城镇化水平来看，由于经济发展水平不一，13个市州间的城镇化水平差异较大。2017年，湖北省13个地市（州）中，城镇化率最高的是武汉市为80.04%，最低的是恩施州为43.5%，两地之间的差距高达36.54个百分点。从城镇梯次结构来看，湖北大中小城市与城镇的布局不够合理，缺乏梯次推进的发展格局。其中，最显著的特点就是湖北省在突出"一主两副"城市发展战略的推进过程中，使得武汉市、宜昌市、襄阳市集聚了全省大部分的资源。其中，尤以武汉市的集聚力最为强大。随着武汉市、宜昌市、襄阳市三大中心城市功能和竞争优势的不断提升，对周边县城生产要素产生了巨大的"虹吸"效应。2010—2016年，"一主两副"城市GDP占全省经济总量的比重持续增长，而荆州市、黄冈市、孝感市、荆门市、十堰市、黄石市等众多城市"增长极"与"一主两副"城市的差距非但没有缩小，反而越拉越大。

六　农村环境综合治理难度大

近年来，湖北借助党中央实施的"以奖促治""以奖代补"政策，不断加大对农村环保的投入，特别是随着农村环境连片整治工作的开展和有效推进，全省农村环境质量不断改善。但农村饮水安全保障度低、规模化畜禽养殖污染严重、农村面源污染严重、生活垃圾和污水处理环保设施建设基础薄弱等问题一直比较突出。实地调研中，湖北各地环保部

---

① 刘良谋、张学峰等：《新形势下推进湖北城镇化建设的思考与建议》，《政策》2011年第10期。

门均反映,农村目前最大的污染来自农业生产,即规模化养殖和种植产生的污染。很多地方的水质监测显示,氨和磷含量严重超标,大大高于城市,污染相当严重,已经使相当多的地区出现水质型缺水。如湖北的郧阳区、京山县与大冶市等地已经成为土壤重金属污染的典型区域。而造成农村环境污染严重的原因有两个:一是农村环境综合治理是一个系统工程,所需的资金投入量较大,但国家和地方投入资金不足,特别是环保基础设施建设投入和规模化畜禽养殖环保治理项目投入力度不足,欠账多。二是群众的环境保护观念淡薄,养成了随意丢弃生产生活垃圾的不良习惯,从而导致村庄周围成了天然的垃圾存放场,对当地环境造成严重污染。截至2017年年末,湖北全省尚有85%的村庄对生活污水没有进行治理,有18.7%的村庄对生活垃圾没有设立固定垃圾收集点。

第二节　湖北城乡一体化发展的新面向

经过长期努力,当前,中国特色社会主义进入了新时代。与过去相比,无论城乡经济基础、社会条件,还是外部环境均发生了十分明显的变化,既包括国家在宏观政策上、发展理念上作出的许多重大调整和新的部署,也包括农村产业形态发生的巨大裂变、农村社会治理格局发生的重大变化、农民身份发生的历史性转变、城乡要素流动方向发生的重要转变。这一系列重要变化,是当前以及今后湖北加快推进城乡一体化发展,进行顶层设计、政策抉择和实践操作都必须考量的重要因素。

一　决策部署:城乡一体化进入融合发展的新阶段

从整个国家的发展阶段来看,当前,中国特色社会主义已经进入新时代,社会主要矛盾已经转化为人民日益增长的美好生活需要和不平衡不充分的发展之间的矛盾。然而,从某种意义上讲,我国最大的发展不平衡是城乡发展不平衡,最大的发展不充分是农村发展不充分。尤其在湖北这样的农业大省,城乡发展不平衡和农村发展不充分的问题更具普遍性和代表性。

着眼于实现"两个一百年"奋斗目标和补齐农业农村发展短板,2017年,党的十九大、中央经济工作会议、中央农村工作会议,先后提出了要实施乡村振兴战略,特别强调要坚持农业农村优先发展,按照产业兴旺、生态宜居、乡风文明、治理有效、生活富裕的总要求,建立健全城乡融合发展体制机制和政策体系,加快推进农业农村现代化。[①] 2018年中央"一号文件"进一步对实施乡村振兴战略作出全面部署。

党的十九大作出的实施乡村振兴战略这一重大决策部署以及提出的城乡融合发展的新方向,与党的十六大首次提出的统筹城乡经济社会发展的重大战略任务、党的十六届五中全会提出的社会主义新农村建设的重大历史任务相比,无论是在形式上,还是在内容上都发生了重要的变化。其中,在"二十字"方针上,从"生产发展"到"产业兴旺",从"村容整洁"到"生态宜居",从"生活宽裕"到"生活富裕",从"管理民主"到"治理有效"的变化,虽然表面上看仅是对部分词汇进行了调整,但实际上涵盖的内容更为广阔,蕴含的意义更为深刻,描绘的蓝图也更为美好,属于新时代农业繁荣、农村发展、农民富裕的必然要求和最佳归宿。更进一步,在路径选择上,党的十六大提出的统筹城乡经济社会发展,主要是用"统筹城乡一体化发展"的概念来表述的,党的十六届五中全会提出的社会主义新农村建设是作为一种缩小城乡差别的再平衡战略来提出的,而党的十九大则要求实施乡村振兴战略,走城乡融合发展之路,要求我们按照建立健全城乡融合发展体制机制和政策体系的路径去彻底破解长期形成的城乡二元社会结构难题,以尽快实现城乡在政策对象上平等、产业发展上互补、国民待遇上一致,促进整个城乡经济社会全面、协调、健康、可持续发展。

由此可见,从党的十六大提出的统筹城乡发展到党的十九大提出的城乡融合发展,体现的是一种不断递进与持续深化的逻辑关系。具体落实到城乡体制机制和政策体系的改革创新上,可以说是任务更重,要求更高,目标更远大。总的来看,党的十九大提出的实施乡村振兴战略和建立健全城乡融合发展体制机制和政策体系,标志着我国从城乡一体化进入了城乡融合发展的新阶段。

对于湖北而言,紧扣当前我国社会主要矛盾发生的变化,按照党中

---

① 《决胜全面建成小康社会 夺取新时代中国特色社会主义伟大胜利》,《人民日报》2017年10月19日第2版。

央的决策部署，结合地方发展实际，加快城乡一体化进程，实现城乡融合发展，事关湖北全面建成小康社会，加快"建成支点，走在前列"，全面建设社会主义现代化强省的目标能否顺利实现，是全省各级地方党委和政府当前及未来一段时期内要努力完成的重大历史任务。

二 发展理念：新发展理念推动经济发展产生变革

自1978年党的十一届三中全会召开以来，我国经济改革开放一路高歌猛进，我国经济总量从3678.7亿元到超过80万亿元，占世界经济的比重由1.8%上升到15%，对世界经济增长的贡献率超过30%[①]，成为世界第二大经济体，各项建设取得显著成就。但由于我国经济发展长期以来走的是一条高投入、高消耗、高排放、低效率的粗放型发展之路。在经济发展和城市建设取得显著成绩的同时，也付出了惨痛的资源和环境代价。过度耕种土地，过量使用化肥农药，导致土壤肥力下降，面源污染严重，农业生态环境和可持续性遭到破坏，食品安全问题成为全社会共同关注的焦点。特别是自2013年以来，全国范围内大规模频繁发生的雾霾袭城现象，更是给我们敲响了警钟。湖北虽然位于我国中部腹地，同样也难逃雾霾侵袭，就连自然环境极好的神农架地区也曾遭受雾霾影响。环境污染所带来的严峻挑战，从来没有像今天这样深刻地影响着我们的生活。除环境问题以外，高投入、高消耗、高排放、低效率的粗放型发展之路也引发了另外一个重大矛盾，即在供给侧积累了大量问题，最终导致经济发展存在结构性失衡，产能严重过剩。在湖北，农业基础薄弱、工业大而不强、服务业发展滞后，部分行业产能过剩，资源消耗偏高，经济发展质量和效益长期偏低等结构性问题日益突出。尤其是农业供给侧结构性问题还很突出，主要体现在农业产业体系结构不优、农产品市场竞争力不强、产业融合机制不健全、生产经营成本居高不下、农民增收势头放缓等多个方面。

如何实现经济发展与环境保护相协调？如何化解经济结构长期不合理的矛盾？以发展理念创新引领发展方式转变，大力推进供给侧结构性改革，加快推动新旧动能转换和质量效益提升，促进经济持续健康发展

---

① 时间跨度为1978—2017年。

和社会和谐稳定显得尤为迫切和必要。国家层面，先后提出了"创新、协调、绿色、开放、共享"五大发展新理念，"去产能、去库存、去杠杆、降成本、补短板"五大供给侧结构性改革的任务。牢固树立"创新、协调、绿色、开放、共享"发展理念和推进供给侧结构性改革，已经成为当前转变经济发展方式的良方。

2015年10月，党的十八届五中全会审议通过《中共中央关于制定国民经济和社会发展第十三个五年规划的建议》（以下简称《建议》）。《建议》提出了全面建成小康社会的新目标，首次提出"创新、协调、绿色、开放、共享""五大发展新理念，为我国"十三五"乃至更长时期的发展描绘出新蓝图。"创新、协调、绿色、开放、共享"这五大发展新理念已经成为当前全社会的共识，特别是绿色发展理念已经切实融入经济、政治、文化、社会建设的各个方面。2015年11月，习近平总书记在中央财经领导小组第十一次会议上首次提出"着力加强供给侧结构性改革"。① 同年12月，中央经济工作会议、中央农村工作会议相继召开。其中，中央经济工作会议将"去产能、去库存、去杠杆、降成本、补短板"作为2016年推进供给侧结构性改革的五大任务。② 中央农村工作会议强调，要着力加强农业供给侧结构性改革，提高农业供给体系质量和效率，使农产品供给数量充足、品种和质量契合消费者需要，真正形成结构合理、保障有力的农产品有效供给。③ 习近平总书记在党的十九大报告中强调，现阶段，我国经济发展的基本特征就是由高速增长阶段转向高质量发展阶段。④

推进城乡一体化，实现城乡融合发展是一个宏大的系统工程，涉及经济、社会、文化、生态文明建设等方方面面，在实践过程必然会遇到各种各样形形色色的问题、矛盾和困难。湖北这个农业大省，在实施乡村振兴战略，推进城乡一体化，从而实现城乡融合发展的过程中必须着

---

① 《习近平主持召开中央财经领导小组第十一次会议》，2015年11月10日，新华网，http://www.xinhuanet.com/politics/2015-11/10/c_1117099915.htm。
② 《中央经济工作会议在北京举行》，《人民日报》2015年12月22日第1版。
③ 《中央农村工作会议在京召开》，《人民日报》2015年12月26日第1版。
④ 《决胜全面建成小康社会 夺取新时代中国特色社会主义伟大胜利》，《人民日报》2017年10月19日第2版。

重考虑和思考如何转换新旧发展动能，如何化解城乡发展不平衡和农村发展不充分的矛盾，如何实现经济发展与环境保护相协调，如何进一步拓展城乡发展的新空间，如何合理分配改革发展成果等一系列问题。这些问题如何解决，在发展理念上，必须牢固树立并贯彻落实"创新、协调、绿色、开放、共享"五大发展新理念，并将其融入经济社会发展的各个方面，全面、深入、扎实开展好各项改革工作。2018年9月，国家《乡村振兴战略规划（2018—2022年）》对外发布，在指导思想中明确提出要牢固树立"创新、协调、绿色、开放、共享"发展理念，落实高质量发展要求。

三 产业形态：农村产业形态发生前所未有的裂变

"民以食为天，国以农为本。"长期以来，人们简单地把农业看成是衣食农业，把农村看成就是农民生产生活的地方，把农村经济和农业等同化，这种狭隘的认识掩盖了农业、农村丰富的内涵。现今，随着城市化进程的加快，各类城市病的蔓延，居民消费水平的提高和消费结构的升级，人们渴望从农村获得安全的食品，感受乡土人文气息，享受大自然的风光，找寻到可以回归自然、享受生命、修身养性、休闲娱乐、康养度假、颐养天年的生活方式，于是对农业的价值、对农村的价值有了重新认识。随着农业的功能逐步得到拓展，乡村的价值不断得到挖掘，新产业加快孕育并快速发展，现代农业新业态、新模式不断涌现，农业农村在表现出常规性经济和生活功能的同时，彰显出政治、社会、文化、生态等多方面的独特功能，相应地在生产、生活、政治、社会、文化、生态等方面也就具有了价值。简言之，农业农村已经从单一的产品供给功能实现了向兼具生活休闲、生态保护、旅游度假、文明传承、科学研究、健康养生等复合功能的转变，已经具有产品供给、原料供应、就业增收、生态保护、观光休闲、文化传承、科学研究等多重价值。

基于认识上的这种转变，农业在衣食产业的基础上衍生出生态农业、休闲农业、度假农业、旅游农业、创意农业、康养农业、医药农业等多种产业形态。其中，统筹农业经济发展和生态环境保护，以生态文明理念为指导而发展起来的生态农业，因减少了化肥、农药对环境的污染，既给自然空间留下更多修复空间，又适应了人们对绿色消费的需求。农业与旅游业交叉融合而催生的休闲农业、度假农业、旅游农业等，因利用自然环境、农事活动、农村生活等农业自然资源，极大适应人们观光、休闲、增进对农业的体验等新需求。将现代科技、创意思潮和人文要素融入农业生产而形成的创意农业，因打破了传统农业发展的模式，转变了农业发展的方式，既具有经济高效性，又具有文化欣赏性。以"健康"为目标，农业与健康产业、服务业有机结合形成的康养农业、医药农业等，通过提供各种自然的医疗、预防和健身等服务，让消费者可以选择全新的健康养生方式、更加健康的食物和药材，这充分迎合了现代人们对于健康养生的需求。

此外，在以移动互联网、物联网、大数据、云计算、智能终端为代表的新一轮信息化浪潮的推动下，更多人才、技术、资本等要素资源向农村汇聚，呈现出新理念、新技术向农业农村加快融合渗透，新业态、新机制、新模式、新动能不断形成的良好局面。特别是互联网作为信息时代的重要基础设施，加速向农业农村延伸、渗透和融合，为农业生产方式的转变、为农服务手段的创新、农村市场的开拓提供了有力抓手和支撑，其在推动农村产业形态发生变化方面所产生的影响和发挥的作用十分巨大，其变化程度之深，变化范围之广，应该说是前所未有，有目共睹。其中，在农业生产方面，通过"物联网+"农业，物联网在大田种植、设施园艺、水产养殖等方面，在农作物育种育苗、土壤监测、病虫害监测预警等方面得到了广泛应用。通过把物联网、云计算、数据分析和预测能力运用到农业生产环节，实现科学生产、精准管理，促进降本降耗、增产增效。如精准滴灌、水肥一体化技术已经比较成熟，在现代化的温控大棚、标准化的生产基地中应用较为广泛。在为农服务方面，适应"互联网+"的发展趋势，涉农服务部门、服务企业以及以农民为主体的合作社等，将"互联网+"服务的理念融入为农服务的各个环节，通过加强与联通、移动、电信等三大信息提供商的战略合作，打造出了各种类型的为农服务平台。其中，既有综合服务类的信息服务平台，又有专业类的信息服务平台，涉及气象服务、科技服务、农机服务、土地服务、金融服务等方方面面。只要有网络覆盖的地方，农村产业各个环节的主体，依靠一台电脑或者一部手机，就可以随时随地，方便快捷地在各类平台上获取所需的服务和信息资源。在农村市场拓展方面，农村流通领域涌现出了农村电子商务等新业态，农产品销售迎来了线上线下的新零售时代，一些商家更是把淘宝店、物流店直接开到了农村。近些年，国家十分重视农村电子商务发展，陆续出台了一系列促进农村电子商务加快发展的指导意见。商务部、财政部共同开展了电子商务进农村综合示范县市建设，各级地方政府也大刀阔斧地开展了农村电子商务推动工作，各地农村电子商务发展取得突破性进展。截至 2017 年年底，湖北全省共有 39 个国家级和省级电子商务进农村综合示范县市[①]。农村电子商务的迅猛发展极大地带动了社会资本下乡，有力地推动了农村经济发展和创业创新，增强了农村地区发展的内生动力，在一定程度上解决了很多农户的农产品销售问题。

总的来看，受人们消费需求升级，农业科技、互联网等现代信息技术快速发展，中央及地方政策支持力度加强等多种因素的共同作用，传统农村产业的功能、形态、组织方式和商业模式发生重大变化，特别是以农村电商等为代表的新产业、新业态的迅猛发展，为农业增效、农民增收、农村繁荣发展注入了前所未有的新动能。

四　社会治理：农村社会治理格局发生重大变化

在改革开放的浪潮下，现代因素自上而下、由外及内渗透到农村社会的各个方面。随着农村改革的不断深化，特别是以家庭承包经营（"分田单干"）为基础的农村基本经营制度的逐步确立，农产品流通体制市场化改革的不断推进，国家全面取消农业税费以来，再加上国家出台系列强农富农惠农政策和推进新型城镇化的政策，农民长期以来形成的对土地的依附关系有所松动，农民开始在农业和农村之外寻求新的更为广阔的发展空间，于是出现了农村剩余劳动力向城镇规模化流动的景象。基于人口大规模的流动，农村社会治理格局发生重大变化。

一是整个农村社会基底发生了根本性的变化。随着城镇化进程的加快，农村精英劳动力的大量流失，留给农村的是数亿"原子化"的留守儿童、老人和妇女，农村空心化、老龄化现象较为严重，这使得整个社会"基底"发生了巨大的变化。据统计，改革开放初期，我国有 7 亿农

---

① 为 2018 年 4 月 20 日在武汉召开的湖北全省农村电子商务推进视频会上公布的资料。

民。现在，农村户籍人口有8亿多人，农村常住人口近5亿人，有2亿多农村人口在外打工，留守在农村的群体有1.5亿多人。其中，湖北有1000多万农村人口在外打工，接近农村常住人口的50%。由于农村精英分子从农村的出走，留守在农村的儿童、老人和妇女便成为村庄建设与发展的主体，这不仅改变了农业发展的主体结构、降低了农村的整体发展活力，更导致乡村治理主体治理能力日益弱化。

二是农村的文化传承和价值体系呈现前所未有的变动。在现代化的冲击下，农民与土地之间的依附关系逐渐松弛，现代文明及价值观念向农村逐步延伸，农村延续了上千年的传统文化的纽带作用逐渐被削弱，农民集体主义观念日益淡薄，远离农村生活本真状态的娱乐形式慢慢占据主流，"孝悌忠信礼义廉耻"等传统美德和传统规范越来越难以约束村民行为。现今，农村已经出现了留守老人非正常死亡、留守儿童频频发生人身安全事故、青少年心理失常和违法犯罪等一些令人痛心的现象，这些都表明农村传统价值体系正在逐渐失落，农村亟待形成经济基础和上层建筑同步发展和上升的模式。

三是村民对乡村共同体的认同感和凝聚力弱化了。历史上，各地农村的村落共同体①是比较发达的，特别是在现代性因素进入前的传统乡村，村落共同体基本能够做到无须国家公权力的介入而实现自治。改革开放以后，随着市场化改革的逐步推进，农村人、财、物等要素资源向城市的大规模流动，再加上集体经济组织的瘫痪，村民对村庄和集体的认同感逐步减弱，村委会在处理村集体内部事务上的治理能力和影响力也日趋弱化，农村出现了一定程度的"权威真空"，村干部的话对老百姓根本不管用。整个农村社会因缺少凝聚性，从而呈现出明显的碎片化特征。此外，随着新型经营主体和社会组织进入农村，农村传统的熟人社会格局正逐步被打破，之前相对稳定的农村社会系统也趋于瓦解，农村管理服务体系迫切需要加速重构。

四是村庄内部结构和形态发生了重要改变。首先，就家庭结构来看，农村"四世同堂"的大家庭，即一大家子的现象已渐成过去式，随着子

---

① 维系传统乡村社会自治的因素除了受传统村落家族文化影响以外，还与家族密切相关的自然经济、宗族力量、士绅系统、熟人社会、礼俗传统等因素的影响有关。

女组建家庭和青壮年劳动力的外出,农村家庭在形态上日益小型化,在模式上以留守和流动为主。据国家卫计委2015年5月13日公布的《中国家庭发展报告2015》显示,我国家庭发展正经历家庭规模小型化、家庭类型多样化等七大变化。两人家庭、三人家庭成为家庭类型主体,单人家庭、空巢家庭等家庭形态不断涌现。此外,流动家庭与留守家庭成为常态家庭模式。其中,流动家庭所占的比例接近20%。其次,就收入分配构成来看,农民家庭的收入构成从20世纪90年代之前经营性收入一家独大的局面转变为工资性收入、经营性收入、转移性收入"三足鼎立"的局面。2017年,湖北农民家庭年人均工资性收入达到4389.58元,经营性收入达到5963.95元,转移性收入达到3292.77元,分别占农民家庭年人均可支配收入13812.09元的31.78%、43.18%、23.84%。① 最后,就村庄存在形态而言,在城镇化的浪潮中,受城市向周边农村扩大、农村人口向城市不断迁徙和转移、对古村落保护不力等诸多因素的影响,一批富有特色的传统自然村落被人为合并,正以惊人的速度在不断消失,从而导致原有村庄在数量上的快速减少,而现有的一些村庄在规模(空间和人口)上则逐渐扩大。在村庄类型转变上,一些村庄由之前的农耕类型村庄一下子变成了现代化的产业园区,相应的在村级事务的管理和服务上也日益社区化。

五 农民身份:农民的身份角色发生历史性转变

改革开放40年来,随着传统农业向现代农业的迈进,农业和农村经济结构的调整,工业化的推进,城镇化的加速,农村剩余劳动力向非农产业的大规模转移,农民的身份角色发生历史性转变。②

一是全职农民向兼业农民转变,农民兼业化趋势越来越明显。一方面是因为相对于其他行业而言,农民单纯从事传统种养业的比较效益低下。另一方面是因为在市场经济体制下,现代生产要素越来越广泛地渗透到农业生产领域,农业外部成本,如物质以及各项服务费用支出增长

---

① 相关数据来自《湖北统计年鉴2018》第9章居民生活。
② 彭玮、王金华:《构建新型农村社会化服务体系》,湖北科学技术出版社2014年版,第80页。

加快、份额提高,导致农业生产成本较高。基于以上分析,大多数以小农身份存在的农民,在短期内很难具备规模化生产的条件,从而导致种粮口粮化的现象比较普遍,大部分农民不得不在农闲之余选择兼业,导致农业副业化、农民兼业化趋势越来越明显。

二是农民工逐渐成为产业工人的主体,农民工市民化趋势十分明显。伴随着工业化和城镇化进程的加快,越来越多的农村青壮年劳动力进城务工。与此同时,国家也相继出台了一系列提高农民工享受与城市居民均等的基本公共服务待遇等相关的政策措施,这为农民工的身份转变创造了条件。此外,新生代农民工(包括第二代农民工和农民工二代)从学校出来后直接踏入社会,生活在城市,不愿意也不可能回到农村了,这也成为农民工市民化的主要原因。

三是农民正逐步由传统农民向职业农民转变。伴随着传统农业向现代农业的跨越式发展,农业规模化生产水平的提高,部分留守农民也开始告别了在自家"一亩三分田"上的劳作,正经历着从"传统农民"到"职业农民"的角色转变,成为名副其实的农业工人,既有来自外地的农业工人,又有土地流转后被聘为田管员成为既种地又拿工资的职业农民。

六 城乡互动:资本等生产要素开始向农村回流

改革开放以来,工业化、信息化、城镇化、农业现代化同步发展,加速了以农业为主的传统农业社会向以工业和服务业为主的现代城市社会的转变,既有大量的农村劳动力和优质资源向城镇流动,同时也有一大批返乡下乡人员来到农村广袤的天地进行创新创业。近几年,农村创新创业呈现出人数越来越多、领域越来越广、起点越来越高的良好态势。这表明要素资源开始从城市向农村反向流动,同时意味着城乡要素资源双向流动、双向驱动的新型城镇化模式正在悄然出现。

在返乡下乡人员中,既有广大外出的务工人员,也有饱含知识的青年大学生,更有懂管理、会经营、有资金的企业家。据初步统计,从全国范围来看,近年来,由农村流向城镇的各类返乡创业人员累计达到700万人,仅农民工返乡创业累计人数就达到480万人。其中,在返乡下乡人员创办的企业中,80%以上都是新产业、新业态、新模式和产业融合项目，54%运用了网络等现代手段。① 2016年，湖北省外出返乡人员有169.3万人，比2011—2015年年均返乡人员多出8.18万人。② 正是这样一群有热情、有知识、有梦想、有能力的返乡下乡人员为活跃和繁荣农村经济发挥了十分重要的作用，成为当前农业农村向前发展的生力军。

  返乡下乡热之所以会出现，是多种因素共同作用的结果。一与中央和各级地方政府对农业农村发展实施的系列倾斜性与支持性政策有关。随着农村基础设施包括道路、用水、用电、通信等条件的改变，农业新技术的广泛运用，农村社会保障体系的逐步健全，让人们对农业的未来发展充满了憧憬和希望。二与城市发展滞后于工业化有关。由于城市人口的快速增长，很多城市出现交通拥挤、住房紧张、污染严重、能源紧张等问题，导致一部分城市居民开始在乡村寻找一种更为舒适的生活方式。三与城乡二元体制的限制有关。长期以来，农民工被各种制度藩篱挡在城市的高墙之外，始终难以真正享受与城镇居民同等的待遇，再加上沿海地区产业向内地逐步转移，一些农民工带着在城市打工多年积累的资金和技术，开始从城市回迁，选择在家门口进行创业就业。四与中央和各级地方政府近些年出台的支持和鼓励返乡下乡人员创业创新的政策发挥的推动作用有关。党中央、国务院高度重视返乡下乡人员到农村创业创新。2015年6月、11月、12月，国务院办公厅先后印发了《关于支持农民工等人员返乡创业的意见》《关于支持返乡下乡人员创业创新促进农村一二三产业融合发展的意见》《关于推进农村一二三产业融合发展的指导意见》。2018年6月，湖北省人民政府办公厅出台《全省农民工等人员返乡创业三年行动计划（2018—2020年）》（以下简称《行动计划》），旨在吸引更多外出能人回乡创业，进一步健全体制机制，优化创业环境，推动更多人才、技术、资本等要素资源向农村汇聚，促进农村一二三产业融合发展，为乡村振兴注入新动能。《行动计划》提出，到2020年，全省将新增返乡创业15万人，带动就业50万人，形成人员回归、资金回流、项目回迁的良好局面。2017年以来，

---

① 《全国480万农民工返乡创业》，《人民日报》2017年8月23日第2版。
② 《湖北省农民工就业特征及转移趋势分析》，2017年3月1日，湖北省统计局官网，http://tjj.hubei.gov.cn/tjbs/qstjbsyxx/114809.htm。

武汉市通过多种激励措施,推进以"市民下乡、能人回乡、企业兴乡"为主要内容的"三乡工程",鼓励市民、工商企业家、本地能人投身投资农业农村建设,畅通了城乡要素资源对接融合,盘活了大量农村闲置资源,有力推动了以城带乡、以工促农、城乡融合发展。随后,"三乡工程"在整个湖北推广开来,并在全国范围内引起了强烈反响。

总的来看,当前,返乡创业的发展势头很好,影响很大,给乡村发展带来了无限的生机和活力,应该说是城乡互动的良好开端和展现。其对农业经营方式的优化、农业效益的提高、农村产业形态的更新、农村治理向现代化的推进和村容村貌的改善等都起到非常明显的促进作用。

第三节 现有城乡一体化政策的局限性

总的来看,改革开放40年来,国家层面、省级层面围绕统筹城乡发展、推进城乡一体化发展所制定和推进的各种政策,在促进城乡经济稳定增长,缩小城乡发展差距,提高城乡居民收入水平,推动城乡融合发展方面发挥了极为重要的促进作用,但同时也存在一定的局限性。

一 政策的制定没有从根本上改变城市偏向性

工业化和城镇化是一个国家或地区经济社会现代化发展的必由之路,是社会进步和历史发展的趋势。相对城市而言,农村最大的资源优势在于人力资源和土地资源的极大丰富。然而,这两类资源,在工业化、城镇化进程中源源不断流向城镇,并呈加速流动之势,这使得城乡之间的差别日益显现。

尽管,改革开放以来,党中央、国务院以及各级地方政府从城乡发展不平衡不协调这一现实出发,进一步深化对农业基础地位的认识,并把解决好"三农"问题的重要性提高到全党工作重中之重的地位。与此同时,在逐步缩小或消除工农之间、城乡之间的差别,构建新型城乡关系等方面进行了坚持不懈的探索和努力。得益于自上而下一系列强农富农惠农政策的相继出台,各地的农业生产得到长足发展,农村面貌得到显著改变,农民生活水平得到极大提高。但在工业化、城镇化加速发展的时代背景之下,城乡之间的发展落差实际上越拉越大。深入分析背后的原因,一方面是由于工业化、城镇化本身的市场驱动力很强,对农村资源形成了巨大的虹吸效应,加速了农村资源向外的流出。另一方面则与长期以来形成的城乡二元社会结构性、系统性、制度性的一些问题没有得到及时有效的破解有关。中央及地方各级政府虽然对"三农"问题给予了极大的关注和重视,但在政策的制定上并没有从根本上改变城市偏向性。

从对农村人力资源和土地资源两类资源的利用政策来看,不难发现:(1)农民工并没有脱离于城乡分割的二元户籍制度的藩篱。由于农业比较效益差,仅靠农业收入无法支撑一个农村家庭的正常开支。在教育、医疗等庞大支出的现实桎梏下,为了获得一份更为体面的收入,维系整个家庭运转所需的费用,农村大量的剩余劳动力(包括精英分子)义无反顾地从农村奔向具有更多就业机会和发展空间的城市。但大多数农民工以及农民工二代并没有如愿以偿在城市扎稳脚跟,而成为漂浮在城市又回不去农村,没有根基的一类特殊群体。究其原因,很重要的一点是因为长期以来各地实行的是城乡分割的二元户籍制度,附着在户籍之上的各种公共服务和社会福利政策阻碍了农民工市民化进程。从户籍分设开始,城乡居民便在人格、身份以及待遇上形成一种不平等之态。进城的农民工即使工作十分努力,为当地经济发展作出了重要的贡献,也很难取得城市居民户籍,实现农民身份向市民身份的转化,从而获得与城市居民同等的社会地位,享受均等的公共服务和社会福利。长此以往,便在城市内部逐渐形成户籍居民和外来农民工身份、待遇有别的"新二元结构"现象。即使当前已经有部分城市放开了外来人口的落户政策,积极探索了促进城市外来人口融入当地社会的有效途径,也赋予城镇常住人口特别是农民工随迁子女可以就近入学的政策,但即便这样,农民工子女也很难享受到城镇优质的公共教学资源。(2)土地利用政策并未从根本上改变重城市轻农村的倾向。工业化和城镇化的快速发展迫切需要在空间上进一步向农村延伸。如何实现这种延伸?最为核心的要件就是获得大量满足工业发展和城市建设需求的土地资源。土地资源通过何种形式取得?改革开放以来,工业化、城镇化的发展速度之快有目共睹,可用的城市土地在一轮又一轮的产业开发和城市扩张中已经所剩无几,于是众多工商资本便将目光瞄准了农村,农村丰富的土地资源一时间成为各行各业竞相争夺的焦点。但由于农村土地是集体产权,不能直接入市交易,必须先被征用才能正常入市交易。因此,在征收农村土地这一环节,各地政府通过行政力量,以低价征收的形式,将集体土地变性为国有土地之后,再在土地市场上以招拍挂的形式,高价将土地出让给市场主体,从而获得更多的财政收入,这就是人们常说的"土地财政"的表象。虽然,政府通过集体土地变性获得的这些财政收入最后都被用于各类公共建设和公共服务,但这部分财政收入真正回流到农村,用于解决"三农"问题,通常在时间上是十分滞后的,在资金量上也不能实现100%的回流,大部分资金最终还是被用在工商业发展和城市建设上。再如,各地正在推进和实施的城乡土地增减挂钩政策,通过占补平衡,迁村腾地获得的大量建设用地指标,也并没有及时用于农村的建设和发展,而是用到了人口、产业集聚度比较高的各类城市的扩张发展和能更好带动国民经济发展的工商业等领域。

由此可见,农村人力资源和土地资源向城市的大规模流动,正是相关政策的制定具有城市偏向性的重要体现。当前,"三农"问题为什么久治不愈,农村各种矛盾为什么频频发生,从根本上看,在于长期以来,以城乡分治、重城市轻农村、重工业轻农业、重居民利益轻农民利益为核心内涵的城乡二元社会结构及其依附在城乡二元社会结构之上的各种政策在实践中产生的结果。

二 政策的正向预期与实际成效存在一定偏差

改革开放40年来,围绕补齐农业农村短板,缩小城乡发展差距,党中央给予了高度重视,地方政府亦作出了极大努力。2004年12月召开的中央经济工作会议对我国农业与工业、农村与城市的关系问题形成新的判断,即我国总体上进入了以工促农、以城带乡的发展阶段以来,从中央到地方,各级政府投入巨大人力、物力、财力,加快推进"三农"工作,同时出台一系列富农强农惠农政策。全国各级地方政府每年用于"三农"领域的各项财政资金累计高达万亿元人民币。但这些政策并没有真正转变为农业增效、农村繁荣、农民增收的持久动力,城乡之间的发展差距依然很大。有些政策在实践过程中并没有达到预期效果,预期效果与实际成效存在一定偏差。以农村土地规模化流转政策和农村土地确权政策为例来进行分析,便可窥见政策在执行中的实际效果如何。

就农村土地规模化流转政策来看,政府及相关部门期望通过农村土地规模化流转来发展现代农业,从而实现规模化经济效益,增加农民收入。然而,这在实践中却很难实现,甚至埋下了一些隐患。绝大多数领导干部和专家学者认为,如果能够遵循"依法、自愿、有偿"的原则,通过推进农村土地经营权流转,让农村一家一户分散的土地流向种养大户和龙头企业,从而实行土地集中规模经营,那么生产资料细碎化,基础设施建设与科学技术推广难,农业投入成本高、产出效益低,农民增收慢等长期困扰"三农"的许多矛盾就会迎刃而解,农业现代化的美好愿景就会指日可待。[①] 2009年前后,湖北便开始在全省加速推进农村土地流转制度改革。近年来,在国家相关政策的鼓励下,各级党委和政府高度重视推进农村土地流转特别是土地规模化流转,有些地区还了专门出台了奖励性、引导性的政策。

2017年,湖北全省承包地流转面积为1998万亩,流转比例达到44.1%。不可否认的是,当前一些以工商资本为代表的新型农业经营主体进入农业领域,凭借其雄厚的资金、先进的技术和科学的管理,通过建设专业化、标准化的现代农业生产和科技示范基地,建立现代化的育秧工厂和粮食烘干厂,在为农业提供产前、产中、产后包括育种、耕种、机收、防治、烘干、加工、代销等在内的一体化服务,提升农业物质技术装备水平,辐射带动周边农民发展现代农业,加速推进农业现代化等方面发挥了积极和重要作用。但农村土地规模化流转并没有达到预期效果,离实现农业现代化的路途还很遥远。此外,农村土地规模化流转反而还蕴藏着巨大的社会隐患。

一是农村土地大规模流转并不一定能实现理想化的规模经济效益。当前,在政策导向、市场调节和利益驱动等因素的共同作用下,工商资本竞相下乡租地从事农业生产,极大推高了土地的流转成本。目前,湖北省有些地区的农村土地流转成本已经由亩均低于200元一路飙升到600—1000元。租地经营的新型农业经营主体就算有能力实现规模经营,也不见得就可轻言赚钱,稍有不慎就会血本无归。实地调研中,某市郊

---

① 宋亚平:《规模经营是农业现代化的必由之路吗》,《江汉论坛》2013年第4期。

区有 6 家龙头企业以每亩每年 1000 元的价格从农户手中流转了 2 万多亩耕地从事粮食生产,但由于成本高、效益低,已连续多年亏损,无力支付农户地租。企业提出退租要求又被农户拒绝,逼得其中两家老板只好悄悄"跑路"。同时,地租高了,大户和下乡资本都无法获利,只能过度开发利用耕地,又或者搞非粮化抑或变相搞非农化,这又会进一步影响到耕地保护和国家粮食安全。

二是农村土地向工商资本大规模流转的同时挤压了农业和农民的利益。实践中,一些工商资本流转农村土地之后,并非真心实意投身现代农业以造福一方百姓,更多的则是打着各种幌子,通过各种渠道,思考如何套取多多益善的政策资金。其名义上是在从事农业生产,实则是在背后通过圈地以牟取暴利。而那些真正躬身农业,需要帮扶的农民专业合作社、种植大户、家庭农场,却并不能如愿获得国家有关政策的支持,分享农业现代化的成果。再者,由于工商资本的大肆介入,一些小农户或农民专业合作社即使想扩大土地规模从事现代农业,也苦于资金实力不足,无法与工商资本相争,而选择与工商资本合作或干脆退出。调研中,湖北监利县一种粮大户夏卫华夫妇讲:"要是工商资本介入,将土地流转费抬高到每亩 550 元以上,那我们也只好退租不种了。"该县某村的一位村支书反映,当地水源充足,地势平坦,发展"虾稻共作"或再生稻利润可观,但当地龙头企业想整村流转农民土地,尽管许诺给农民每亩(本地习惯亩,1 亩 = 1000m^2)1400 元的高额地租,可农民自己算了一笔账,发现自己种再生稻可获得亩均 2400 元的纯收入,如果土地流转就白白损失了大约 1000 元的收入,这些农民是极不情愿流转土地的[①]。

三是农村土地集中性的大规模流转加速了农民的非农化,蕴藏着巨大的社会隐患。当前,一些地方政府急于发展现代农业,倾向于通过行政手段助推农村土地加快流转,甚至出现村两委取代农民成为农村土地流转主体的现象。这种单纯考虑和片面地追求农业生产经济效率而盲目

---

① 以发展再生稻为例,农民两茬稻种下来,每亩地可产一茬早中稻 1700—1800 斤,二茬再生稻 400 斤。早中稻按收购价 1.38 元每斤计,可获得毛收入 2346—2484 元;再生稻按市场价 2.0—2.3 元每斤计,可获得毛收入 800—920 元,甚至更高。扣除两茬稻投入成本 1000 元,亩均纯收益为 2146—2404 元。

推行土地流转，结局或许能让少数规模经营者获得规模经济效益，但广大农民则有可能失去安身立命的生活保障，从而给和谐社会埋下"地雷"。①工商资本介入下的土地流转，规模一般较大，少则上千亩，多则上万亩，流转期限一般长达10年以上，实际上是一种不可逆的土地流转。当前，在我国还未形成有效的政策以应对大规模农村劳动力向城镇转移而产生的各种社会问题之前，土地依然承载着农民生产、生活和社会保障的重要功能。这种不可逆的土地流转如果发展速度过快，势头过猛，势必出现大量失地农民。而一旦遭遇经济不景气，外出务工的农民将会陷入失地又失业的双重困境，退无可退。由此可见，虽然通过农村土地规模化流转这种"减人增效"的办法实现了农业现代化，但又会出现新的社会问题，后果是极为严重的。

就农村土地确权政策来看，各地在农村土地承包经营权确权登记颁证工作落实中面临着诸多困境，不仅实际效果未达到预期，反而引发了一些社会矛盾和纠纷。2013年中央"一号文件"，提出用5年时间基本完成农村土地承包经营权确权登记颁证工作。②而湖北早在2008年就开始选择部分镇、村开展农村土地确权试点工作。截至2016年，湖北省农村土地确权工作基本完成，覆盖了98个县（市、区），1091个乡镇（街办），调查农户887.2万多户，颁发土地承包经营权证562.4万份。③农村土地确权这项政策实际执行效果如何？带着这个疑问，笔者曾于2015年4—6月先后深入襄阳市、荆门市、荆州市、黄冈市、咸宁市等地进行了调研。从调研汇总情况来看，实际上农村土地确权工作的全面铺开，不仅加重了地方的财政负担，还进一步固化农地细碎化格局，不利于土地流转，也无法解决农村资金难题，甚至还引发了一些社会矛盾和纠纷，实际执行效果并未达到预期。

一是农村土地确权加重了地方财政负担。农村土地确权要求精确丈量，明确四至，但大部分承包地的四至在农民那里是极为清楚的，只有

---

① 宋亚平：《规模经营是农业现代化的必由之路吗》，《江汉论坛》2013年第4期。
② 《中共中央 国务院关于加快发展现代农业 进一步增强农村发展活力的若干意见》，《人民日报》2013年2月1日第1版。
③ 相关数据来自2017年2月21日召开的全省农村承包土地确权登记颁证工作视频会议公开资料。

少数农户会因为四至不清而造成冲突。对于农民来讲，精确丈量面积和明确四至并没有什么实际意义。对于政府来讲，增加了确权成本，加重了地方财政负担。湖北省农村土地确权费用为每亩 28 元，中央出 10 元，省里出 8 元，县里出 10 元。① 为确保农村土地确权工作顺利推行，省级财政仅 2014 年就安排了 1 亿元专项资金，2015 年全省全面推开土地确权工作以后，这笔费用进一步增加。通过对个别县（市、区）的实地调研来看，农村土地确权这项工作，光钟祥市财政就拿了 1650 万元，崇阳县财政则花了 2000 多万元。某县县长直接坦言："我们县一级财政本就捉襟见肘，有很多重要工作要做，土地确权工作花了这么多钱，却也没见到什么实际效果，还不如将这笔钱节约下来用于加强农业抗灾、防灾基础设施和能力建设，至少对农业生产可以产生'立竿见影'的效果，并且还可以持久发挥重要作用。"既然如此，耗费巨额成本开展这样一场并非名副其实的"伟大农村革命"，却很容易给人们一种"脱裤子放屁"甚至是劳民伤财的理解。

二是农村土地确权进一步固化农地细碎化格局。当前，在全国范围内推动农村土地确权工作的重要目的之一就是促进农村土地流转，提高农村土地经营效率。但确权的客观后果不仅没有促进农村土地有效流转，反而进一步固化农村土地细碎化格局，实际上妨碍了生产力的发展。就笔者对湖北部分县（市）的调研来看，农村土地没有确权之前，农户之间的土地流转费用每亩在 200 元以下，有的甚至不要租金。农村土地确权以后，农民就认为土地属于私人所有，便萌生了极强的占有意识。但凡有人要来租种土地，便会坐地起价。再加上工商资本进入农业领域后，地租价格越来越高，每亩地租涨到 800—1000 元。真正想从事规模农业的农户不得不支付比以前更高的地租价格。此外，租地谈判过程中，如果有一两户农户不愿意流转，农村土地流转和农村土地规模经营就不可能实现，农业机械化也不能实现，农业经营效率也提高不了。如此一来，便出现了农民想种地却种不起地的结果，工商资本即使以高租金进入农业领域后，也不一定轻言就可以赚钱。事实上，农村土地确权强化了农民反对的权利，而弱化了农民合作的能力，虽然保护了少数农民的利益，

---

① 为笔者在钟祥市调研获得的数据。

但损害了大多数农民的利益。当前的农村土地政策和法律初衷本来是要保护农民土地承包经营权的，却成为损害耕者利益的最大障碍。正如某县经管部门干部所言的那样，"所谓确权确地确四至，实际上将农村确死了"。

三是农村土地确权并不能有效解决农村资金匮乏的难题。当前，党中央推动农村土地确权工作，第二个重要目的就是通过确权为下一步还权赋能做好准备，即让承包地、宅基地和集体建设用地拥有转让、拍卖、抵押、担保等权能，从而主动与现代金融体制"接轨"，打开信贷市场化通道，以赋予农民更多融资与增收的机会。事实果真会如此吗？其一，市场经济条件下，土地在教科书上被誉之"财富之母"，但在农村根本不值钱，也很难通过拍卖变现。只有那些伴随工业化、城镇化的迅速推进、经济社会的长足发展，被国家依法征用的"城中村、园中村、城郊村"的土地，由于备受商业银行青睐，可以顺利变现或拍卖。关于农村土地承包经营权抵押贷款，虽然湖北省部分地区已经启动试点，但说到底还是政府在背后推动的结果，并非商业银行的主观意愿。其二，现在整个国家经济都处于下行趋势，党中央也一直在强调去库存，优结构。同时，国家的用地政策逐步规范后，城镇的土地如今也不好卖了，即使卖出去了，也卖不到一个好价位。实地调研显示，湖北一山区县的土地市场价每亩目前还不到100万元。既然如此，偏远农村地区的土地怎么可能卖出高价。由此可见，那种认为只要农村土地确权到位了，农村产权边界搞清晰了，交易市场体系建成了，农村的土地、房屋就可以顺利从商业银行贷到款了，农村"缺钱"的问题就会迎刃而解的想法，与现实还有较大的差距，难以实现。

综上分析，政策的正向预期与实际效果之间为什么会出现一定的偏差？主要原因有两个：一是政策的制定所依据的理论与实践结合度不高。如前所述，在推进农业现代化问题上，各级地方政府比较倾向于"用现代工业经营理念谋划农业，用现代物质条件装备农业，用现代科学技术改造农业，用现代产业体系提升农业，推进传统农业向现代农业转变"。这与当前我国以及湖北省农业生产以小农经济为主，农业人口众多，短期内无法通过城镇化的途径进行快速消解等客观实际吻合度不是太高。二是有关政策的制定和出台，缺乏深入系统的调查研究和充分论证，特别是有一些在全国、全省范围内全面推开的政策,不能有效解决各地在建设和发展中存在的实际问题。尤其是面向农业、农村、农民,与农民切身利益密切相关的一类政策,与农民的有效需求还存在一定的偏差。

三 政策执行失灵缺乏有效的调适和更新机制

无论是国家层面,还是地方层面,一项政策从制定、执行到生效往往需要一个较长的过程。对于政策制定主体而言,要综合考虑各种因素,既要从理论层面考虑指导思想和发展方向的正确性,目标设定的科学性,也要从实践层面考虑所制定出来的政策是否能够经得起群众的检验,能否有效解决实际问题。对政策执行主体而言,要全面、准确地理解政策内容,锁定目标任务,有计划、有步骤地组织执行。改革开放40年来,党和国家出台的一系列关乎城乡改革和发展的大政方针、发展战略和政策措施,充分体现了我们党"立党为公,执政为民"的执政理念。但有些政策在执行的过程中,不一定符合基层的实际情况,也并不一定会产生良好的效果,也就是说难免会出现政策失灵的情况。作为一种现象,政策失灵在实践中屡见不鲜,是无法避免的。但重要的是,一旦政策失灵,却没有一种可靠的机制能够做到对现有的政策及时进行调适。由此,形成了巨大的资源耗费,包括财力、人力以及物力等多方面的耗费。

就农业补贴政策来看。为确保国家粮食安全,稳定粮食综合生产能力,调动农民种粮积极性和增加农民收入,国家继2003年启动农村税费改革试点工作之后,又于2004年起先后实施了农作物良种补贴、种粮农民直接补贴和农资综合补贴等三项补贴政策(简称农业"三项补贴"政策)。而向农户发放的补贴则全部由财政进行"兜底"。农业"三项补贴"政策的实施,对于稳定和促进粮食生产,增加农民收入,维护农村社会稳定发展起到了积极的作用。但随着农业农村发展内外形势发生深刻变化,农业"三项补贴"政策并没有起到充分调动和广泛发挥大多数农民从事农业生产的积极性。总的来看,农业"三项补贴"政策正向效能呈现出逐步递减的趋势。一方面,财政直接发放给农户的各种直补资金加起来,每亩地每年平均大概在110元左右,根本无法抵消近年来由于农业生产资料价格节节攀升而导致农户种地收益减少的金额。另一方面,对于农业"三项补贴"中的种粮农民直补资金,各级政府在具体操作过程中，一开始并不是根据农户实际生产或售卖的粮食产量来发放的，而是按照第一轮土地承包时各家各户所分得的土地面积进行发放的，农户即使对土地进行抛荒，也可以毫厘不差，按照田亩数领取政府发放的种粮补贴，而那些通过流转方式获得规模土地真正从事粮食生产的种粮大户、家庭农场、农民合作社等新型农业经营主体，却很少获得除自己承包耕地之外的种粮补贴。这在农村引发极大的不公平，挫伤不少种田人的积极性，不利于农村土地通过流转向种田能手与专业大户集中。以至于到最后，为了通过土地创造出更多的财富，获得更多的利润，那些没有享受到种粮补贴，又支付了高额租金的土地流入方不得不对转包到手的土地进行掠夺式开发，甚至大张旗鼓将农业用地用于发展非农产业，这既损坏了耕地的地力，又对国家的粮食安全埋下了隐患。

总的来看，农业补贴政策有利有弊，在肯定农业补贴政策对增加农民收入，发挥维护农村社会稳定作用的同时，还必须清醒地看到农业补贴政策中的粮食直补政策所产生的负面影响。从当前来看，粮食直补政策对粮食增产的作用十分有限。从长远来看，粮食直补政策也不利于现代农业的发展。农业补贴到底应该补给谁？怎么补？对于这个问题，基层干部曾多次向上级有关部门反映，专家学者也通过多种途径表达建议，但一直没能引起政府及相关部门的重视并及时进行调整。

时隔10年至2014年，中央"一号文件"出台，提出继续实行农作物良种补贴、种粮农民直接补贴、农资综合补贴等政策，新增补贴向粮食等重要农产品、新型农业经营主体、主产区倾斜。在有条件的地方开展按实际粮食播种面积或产量对生产者补贴试点，提高补贴精准性、指向性。[①] 2015年，财政部、农业部印发《关于调整完善农业三项补贴政策的指导意见》，作出在全国范围内从农资综合补贴中调整20%的资金，加上种粮大户补贴试点资金和农业"三项补贴"增量资金，统筹用于支持粮食适度规模经营，重点用于支持建立完善农业信贷担保体系。同时，选择部分省份开展试点，将农作物良种补贴、种粮农民直接补贴和农资综合补贴合并为农业支持保护补贴，政策目标调整为支持耕地地力保护

---

① 《中共中央 国务院印发〈关于全面深化农村改革加快推进农业现代化的若干意见〉》，《人民日报》2014年1月20日第1版。

和粮食适度规模经营的改革举措。① 2016 年，在全国范围内推开农业支持保护补贴政策，各个地方根据党中央的决策部署，对农业补贴政策作出相应的调整。② 2016 年，湖北全省农业支持保护补贴资金总额约为 58 亿元，将原来农资综合补贴的 20% 部分（大约 8 亿元）用来支持适度规模经营。把另外农资综合补贴的 80% 部分，加上过去的农作物良种补贴资金以及种粮农民直接补贴资金（大约 50 亿元），按照确权后的土地面积对拥有土地承包权的农户进行补贴。

政策为什么会失灵？综合起来分析，有多方面的原因：一是政策的制定是政策制定主体在信息不完全的情况下做出的。二是政策从制定到生效需要一个过程，在时间上具有滞后性。三是政策在执行中容易受政策执行主体的能力、政策执行时的环境和条件、政策执行方式的科学性、政策利益相关者参与程度以及政策作用对象的价值取向等多种条件或要素的制约。其中，任何一个环节或方面存在障碍，都极有可能影响政策的正常执行。最为重要的是，一旦发生政策失灵的情况，如果在现实中缺乏及时有效的调适和更新机制，将导致政策在执行中产生的负面效应无法及时回降到一个合理的水平之内。

---

① 《财政部 农业部关于调整完善农业三项补贴政策的指导意见》（财农〔2015〕31 号，2015 年 5 月 13 日），《财政部文告》2015 年第 7 期。

② 参见农业部财务司公布的《财政部 农业部关于全面推开农业"三项补贴"改革工作的通知》（财农〔2016〕26 号）。

第 五 章

湖北城乡一体化发展的探索与实践

——鄂州样本

为认真贯彻落实党中央关于"统筹城乡经济社会发展""加快推进城乡发展一体化"的重大决策部署和目标任务，继湖北开展仙洪新农村建设试验区、七个山区县脱贫奔小康试点县之后，2009年，湖北省委、省政府启动了鄂州市城乡一体化试点城市建设工作。2010年，为学习推广鄂州市城乡一体化试点工作经验，探索不同类型地区城乡一体化的路子，加快推进全省统筹城乡发展和城乡一体化建设，湖北省委、省政府决定，在继续抓好鄂州市城乡一体化试点工作的同时，将仙桃市、洪湖市、监利县、宜都市、大冶市、掇刀区等6个县（市、区）纳入全省城乡一体化试点范围，先行先试，探索经验。[1] 同年底，为推进贫困山区新农村建设，促进区域协调发展，湖北省委、省政府决定建立竹房城镇带城乡一体化试验区。至此，湖北城乡一体化试点格局初步形成。

本章选择湖北省城乡一体化先行区，即湖北省首个城乡一体化试点城市——鄂州市，对其在城乡一体化实践过程中形成的一些好的经验、做法、成效和启示进行分析和总结。[2]

---

[1] 《全省城乡一体化进程加快》，《湖北日报》2010年5月4日第3版。《中共湖北省委办公厅 湖北省人民政府办公厅关于支持城乡一体化扩点县（市、区）试点的意见》，《湖北省人民政府公报》2010年第6号。

[2] 相关资料主要根据2010年5月，由中共鄂州市委和鄂州市人民政府共同编制的《鄂州市城乡一体化文件汇编》（内部资料，2010年）所载内容直接引用或归纳整理得出，以及笔者2008年赴鄂州市政府相关职能部门获得的一手资料。

第一节 鄂州市城乡一体化试点城市的提出

一 鄂州市基本概况

鄂州市是湖北省下辖的地级市，位于湖北省东部，长江中游南岸。西接"九省通衢"武汉市，东连"矿冶之城"黄石市，北与黄冈市隔江相望。全市国土总面积1594平方公里。其中，耕地面积84.46万亩，森林面积26.30万亩。地势东南高，西北低，中间低平，最高点"四峰山"海拔485.8米，最低点梁子湖的"梁子门"海拔11.7米。属亚热带季风气候过渡区，平均气温17℃，无霜期268—272天，平均降水量1200—1500毫米，年日照时数为2038—2083小时。

鄂州市历史悠久，帝尧时为"樊国"，夏时为"鄂都"，殷商时为"鄂国"，春秋战国时为楚鄂王封地，三国时孙权在此称帝。现辖鄂城区、华容区、梁子湖区三个县级区，葛店经济技术开发区、鄂州市经济开发区两个经济开发区，以及古楼、西山、凤凰三个直管街道办事处，中心城区面积为40平方公里。2017年年末，全市户籍人口111.77万人，常住人口107.69万人。其中，城镇人口70.44万人，乡村人口37.25万人，城镇化率65.41%。[1]

鄂州市境内矿产资源丰富，物产富饶，拥有大小湖泊133个，水域面积65万亩，是著名的"百湖之市""鱼米之乡""铜镜之乡"，素有"鄂东聚宝盆"之美称。其中，全国十大名湖之一的梁子湖，方圆300多平方公里。鄂州市境内金属矿产资源主要有铁、铜、钼等，非金属矿产资源主要有煤、硬石膏、沸石、膨润土、珍珠岩、硫等。其中，铁矿石探明储量居湖北省第2位，膨润土、珍珠岩等31种非金属矿探明储量居全省之首。伴随铁矿石的开采，现保留有铜金属量约21万吨。现已探明硬石膏矿储量为3752万吨，硫矿储量为226.28万吨，煤矿总储量为2784

---

[1] 《鄂州市2017年国民经济和社会发展统计公报》，载《鄂州统计年鉴2017》，湖北省统计局2017年版。

万吨，膨润土储量为743万吨。①

经过改革开放40年的发展，鄂州市已经从过去的传统农业市、资源大市跃变为一座拥有"全国十大年度质量魅力城市""国家卫生城市""全国数字城市建设示范市""全省创业先进城市""全国绿化模范城市""全国文明城市提名资格""外贸百强城市""湖北省双拥模范城"和"宽带中国"示范城市等众多光环的中等城市，城乡面貌日新月异，城市功能逐步增强，城乡环境明显改善，城乡融合度明显提高。

二 鄂州市城乡一体化试点城市的提出②

2006年，中国共产党鄂州市第五次党员代表大会提出，要在全省实现"率先融入武汉城市圈、率先实现城乡一体化"的奋斗目标，并紧紧围绕国家取消农业税费及推进新农村建设的政策，积极主动争取湖北省委、省政府的支持，及时上报城乡一体化试点城市方案和规划。③ 2007年，鄂州市委、市政府给予高度重视，以"一号文件"的形式，作出《关于加快城镇化步伐推进城乡一体化的决定》。

2008年，按照党的十七届三中全会"三个进入"④的基本判断，湖北省委、省政府决定在鄂州市开展城乡一体化试点，并写入2008年湖北省委"一号文件"，随后启动规划纲要编制工作。同年10月，湖北省委、省政府审定了《鄂州市城乡一体化规划纲要》。2009年，《中共湖北省委 湖北省人民政府关于认真贯彻党的十七届三中全会精神 促进2009年农业稳定发展农民持续增收的意见》（鄂发〔2009〕1号）提出，积极推

---

① 《自然资源》，2019年2月4日，鄂州市政府门户网站，http：//www.ezhou.gov.cn/info/2019/C020448302.htm。

② 赵凌云：《湖北鄂州城乡一体化试点的实践与思考》，《中国改革国际论坛——中国"十二五"时期的农村改革国际论坛论文集》，2010年8月7日（在线出版时间，2014年5月4日），第399—404页。程水源、刘汉成：《城乡一体化发展的理论与实践》，中国农业出版社2010年版，第27页。

③ 《鄂州改革先行先试——纪念改革开放40年回眸》，2018年4月26日，湖北党史网，http：//hbds.cnhubei.com/dsyj/201804/t20180426_133952_2.shtml。

④ 即我国总体上已进入以工促农、以城带乡的发展阶段，进入加快改造传统农业、走中国特色农业现代化道路的关键时刻，进入加速破除城乡二元社会结构、形成城乡经济社会发展一体化新格局的重要时期。

进城乡一体化，切实办好鄂州市等城乡一体化试点。

为认真完成湖北省委、省政府赋予鄂州市城乡一体化试点的重任，2009年4月11日，鄂州市委、市政府作出《关于统筹城乡经济社会发展推进城乡一体化的决定》，确定了鄂州市推进城乡一体化的指导思想、发展目标和推进"七个一体化"①的主要任务。4月13日，湖北省委、省政府在鄂州市召开了鄂州市城乡一体化试点工作第一次联席会议。以此为标志，鄂州市城乡一体化试点工作正式启动，并进入实施阶段。5月27日，中共湖北省委办公厅、湖北省人民政府办公厅下发了《关于鄂州市统筹城乡经济社会发展推进城乡一体化试点工作的指导意见》，明确鄂州市城乡一体化试点工作的主要任务为统筹城乡空间布局、统筹城乡产业发展、统筹城乡基础设施建设、统筹城乡公共服务、统筹城乡社会管理、统筹城乡市场体系和统筹城乡基层党建。5月31日，中国共产党鄂州市第五届委员会第七次全体会议召开，对鄂州市推进城乡一体化工作进行全面动员和部署。鄂州市各相关职能部门，结合鄂州市发展实际，就"加快城镇化步伐、推进城乡一体化"制定出台了一系列政策措施，鄂州市城乡一体化试点工作全面展开。

第二节　鄂州市推进城乡一体化的基本做法

为当好全省城乡一体化试点改革的先行区和试验田，鄂州市围绕试点目标和任务，通过合理规划、科学布局，改革创新，采取一系列措施，从各方面推进城乡统筹工作，不断破解发展难题，带动全域城镇化和新农村建设加快推进。在各个部门的大力配合下，通过各方共同努力，基本形成以工促农、以城带乡、以乡促城、城乡共同发展的新格局。概括起来，鄂州市在推进城乡一体化试点中的基本做法主要体现在三个方面②。

---

① 即推进城乡空间布局一体化、推进城乡产业布局一体化、推进城乡基础设施一体化、推进城乡公共服务一体化、推进城乡社会管理一体化、推进城乡市场体系一体化、构建基层党建城乡一体化新格局。

② 李斌、王金华、方绪武：《鄂州市统筹城乡发展的探索》，载赵凌云主编《湖北统筹城乡发展战略研究》，湖北人民出版社2008年版，第241—251页。

一 深化认识,明确鄂州市改革发展的主要方向

湖北省委、省政府批复鄂州市为城乡一体化试点城市,为鄂州市深化改革、创新体制机制提供了新的平台和发展机遇。然而,对于鄂州市为什么要"化"?能不能"化"?靠什么来"化"?在进行试点之前,经过深入调查研究与思考,鄂州市委、市政府向广大干部群众进行了明确解答,统一了大家关于鄂州市在城乡一体化发展上的认识。

(一)鄂州市为什么要"化"?

大家普遍认为,"城乡一体化的核心是消除城乡二元社会结构,使城乡共享工业文明和城市文明。城乡一体化是城镇化达到一定水平后,通过城市发展对农村的带动,促进劳动力、资金、信息、技术等要素在城乡之间有序流动,实现城乡优势互补、相互促进、共同发展。推进城乡一体化能统筹城乡经济、产业、人口和生态结构的布局,优化土地、劳动力、资金、技术等经济资源和教育、文化、卫生、交通、水利等公共资源的配置,最大限度地激活各种生产要素,增强整体竞争能力。城镇发展起来了,就能带动广大农村,这是城乡一体化的基本路径。鄂州市1594平方公里范围内实现城乡一体化了,就能隆起一个现代化的鄂州市"。

(二)鄂州市能不能"化"?

鄂州市在湖北省是最有条件率先实现城乡一体化的城市。这一判断依据主要基于三个方面的认识。第一,鄂州市城市化水平较高,2008年城镇化率达到53%,主城区和中心镇对人口的吸纳力和承载力不断提高,农村居民进城兴家立业的趋势十分明显。[①] 第二,鄂州市城乡发展相对均衡,2008年城乡居民收入比为2.4∶1,低于全省平均水平2.82∶1,也低于武汉城市圈平均水平3.36∶1。其中,在武汉城市圈内部,低于武汉(2.63∶1)、黄石(2.91∶1)、孝感(2.65∶1)、黄冈(2.66∶1)、咸宁(2.61∶1)5个城市。第三,鄂州市城乡布局紧凑,地处武汉市及鄂东城市群腹地,有利于实现统筹发展。第四,鄂州市经济基础较强,

---

[①] 方绪武:《鄂州提出在全省率先实现城乡一体化》,《中国建设报》2006年12月30日第7版。

2008年实现GDP269.79亿元，同比增长15.8%，在全省居第2位，城乡协调发展的条件较好。

（三）鄂州市靠什么来"化"？

推进城乡一体化必须靠经济实力，以工扶农、以城带乡，城乡一体化才有持续动力。推进城乡一体化必须靠政策引导，统一编制城乡规划促进城镇有序发展，农民梯度转移。编制城乡产业规划，实现优势互补。编制城乡基础设施规划，推进城乡公共设施向农业延伸。编制城乡社会发展规划，促进城乡共享工业化文明。出台相关配套政策，推进规划落到实处。推进城乡一体化必须加强动员和组织，使城乡一体化成为全市人民的共同行动。[①]

二 区域一体，加快推进城镇体系的建设步伐

加快推进城镇体系的建设步伐是鄂州市统筹城乡发展的重要突破口，亦是鄂州市实现城乡一体化的迫切需要。如何有效地推进鄂州市城乡一体化、加快城镇化步伐？结合发展实际，鄂州市坚持区域一体化发展理念，积极发挥主城的龙头作用、新城的支撑作用、中心镇的集聚作用和中心村的示范作用，凸显鄂州市地方特色。

（一）以区域一体化推进城乡一体化

确立"率先在全省实现城乡一体化"的目标后，鄂州市积极创新城乡规划理念，注重从过去的"就鄂州市论鄂州市"、区划型规划向武（汉）鄂（州）黄（石）空间布局一体化规划转变；从"就城区论城市"、城乡分割规划向城乡总体规划转变；从注重物质形态规划向生态规划、文化规划转变；从注重开发性详细规划向控制性详细规划、维护公共利益转变；从内部操作、闭门规划向公众参与、阳光规划转变，充分发挥城乡规划在城乡建设中的战略导向、统筹协调和空间资源配置作用。

在优化城镇发展格局方面，鄂州市积极规划和实施鄂州市主体功能区划定，将主城区确定为优化开发区，三座新城（葛华科技新城、红莲

[①] 方绪武：《鄂州提出在全省率先实现城乡一体化》，《中国建设报》2006年12月30日第7版。

湖旅游新城、花湖工贸新城）以及十个特色镇确定为重点开发区，市域其他乡镇和村庄以及矿产资源区、非基本农田区确定为限制开发区，山水生态资源区、水源保护区、基本农田区以及风景名胜区、历史文化区等确定为禁止开发区。

在实践中，各地结合具体实际，结合"十二五"规划，因地制宜地制定城乡一体化发展规划及配套实施方案。鄂州市构建以主城区为中心，葛华科技新城、红莲湖旅游新城、花湖工贸新城三座新城为支撑，十个特色镇为节点，106个中心村（新社区）为基础的"四位一体"的"一主三新十特百中心村（新社区）"的"1311"城乡空间布局，打造全域鄂州。[1]

（二）以主城的龙头作用引领城乡一体化

主城区是全市城镇化的龙头，只有主城区建设好了，发展好了，才能增强吸引力和辐射力，才能带动全市城乡一体化。鄂州市启动城乡一体化试点之初，其主城区建成区面积比黄石市小13平方公里，比荆门市小5平方公里。为发挥主城区的龙头引领作用，鄂州市采取扩大城区规模、提升产业、改造城中村等方式，推动鄂州市在城市形态上实现由单一城市形态向宜居宜业组群式大城市的跨越发展，充分发挥了主城的龙头引领作用。

在扩大主城区规模上，一是通过完善城市公共服务基础设施建设，加快主城区近郊城乡一体化进程。重点提升主城区与各乡镇特别是近郊乡镇之间的公路等级，将主城区供水、供气、污水处理等基础设施延伸至近郊小城镇，按城市标准向近郊小城镇普及有线电视、宽带网络等基础设施。这极大缩短了主城区与近郊小城镇之间的时空距离，逐步实现各有分工、功能互补、城乡一体的发展格局。二是将城市建设与产业园区建设结合起来，依托产业园区的快速发展做大做强城市规模。鄂州市先后投入巨资，建立了葛店经济技术开发区、鄂州市经济开发区两个经济开发区，使之逐步实现与主城区的产业对接、基础设施对接，并与主

---

[1] 李斌、王金华、方绪武：《鄂州市统筹城乡发展的探索》，载赵凌云主编《湖北统筹城乡发展战略研究》，湖北人民出版社2008年版，第246页。湖北省市联合调研组：《用"一体化"推倒"二元墙"——鄂州市统筹城乡发展调研报告》，《政策》2010年第5期。

城区融成一体。其中，葛店经济技术开发区紧邻武汉市，是湖北省人民政府批准成立的全省第一个省级经济技术开发区和高新技术产业开发区，于2012年升级为国家级开发区，定名为鄂州葛店经济技术开发区。目前，葛店经济技术开发区国土面积96.62平方公里，常住人口十多万人。拥有各类高级专业技术人才480多人，中级专业技术人才1500多人。中心区规划控制面积42平方公里，起步区面积3.14平方公里，建成区面积18平方公里。区内基础设施完善，产业体系完备，行政机构健全，已初步形成以生物技术与新医药产业为龙头，以新材料、电子与信息产业为两翼的高新技术产业格局，被评为全国二十佳投资区之一，成为中部地区有影响力的光电子信息产业集群和电子商务中心。目前，正在加快产城融合，建设武鄂协同发展示范区。鄂州市经济开发区按照产城一体的格局推进园区建设，完善功能布局，促进要素汇聚，初步形成了装备制造、塑胶管材、商贸服务、港口物流四大主导产业。同时，按照功能分区、产业分园的要求，初步形成四大园区，即武汉港工业园、鄂钢工业园、港口物流园和青天湖商务区。鄂州市经济开发区组建以来，坚持高起点规划、高标准建设，基础设施快速覆盖，实际开发面积达到9平方公里，城市形象逐步树立。

在提升产业发展上，鄂州市按照"统一规划、分步实施、先易后难、稳步推进"的原则，制定主城区企业"出城入园"实施方案。对高耗能、重污染、不符合城市规划和安全生产的企业，实施政府主导性搬迁；对有搬迁意愿的企业，实施政府引导性搬迁；对确因特殊情况暂时无法搬迁的部分企业，加大改造力度，实施清洁生产。通过积极运用先进适用技术改造提升冶金、建材、能源、装备制造、纺织服装等传统产业，发展壮大新能源、新材料、生物医药、电子信息等新兴产业，推动现代工业体系加快构建。此外，整合、深度开发全市旅游资源，先后启动鄂州市旅游总体发展规划的修编和百里长港示范区旅游规划的编制工作。完善旅游规划管理体系，建立旅游项目核准制。争取启动红莲湖旅游区旅游规划、梁子岛生态旅游区旅游规划，加大了对梁子湖旅游区、红莲湖旅游新城等重点旅游项目的建设。其中，长港示范区规划，按照"生态长港、吴楚水乡"的发展理念，围绕"五位一体"（产业发展、基础设施、生态环境、镇村建设、特色旅游）精心进行了规划设计，旨在彰显百里长港示范区"百湖之市"的水乡特色和"江、湖、港"交融相映的生态特色，将长港示范区建成起点高、特色明、效果好的城乡一体化样板。①

在改造城中村方面，按照"统一规划、成片开发、功能配套、分步实施"的原则，先后制定出台了《鄂州市2013—2017年棚户区改造规划》和《鄂州市中心城区"三改合一"改造规划方案》，颁布了《鄂州市城中村改造实施办法》。按照"政府主导、市场运作，统一规划、分步实施，因地制宜、注重实效，完善配套、同步建设"的原则，鄂州市积极拓宽思路，出台多项优惠政策，稳步推进城中村改造工作，特别是棚户区的改造工作。

（三）以新城的支撑作用带动城乡一体化

葛华科技新城、红莲湖旅游新城、花湖工贸新城三座新城，是区域经济发展的中心和承接中心城市辐射的桥梁，是城乡一体化的重要支撑。在推动新城发展上，鄂州市主要抓了两点，即加快基础设施建设和做大做强支柱产业。

在加快基础设施建设上，鄂州市积极争取国家和省政府支持，大力推进城镇土地经营，进一步放开市场，多渠道筹措资金加大对新城的投入。葛华科技新城所在地葛店经济技术开发区积极编制基础设施规划，拉开以信息产业园、纺织工业园、材料工业园等为核心的发展框架；红莲湖旅游新城积极启动红莲大道、金碧大道污染处理和供水工程；花湖工贸新城所在地花湖开发区不断加快园区扩张步伐，进一步完善了基础设施建设。

在做大做强支柱产业上，葛华科技新城以"中国药谷"品牌为依托，做大做强生物医药产业；以当好"武汉光谷"的二传手，做大做强与光谷配套的电子信息产业；以鄂东冶金走廊为依托，做大做强装备制造业；以湖北化工新城为依托，做大做强精细化工业；以融入武汉市为契机，做大做强商贸、物流等现代服务业。2017年，《鄂州市葛店科技新城总体规划（2017—2035年）》将光电子信息产业、新能源产业、

---

① 湖北省市联合调研组：《用"一体化"推倒"二元墙"——鄂州市统筹城乡发展调研报告》，《政策》2010年第5期。

新材料产业、生物医药产业、智能装备制造产业、电子商务及现代服务业等六大产业列为主导产业加以打造。红莲湖旅游新城围绕房地产业和旅游业不断改善产业发展环境，加快宝安集团、恒大金碧天下、省水上运动训练竞赛基地等重点项目的建设进程，力争在5—10年内将红莲湖建设成立足武汉，服务华中的旅游新城。而随着武鄂一体化战略的加快推进，依托红莲湖优质的自然资源，鄂州市政府斥资23亿元，启动"两湖一城"市政规划，推动红莲湖旅游度假区形成融旅游度假、居家休闲、文体科技、商业贸易为一体的综合旅游胜地。花湖工贸新城在产业发展上的思路主要是借鉴珠江三角洲和南海东部地区发展的经验，重点发展现代制造业、多元房地产业、商品流通业、都市农家休闲度假产业。其中，现代制造业，重点是发展机械制造、模具制造、汽车零配件产业。

（四）以中心镇的集聚作用实现城乡一体化

推进城乡一体化，需要将中心镇发展成为集聚乡镇产业、发展特色经济、吸引农业人口的重要载体，成为优化资源配置、实现集约发展的经济增长点。在这点上，鄂州市着重把握四点：一是明确发展定位。根据各自的区位优势、资源优势、产业优势和经济结构、人口分布、社会发展水平等因素进行合理定位，正确选择自己的经济发展方向和发展模式，并推动各重点镇和示范村完成镇村建设规划。[①] 二是形成产业特色。以发展农产品精深加工业为主，通过龙头企业的带动，使农产品能够就近转化增值，促进农业增效、农民增收。三是加快建设步伐。重点加快了村镇道路、供水管网、路灯、绿地、公共厕所、公交站点等基础设施的建设工作。四是促进人口集聚。加快招商引资和项目建设进程，增加更多就业岗位，吸引更多农民脱离土地，成为城镇人口；制定相应的政策，鼓励和引导各类企业吸收当地农民就业；加强就业劳动技能培训，切实解决失地农民的就业问题。

（五）以中心村的示范作用促进城乡一体化

中心村要率先成为农村新社区，实现城乡一体化，其示范作用不

[①] 李斌、王金华、方绪武：《鄂州市统筹城乡发展的探索》，载赵凌云主编《湖北统筹城乡发展战略研究》，湖北人民出版社2008年版，第248页。

容忽视。鄂州市在全市现有320个行政村的基础上，顺应农村人口、产业、生产要素聚集的规律和经济社会长远发展的要求，重点规划建设106个中心村。[①] 同时，结合新农村建设、"百镇千村"示范工程、美丽乡村示范点、清洁乡村建设工程，加强村庄环境整治工作，通过硬化路面，建生态卫生厕所，建文体广场设施，改造塘堰，村庄环境卫生面貌大为改观。其中，从农民最积极、干部最主动、条件最成熟的村抓起，对经济基础好、楼房率较高的村以及公路周边的村进行重点改造；对经济发展速度较快，农民翻建住房需求多的村，尽快实施集中居住；对地处偏远，或是由于劳动力大量外出打工严重萎缩并从趋势上即将消亡的村庄不再做规划和增加投入，结合土地整理，引导农民自觉进行村庄迁并。

三 突出重点，加快推进"六个一体化"的实施

城乡一体化试点工作推进以来，鄂州市按照城乡一体化的发展思路，以重点实施城乡交通、城乡供水、城乡医疗保障、城乡教育、城乡社会救助和养老保障、城乡市场体系"六个一体化"为路径，逐步缩小了城乡发展差距，加快了城乡一体化进程。

（一）积极推进城乡交通一体化

交通是连接城镇与农村的纽带，城乡一体化首先是交通基础设施一体化。按照"畅达、安全、舒适、快捷"的要求，鄂州市将推进城乡交通资源公平合理共享作为全市推进城乡一体化的重要突破口，纳入鄂州市政府为全市群众要办的重要实事。一是与武汉城市圈周边城市的交通路网体系进行有效对接，形成以中心城区为主轴，区、乡镇、村相互通达的区域交通"半小时经济圈"。二是提升了农村主干路的建设标准，在全省率先实现行政村"村村通"公路，加快农村公路向农村新社区、农业产业化基地和经济板块倾斜的基础上，进一步推进"组组通""户户通"公路建设工程。2018年以来，市、区、乡镇三级交通、公路部门以习近平总书记提出的"四好农村路"为总纲，以交通运输部、湖北省

[①] 湖北省市联合调研组：《用"一体化"推倒"二元墙"——鄂州市统筹城乡发展调研报告》，《政策》2010年第5期。

"四好农村路"建设意见为指导,着力推动全市农村公路建设、养护、管理和运输的全面协调可持续发展,扎实开展了农村公路民生领域突出问题治理工程。三是筹资对城乡路网和公交站场进行大幅改造,包括建设农村客运候车棚、招呼站,在城区建设公交站场,延伸公交线路到农村,更新城市公交站牌、公交车标志牌,切实改善农民"出行难"的问题。

(二) 积极推进城乡供水一体化

鄂州市推进城乡一体化试点之前,农村部分地区长期饮用的是污染十分严重的水,癌症患者比例很高。有的地方甚至无水可饮,在旱季常常要到十里地以外挑水吃,农民饮水条件十分艰苦。针对这一情况,鄂州市委、市政府把实施农村饮水安全工程作为城乡一体化建设试点的切入点,作为保障和改善民生的重要途径,坚持"规划高起点,建设大规模,管理长受益"的原则,前瞻性地提出"整合供水资源,统一编制规划,实行集约化经营"的建设思路,打破区划和部门的条块制约,与新型城镇化建设规划、城市建设总体规划、全域污水处理规划、生态文明建设规划等相衔接,科学编制《鄂州市市域供水专项规划》。对城区、新区、农村供水统筹兼顾,提档升级,按照"大管网,大水厂,全循环,高保障"的要求,规划城乡供水管网节点布局。自农村饮水安全工程实施以来,截至2010年,全市农村自来水普及率达到93%,率先在全省实现"农村供水城市化,城乡供水一体化"的目标。初步建成"四同"(同网同源同质同价)、"三化"(农村供水城市化,城乡供水一体化,网络管理信息化)的城乡饮水安全体系。2011年以来,鄂州市把农村饮水安全提档升级作为民生水利建设的重要内容,同步推进水厂建设、管网改造、水质检测等多项工程,提高集镇居民入户水质、水压,实施农村中小学直饮水工程,进一步提升城乡供水一体化能力。从2015年5月1日起,鄂州市城乡实现了自来水同网同价。①

(三) 积极推进城乡医疗保障一体化

2008年,鄂州市将城乡医疗保障一体化作为构建城乡社会保障一体化制度的重要突破口,积极推行医疗保险"三险合一"。试点工作主要围

---

① 《全域规划统筹推进——鄂州打造城乡一体化供水升级版(上)》,2015年12月11日,鄂州市水务局官网,http://www.ezsl.gov.cn/info/2015/c12211933.htm。

绕推进城镇居民医疗保险和新型农村合作医疗保险整合和归并,推进城乡居民医疗保险与城乡医疗救助对接,探索城乡居民医疗保险与城镇职工基本医疗保险衔接三个层次逐步展开。试点工作推进初期,鄂州市首先通过整合行政资源,把新型农村合作医疗保险的行政和业务管理从卫生部门整体移交到人力资源和社会保障部门,实现了"一套班子管理、一个窗口对外、一条龙式服务"的管理模式。与此同时,鄂州市又以社区和乡镇为对象,统一建立基层医疗保险经办机构服务点,相关工作经费主要通过"以钱养事"的方式解决。此外,为实现城乡医疗保障信息资源共享,还依托金保工程,开发了"三网合一"的网络系统,对参保人员、定点医疗机构信息和用药目录等建立了统一的数据库。试点工作推进到 2011 年,全市医疗保险综合参保率达到 99.4%(包括异地参保的城乡居民),高于国家提出的 90% 的目标任务。总的来看,鄂州市推进城乡医疗保障一体化试点工作的特色可以概括为 5 点:(1)在制度上,实现了城乡居民医疗保险制度的并轨,农村居民、城市居民只有缴费档次上的不同,不再受身份限制。此外,城镇职工医疗保险、居民医疗保险和新型农村合作医疗保险三大网络整合为一个网络,城乡居民在选择参保类型时,可以在城乡居民基本医疗保险和城镇职工基本医疗保险之间自由选择和转换。(2)在经办上,整合了经办机构和人员,统一了管理体制和模式。① (3)在财政补贴上,从 2009 年开始就已经实现了城乡居民财政补贴标准的统一化。(4)在门诊统筹上,从 2010 年开始,实行"市级统筹管理、乡镇(社区)独立核算"。(5)在特困兜底上,在全省率先实行了针对低保人员、重度残疾人员、残疾人员特困家庭、低收入家庭、老年医保人员等"五类特殊群体"的兜底保障政策,政府统一给予参保补助。②

(四)积极推进城乡教育一体化

2008 年起,鄂州市在全省率先实施城乡教育一体化试点改革,结合

---

① 一是打破职工户籍界限,将非本市户籍职工纳入城镇职工基本医疗保险范围。二是设立通道,允许城乡居民参加城镇职工基本医疗保险。

② 参见鄂州市人力资源和社会保障局 2016 年 8 与 9 日发布的资料《大统筹、大集中、大整合 架起医保服务群众的"连心桥"——鄂州城乡医保一体化改革纪实》。李继学、龚汉坤:《湖北鄂州三步走近城乡医保一体化》,《中国财经报》2010 年 10 月 19 日第 3 版。

当地实际提出了"建设教育均衡发展示范市"的战略目标,早在制定"一主三新十特百中心村(新社区)"的总体城市规划时,就把坚持城乡教育一体化发展方略写进了规划之中。在具体实践中,着眼于缩小城乡教育差距,推进教育均衡发展,确立了"城乡一体、统筹推进"的教育发展模式。重点通过"三个统筹",即统筹教育资源、统筹师资队伍、统筹教育管理,探索出了一条具有鄂州特色的统筹城乡教育发展之路。[①] 其中,(1)在统筹教育资源方面,为缩小办学差距,主要采取"四集中两倾斜"的办法。一是坚持"四集中"[②] 原则调整中小学布局,对有限的教育资源进行了合理配置。2006—2010 年,通过新建、撤销、重组等办法,先后撤销了 32 所规模小、条件差的中小学。二是在财政拨款、学校建设、教师配置等方面,实行了向农村中小学倾斜的扶持政策。重点通过"四建两改"[③] 改善了农村寄宿制学校办学条件。三是以实施义务教育学校标准化建设工程为抓手,加大了对薄弱学校的改造力度,学校标准化建设居全省前列。同时,率先在全省开展教育信息化改革试点,全面实施中小学现代远程教育工程,在全省率先实现"校校通""班班通""堂堂用",并全面覆盖到城乡。(2)在统筹师资队伍方面,建立完善了教师全员培训机制,教师队伍及时补充机制,城乡、区域、校际之间教师合理流动机制,城乡学校教师结对援助机制,市级和区级学科带头人评选机制,教师课外走访机制等八项机制,全市包括农村地区所有阶段学校校长和教师由市、区教育局统一管理和调配。(3)在统筹教育管理方面,建立完善了"校财局管"的教育财务管理机制,"政府主导、部门负责"的学校管理机制,学校安全管理机制和均衡发展监测评估机制。2011—2015 年,鄂州市取得了三个区义务教育均衡发展全部通过省督导评估验收,鄂城区、华容区被评为"湖北省义务教育均衡发展示范区",梁子湖区被评为"湖北省义务教育均衡发展先进区",率先在全省完成区

---

① 《鄂州市:实施"城乡一体、统筹推进"模式 促进教育优质均衡发展》,2011 年 8 月 4 日,教育部官网,http://old.moe.gov.cn//publicfiles/business/htmlfiles/moe/s5203/201108/122889.html。

② 即小学和幼儿园向中心村(新社区)集中,初中向乡镇所在地集中,高中向市、区政府所在地集中,学校布点向交通便利地带集中。

③ 即建食堂、建宿舍、建浴室、建锅炉房和开水房,改水、改厕。

域义务教育均衡发展改革试验任务。①

（五）积极推进城乡社会救助和养老保障一体化

在社会救助方面，2011—2012年年初，鄂州市先后颁布《鄂州市最低生活保障实施办法》《鄂州市"三无"对象集中供养实施办法》《鄂州市医疗救助实施办法》，实现了鄂州市社会救助中城乡低保、城乡"三无"对象供养、医疗救助三项主要救助制度的城乡一体。在养老保险方面，按照城乡一体化建设的要求，鄂州市实行城乡养老保险统筹，参保对象没有城乡之差别、身份之限制、门槛之障碍的一体化改革。早在2010年前后，鄂州市就已经将城镇居民社会养老保险制度与新型农村社会养老保险制度合并实施，将两个制度并为统一的城乡居民基本养老保险制度，并实行"六个统一"，即统一制度模式、统一缴费标准、统一政府补贴、统一保险待遇、统一基金管理、统一经办服务。2011年8月19日，随着鄂州市鄂城区正式启动城乡居民养老保险试点，以首批老人领到养老金存折为标志，鄂州市成为湖北省第一个实现城乡居民基本养老保险制度全覆盖的市（州）。②

（六）积极推进城乡市场体系一体化

为推进鄂州市城乡一体化试点工作顺利开展，2009年，湖北省商务厅和鄂州市政府就共同推进鄂州市城乡市场一体化试点工作专门签订工作合作协议，明确"大力推进城乡市场布局一体化、大力推进城乡商贸流通一体化、大力推进城乡贸工农一体化、大力推进城乡市场信息服务一体化"等四大目标。鄂州市出台政策，鼓励和支持农民进入农村流通领域，除法律法规禁止的领域外，农村个体工商户和私营企业都可以进入；鼓励农民在自愿基础上，发展各类农产品流通合作经济组织、协会，发展运销大户和农村经纪人队伍；鼓励大中型流通企业进入农村商品流

---

① 《鄂州市：实施"城乡一体、统筹推进"模式 促进教育优质均衡发展》，2011年8月4日，教育部门户网站，http：//old.moe.gov.cn//publicfiles/business/htmlfiles/moe/s5203/201108/122889.html；《先进区县巡礼之鄂州市城乡一体统筹推进见成效》，《中国教育报》2011年8月6日第4版；《回眸2015：鄂州市教育在均衡中快速发展》，2016年2月2日，中国文明网，http：//www.wenming.cn/syjj/dfczc/hb_1679/201602/t20160202_3126446.shtml。

② 周立新：《鄂州养老保险制度实现全覆盖》，《湖北日报》2011年8月20日第2版。周长庆：《鄂州养老保险制度实现全覆盖》，鄂州市人民政府门户网站，2011年8月20日，http：//www.ezhou.gov.cn/info/2011/C08201115.htm。

通领域，积极推进参与农村商品流通的中小企业创新，促进其发展"专、精、特、新"经营；进一步推进"万村千乡市场工程"，以新城和中心镇为重点，以村、乡镇为基础，积极发展连锁超市、便利店等新型流通业态，逐步以连锁经营、物流配送等经营方式，改造和建立标准化的"农家店"，加快形成农村居民日常生活服务的零售网络终端。[①]

以上"六个一体化"主要是对鄂州市城市一体化试点推进第一个阶段基本做法的介绍。进入2012年，特别是党的十八大以后，鄂州市在推进城乡一体化试点上的很多政策举措在很大程度上得到了进一步加强和巩固，同时也通过探索形成了一些更为行之有效的发展模式，在此不一一列举。

第三节　鄂州市城乡一体化试点成效和经验

鄂州市坚持"以工促农、以城带乡"的方针，按照"全域鄂州、统筹发展"的思路，以改革创新精神推进城乡一体化，把工业和农业、城市与农村、城镇居民和农村居民作为一个整体进行规划，重点推进城乡交通、城乡供水、城乡医疗保障、城乡教育、城乡社会救助和养老保障、城乡市场体系"六个一体化"，城乡一体化试点工作取得明显成效。

第一个阶段，即鄂州市推进城乡一体化工作的全面启动和实施阶段（2008—2011年）。试点工作启动3年来，鄂州市经济发展速度、基础设施一体化、公共服务均衡发展、改革创新等均走在全省前列，圆满实现"3年明显变化"的目标。2012年，鄂州市城镇化率达到62.09%，居全省第2位，较2007年提高了7.97个百分点，分别比全省、全国城镇化率高8.59个、9.52个百分点。人均GDP达到53193元，在武汉城市圈居第2位，分别为全省、全国人均GDP的1.34倍、1.56倍。城镇居民年人均可支配收入达到19306.6元，居全省第3位，同比增长13.51%。农村居民年人均纯收入达到9072.08元，居全省第4位，同比增长14.7%。城乡居民收入比由2007年的2.46∶1缩小为2.13∶1。在全省率先实现

[①] 李斌、王金华、方绪武：《鄂州市统筹城乡发展的探索》，载赵凌云主编《湖北统筹城乡发展战略研究》，湖北省人民出版社2008年版，第251页。

"村村通"水泥路,率先实现城乡供水一体化。全面完成义务教育学校标准化建设,成为全省首个全域达标的地级市。医疗卫生保障基础扎实,全市村卫生室全部实现"四化"(用房公房化、配置标准化、诊疗信息化、管理规范化)达标,提前两年完成省定任务。城乡居民养老保险、医疗保险、大病保险、医疗救助实现全覆盖。在全省率先实现城乡一体化网格化管理。[①]

第二个阶段,即鄂州市城乡一体化加速、攻坚和跨越阶段(2012—2016年)。试点工作启动5年来,鄂州市基本形成城乡空间规划、基础设施、产业布局、要素交换、公共服务和社会管理"六位一体"城乡一体化发展模式。2017年,鄂州市城镇化率达到65.41%,居全省第2位,较2012年提高了3.32个百分点。人均GDP达到26142元,居全省第3位,在武汉城市圈居第2位。中心城区、城西新区、城东新区"一体两翼"初具规模,八大功能区基础设施建设和产业集聚步伐加快,城市品位进一步提升。动态消除"零就业"家庭。城乡环境极大改善,城市供水、供气等公益设施日臻完善,光纤覆盖到全部村庄。城乡居民人均收入稳步增长,城镇居民年人均可支配收入达到29399元,同比增长9.1%,农民年人均可支配收入达到16168元,同比增长9%,城乡居民收入比由2012年的2.13∶1进一步缩小到1.82∶1。建立和完善城乡社会救助标准与社会经济增长、物价指数和最低工资标准联动增长机制,城市和农村低保标准分别提高到550元/月、400元/月,城乡医保实现"三网合一",报销比例居省前列,在全省率先实现被征地农民社会保障全覆盖。文体场馆全部免费对市民开放。率先实现城乡一体化供水、率先实现义务教育均衡发展、率先实现特困群众兜底保障、率先实现"村村通"客车。实现基本生育免费服务全覆盖。建立"1+N"社会矛盾纠纷预防化解体系,人民安居乐业,社会和谐稳定。[②]

[①] 鄂州市统计局:《城乡一体化成效对比研究》,2013年12月30日,鄂州市人民政府门户网站,http://www.ezhou.gov.cn/dgiShow.aspx? iid=2811。《鄂州:城乡一体——关于鄂州推进新型城镇化的调查报告》,2013年7月24日,湖北省住房和城乡建设厅官网,http://www.hbzfhcxjst.gov.cn/Web/Article/2013/07/24/1738552663.aspx? ArticleID=c8d86fe6-995c-4a2b-98c0-928f734e93c7。

[②] 参见鄂州市2016年、2017年政府工作报告和《鄂州市统计年鉴》(2013年、2018年)。

总的来看，鄂州市城乡一体化试点工作启动以来，经过不断努力和改革创新，鄂州市经济社会发展取得明显进步，城乡一体化建设成效明显，但仍然存在一些薄弱环节和问题。其中，最大的问题是城区对农村地区的带动力不足，最大的困难是广大农村地区发展基础还比较薄弱，最大的瓶颈是土地、人才、资本等基本要素资源紧缺。如何破解这些难题，鄂州市领导提出，必须准确把握后工业化时期产业演变特征和服务业大发展的趋势，抢抓"一带一路"战略和长江经济带开放开发战略机遇，把城乡融合发展作为发挥鄂州地方区域特色优势、破解资源禀赋限制的战略选择，坚持生态城、科技城、航空城"三城互动"，推动武汉市和鄂州市同城化发展，进一步整合城乡资源、聚集城乡发展要素、强化城乡功能配置，推动鄂州市高质量一体化发展。①

在鄂州市城乡一体化试点取得明显成效的基础上，按照党的十九大提出的建立健全城乡融合发展体制机制和政策体系的新要求，2018年5月22日，中国共产党鄂州市第七届委员会第六次全体会议进一步提出城乡融合发展的目标任务，即城乡融合的统筹发展体系率先建成，城乡治理体系和治理能力现代化加快推进，生态文明建设领先全省，高质量发展和动能转换取得明显成效，民生和社会事业全面发展，党的建设和干部作风建设成效卓著。

鄂州市科学谋划，先行先试，通过全域统筹，探路城乡一体化取得的成效，得到了习近平、李克强、李源潮等党和国家领导人的充分肯定和高度评价，在全国产生了重大影响。鄂州市成为湖北省对外展示的窗口、新农村建设的标杆，在全省发挥了重要示范作用。其中，值得学习的基本经验有四点。

一是全域规划、整体推进。突破了只重局部，不重视整体的传统，结合本地实际，因地制宜，把城乡作为一个有机整体进行统筹规划，构建了覆盖城乡、层次清晰、目标明确、管理有序的规划体系。

二是产业融合、联动发展。突破了新型工业城市的产业局限，着眼于形成统筹城乡产业发展的新格局，从资源特色和长远发展出发，不断

---

① 《湖北省鄂州市长王立：谱写新时代城乡融合发展新篇章》，2018年7月26日，中国文明网，http://www.wenming.cn/specials/hot/sjszt/201807/t20180726_4773239.shtml。

优化产业布局，促进城乡产业融合发展、协调发展，为城乡一体化发展奠定了坚实的产业基础。

三是双轮驱动、互促共荣。突破了只重视引导农民进城，提高城市化水平的单一模式，在试点中同步推进新型城镇化和新农村建设，既抓中心城区和中心镇建设，又抓农村新社区建设和美丽乡村建设，城乡面貌发生明显变化。

四是共建共享、均衡发展。强力推进水、电、路、气、信息、市场等"六网"建设，出台了推进城乡公共服务均衡发展的具体实施措施，实现了城乡基础设施共建共享和城乡公共服务融合对接。

第六章

湖北城乡一体化发展的路径与任务

推进城乡发展一体化，是工业化、城镇化、农业现代化发展到一定阶段的必然要求，既关系到城市发展，又关系到农村发展。加快推进城乡发展一体化这一重大战略任务的提出，源于我国长期存在的城乡二元结构体制，这种二元体制早在20世纪50年代就已形成。当时，国家提出并推行了重工业优先发展的战略，通过工农业产品价格"剪刀差"为工业化积累了大量资金。同时，为保证城市优先发展，采取了城市偏向性的政策。由此，形成了一套以城乡分离的户籍制度、就业制度、生活福利制度等为主要内容，城乡分割的二元社会结构体制。正是由于各种二元制度壁垒的存在，造成了城乡之间巨大的发展差距。

改革开放以来，湖北在逐步消除城乡二元体制的道路上进行了不懈的努力与探索，在大力推进新型城镇化的同时，全面推进新农村建设，基本形成了城乡经济社会发展一体化的新格局。但由于农业农村发展历史欠账较多，而城市端发展和改善又比较快，使得湖北仍然面临着农业现代化是短腿、农民收入增长是短项、农村依然是短板的现实问题。今后，无论是实现全面建成小康社会，还是实现农业农村现代化，推进城乡一体化发展都是关键所在。

站在改革开放40年的时间节点上，深刻把握中国特色社会主义进入新时代的特征，致力于实现城乡一体化发展，彻底打破城乡分割的二元社会结构体系，促进城乡生产要素平等交换和公共资源均衡配置，进一步缩小城乡之间的发展差距，构建新型的工农、城乡关系，实现城乡更平衡、更充分的发展，对于湖北这个农业大省而言显得尤为重要，这不仅是有效解决"三农"问题的根本途径，更是实现全面建成小康社会到基本实现现代化,再到全面建成社会主义现代化强省的客观需要和关键所在。

本章立足新阶段、新形势、新起点,着眼于当前湖北城乡改革与发展中面临的实际问题,对今后如何更好推进湖北城乡一体化加快发展进行了深入思考,提出推进湖北城乡一体化发展的实现路径、改革任务与对策建议。

第一节 对湖北城乡一体化发展的基本思考

自1978年党的十一届三中全会召开以来,湖北在城乡改革与发展的行进中已经走过了40年的光辉历程。但若要真正实现城乡一体化发展的目标,让农民真正享受到与城镇居民同等的文明和实惠,在前进的道路上还有许多发展障碍和难点需要攻克。面对城乡发展不平衡不协调等现实问题和挑战,展望未来,我们既不能任由农村加速凋落衰败,也不能任由城市摊大饼式发展,更不能单纯寄希望于城市充分发展后,自发辐射带动农村发展,而应紧紧抓住破除城乡二元社会结构的关键点,以新型城镇化与乡村振兴(新农村建设)为重要抓手,以县域为主战场,在破除体制机制上下功夫,在推动城乡要素自由流动,构建新型工农、城乡关系上发力,从而实现城乡更加充分、更加平衡的发展。也就是说,要在准确把握城乡一体化的科学内涵,切实遵循城乡自身发展的客观规律,进一步深化对世情、国情、省情再认识的基础上,把城乡高质量发展作为最鲜明的导向。一方面,要继续以城市为主导,通过完善和提升城市功能和品质,创新城市社会治理,为农业转移人口市民化真正融入城市,全面做好各种接续和承接工作。另一方面,要紧紧抓住国家提出的实施乡村振兴战略这个历史契机,把实施乡村振兴战略作为新时代做好"三农"工作的总抓手,坚持农业农村优先发展,建立健全城乡融合发展体制机制和政策体系,加快推进农业农村现代化,切实拉长农业这条"四化同步"的短腿、补齐农村这块全面小康的短板。只有农村一隅得到发展并振兴了,才能从根本上缩小城乡之间的发展差距,才能真正实现城乡共同发展、共享发展和均衡发展。

一　正确理解城乡一体化的本质

城乡一体化具有非常丰富的内涵，涉及政治、经济、文化、社会、生态、空间等多个方面，是一项复杂的系统工程。然而长期以来，不少地方在统筹城乡一体化发展的实践中，片面地将城乡一体化理解成城乡一样化，甚至过分追求在视觉效果上的城乡一样化。特别是有些地区在新农村建设的过程中，把系统性的新农村建设简单理解为单一的村庄建设，将着力点放在了房屋外包装和道路硬化上，产业发展、文化建设、环境保护、基础教育、基本医疗、社会养老等方面却没有同步跟上，农民在精神文化生活方面也没有得到同步发展和提升。党的十八大以来，各地在美丽乡村建设过程中也同样存在类似问题。此外，还有一些地区在统筹城乡一体化发展的实践中，片面地认为，只要实现了人口的集中居住就是城乡一体化了。主张通过迁村腾地，集中盖房，把一个个小村庄合并成一个大的村庄或社区，将城市社区管理的模式移植到农村。于是，很多农民在大拆大建中，被迫上了楼。但这样的城乡一体化并不是农民想要的城乡一体化。

针对各地呈现出的对城乡一体化内涵的曲解及其在实践中的走样，即违背城乡各自发展规律，盲目追求所谓城乡一样化的现象，一些长期从事"三农"研究的专家学者，发表了诸多以"城乡一体化并非一样化""城乡一体化不是一样化""城乡一体化不是变成一样化"等为主题的文章，建议各地在统筹城乡一体化发展的实践中，科学认识、正确理解城乡一体化的本质和内涵，厘清城乡一体化与城乡一样化之间的区别。只有认识上正确，才能推动城乡一体化朝着正确的方向迈进。

城乡一体化的本质是什么？综合诸多专家和学者的观点，城乡一体化更多被理解为城市与乡村的共赢共生和协调融合发展。其本质在于通过城乡体制设置的统一，实现城乡在政策上的平等、产业发展上的互补、国民待遇上的一致，让农民享受到与城镇居民同等的待遇和实惠，形成工农互促、城乡互补、全面融合、共同繁荣的新型工农、城乡关系，使整个城乡经济社会全面、协调、可持续发展。

二 着力破除城乡二元社会结构

经过改革开放40年来的发展，当前之所以呈现出农业农村仍是发展短腿短板，城乡发展不平衡不协调的问题还很突出，城乡之间的发展差距仍然较大这样一个客观事实，从根本上讲与自中华人民共和国成立以来长期形成的以"重城市轻农村""重工业轻农业""城乡分治"为核心内涵的城乡二元社会结构不无关系。尤其像湖北这样的农业大省，城乡二元社会结构对城乡一体化所形成的阻碍和造成的影响更为明显。

正是由于城乡二元社会结构的制度性安排，农村丰富的劳动力资源得以源源不断流向城市，农村大量的储蓄资金被用于工业建设和城市发展需要，农村宝贵的土地资源被优先保障工业和城市发展需要，因而很难在农村内部形成一套像城市那样可以进行自我积累、自我发展的机制，以至于农业缺乏生机活力、农民不能脱贫致富、农村无法兴旺发达。湖北要实现城乡一体化发展，首要就是着力破除或改变城乡二元社会结构。

党的十六大提出的统筹城乡发展，党的十八大提出的城乡发展一体化，党的十九大提出的城乡融合发展，都是基于当前"三农问题"久治不愈，城乡之间的发展差距仍然较大和我国经济实力、综合国力显著增强，已经具备支撑实现城乡一体化发展的物质技术条件这样一个大的宏观背景和客观事实而提出的战略任务。应该说，破除城乡二元社会结构已经到了刻不容缓的地步。

三 紧紧抓住县域这个主战场

区域经济有县域经济、市域经济、省域经济等不同分类。其中，县域经济表现为一种以行政区划为边界，以县城为中心，以乡镇为纽带，以农村为腹地，以居民（域内人口）为服务对象，与特定的地理区位、历史人文、资源禀赋等各种要素密切关联的具有一定地方特色的区域经济形态。

县域一直以来都是我国改革与发展的主战场。经过改革开放40年来的发展，湖北省多数县域经济社会发展取得了有目共睹的巨大成就。然而，从整体上来进行分析和判断，县域并没有真正打破"三农问题"的魔咒，在很大程度上仍然处在一个由农业农村由传统向现代化艰难转型的发展阶段。作为城乡结合最直接最紧密的区域，县域一直以来发挥着承上启下、连接城乡的作用，承担着城乡一体化发展的桥头堡和前沿阵地的作用。长期以来，从中央到地方出台的各项同城乡改革与发展相关的系列政策，很多都直接落实在县域，绝大部分项目也都是在县域推进的。

城乡一体化迈向融合发展的新阶段，无论是省域层面，还是市域层面，要实现城乡一体化发展的目标，形成城乡融合型社会经济形态，必须紧紧抓住县域这个主战场，将县域作为未来相当长一段时间内城乡一体化发展的重点区域，扎实深入推进各项改革。如果县域这个主战场无法实现城乡一体化发展，市域、省域也就不可能真正实现城乡一体化发展的目标。

四 始终坚持"两条腿"走路

从历史的、系统的和融合发展的观点来看，城市和乡村血脉相融、地域相连，是不可分割的有机整体。然而，在发展导向上，由于我国长期以来实行的是以经济建设为重心，重城市轻农村的发展政策，全国各地普遍面临着城乡发展不平衡不协调的问题。这些问题突出表现为城乡居民在劳动就业、基础教育、基本医疗、居住条件、社会养老等方面还存在较大的差距。2013年12月，习近平总书记在中央农村工作会议上指出，一定要看到，农业还是"四化同步"的短腿，农村还是全面建成小康社会的短板。[1]

如何破除城乡二元社会结构的制度壁垒，进一步缩小城乡之间的发展差距，补齐农业农村短腿短板，走出一条城乡均衡发展的道路？那就要按照城乡一体化发展的要求，从构建新型城乡关系的角度，坚持新型城镇化与乡村振兴（新农村建设）两条腿走路，推动城市与农村在经济、社会、生态环境、空间布局上实现整体性、协调性发展，从而达到城乡共同发展、共同繁荣、共同富裕的目的。

怎么样才算是坚持新型城镇化与乡村振兴（新农村建设）两条腿走路呢？首要一点就是在认识上要破除"城市中心论"，树立城乡一体发展

---

[1] 《中央农村工作会议在北京举行》，《人民日报》2013年12月25日第1版。

观。城乡一体化不是以城市为中心，通过新型城镇化把农民变成市民，也不是以乡村为中心，通过乡村振兴（新农村建设）把农村变成城市，而是要坚持城乡并重，将乡村与城市放在对等的地位，把工业与农业、城市与乡村、城镇居民与农村居民作为一个有机整体统筹推进，促进城乡在规划布局、产业发展、要素配置、基础设施、公共服务、生态保护等方面相互融合、共同发展。

城乡各自存在优势与短板，在诸多方面具有互补性和共生性。农村的发展离不开城市的辐射和带动，城市的发展也离不开农村的促进和支持。城市要发展，农村也要发展。如果继续实行城乡分治，只管城市，不顾农村，农业将会继续保持羸弱之势，农村将会逐渐衰落，农民将会长期陷于贫困，这必将导致国民经济基础的极端薄弱性，农业农村也不可能真正地发挥出有效支撑现代工业化、城镇化跨越式发展的重大作用。

2013年11月，党的十八届三中全会指出："坚持走中国特色新型城镇化道路……促进城镇化和新农村建设协调推进。"① 习近平总书记曾明确指出："农村绝不能成为荒芜的农村、留守的农村、记忆中的故园。城镇化要发展，农业现代化和新农村建设也要发展，同步发展才能相得益彰……要破除城乡二元社会结构，推进城乡发展一体化，把广大农村建设成农民幸福生活的美好家园。"② 习近平总书记的论述深刻阐释了正确看待和处理城镇化与农业现代化、新农村建设的辩证关系。要求我们在推进新型城镇化的同时，绝不能忽视农村发展，必须同步加快新农村建设。要将新农村建设置于城乡一体化的大框架中来推进，实现城镇化与新农村建设的双轮驱动和良性互动。

当前，中国特色社会主义新时代，湖北要实现城乡一体化发展，必须坚持城乡协调发展观，坚定不移地实施好党的十九大报告提出的乡村振兴战略，把新农村建设与新型城镇化统筹起来考虑，切实把农业农村

---

① 《中共中央关于全面深化改革若干重大问题的决定》，载中共中央文献研究室编《十八大以来重要文献选编》（上），中央文献出版社2014年版，第524页。
② 高长武：《"农村绝不能成为荒芜的农村、留守的农村、记忆中的故园"——从习近平同志对农村的担忧和期望说开去》，《党的文献》2014年第3期。

放在优先发展位置，严格按照产业兴旺、生态宜居、乡风文明、治理有效、生活富裕的总要求，建立健全城乡融合发展体制机制和政策体系，抓住重点任务的有效落实，推进城乡公共资源均衡配置、城乡要素平等交换，稳步提高城乡基本公共服务均等化水平，最终实现城乡共同发展、共同繁荣、共同富裕。从政府公共财政提供基本公共服务来看，基础设施建设要向农村延伸，各项基本公共服务提供要在广大农村实现全覆盖，更多文化事业发展要向农村倾斜，要让广大农民也能享受到改革发展红利。

第二节 湖北城乡一体化发展的实现路径

城乡一体化迈向融合发展的新阶段，未来，湖北实现城乡一体化发展应从何处着力，实现路径是什么？结合湖北城乡改革与发展多年来的实践，我们认为应从规划引领、基础设施、产业体系、公共服务、社会治理、生态建设六个方面着手，切实通过政策构架的制定、长效机制的建立，改变长期形成的城乡二元社会结构，实现城乡在政策上的平等、产业发展上的互补、国民待遇上的一致，切实让农民享受到与城镇居民同等的文明和实惠，使农村和城市融为一体，使整个城乡经济社会实现全面、协调、可持续发展。

一 加强规划引领，推进城乡规划一体化

实现城乡一体化发展，必须坚持规划先行，把规划放在首要位置。多年来，湖北各地农村在建设与发展的过程中，只有极少数乡镇和村庄比较注重发挥规划引领的作用。这些乡镇和村庄大多数是推进新农村建设、美丽乡村建设、三产融合发展、田园综合体建设、特色小镇、土地综合整治等试点地区的乡镇和村庄。在规划引领下，涌现了一批颇具特色的乡镇和村庄，如保康县的尧治河村、嘉鱼县的官桥村八组、广水市的桃源村、钟祥市的湖山村、江夏区的小朱湾村、黄陂区姚家集街的杜堂村等。然而，绝大多数乡镇和村庄在建设和发展的过程中，缺乏科学性、系统性的规划，既没有专门的产业发展规划作指导，也没有村庄建设规划作为导则。整体来看，大部分农村地区由于规划管理缺位和村庄

规划滞后，村庄建设始终处于一种自发、无序的状态。以农村居民建房为例，无论是整体布局、户型结构，还是外观设计，要么分散无序，杂乱无章，要么千篇一律，缺乏特色。"有新房没新村、有新村没新貌、有新貌没特色"等现象在农村地区普遍存在。

总的来看，当前，城市建设与乡村建设在规划编制和管理方面是脱节的。为适应城乡融合、协调发展的新形势，各地应牢固树立"城乡建设、规划先行"的理念，立足长远，科学论证，高起点、高标准、高质量地编制各类城乡建设与发展规划，通过规划引领促进城乡融合、协调发展。具体来看，就是要准确把握城乡间的差异性，遵循城乡各自发展的客观规律，坚持科学统筹与"全域发展"的新理念，在追求经济建设元素的同时，在其他方面全面贯彻一体化发展和融合发展的理念。而在规划编制和实施过程中，既要突出分类指导、因地制宜、精准施策，彰显地方发展特色，又要兼顾现代化方向与适当超前性。特别是要认真总结过去新农村建设实践中的经验教训，切忌再搞一些涂脂抹粉、千篇一律的面子工程、形象工程，切忌再搞一些合村并组、撤村并居、集中上楼等违背群众意愿、损害农民利益的事情。应从历史、全局、未来的角度进行思考，在正确认识城乡价值与功能的基础上，既充分考虑当前经济社会急剧转型、农村人口结构显著改变等现实问题，又与未来农村发展的规律、城镇化演变的规律相结合。唯有如此，才能有效发挥规划在推动城乡融合、协调发展中的引领作用。

此外，还要进一步完善规划体系，要形成城乡融合、区域一体、多规合一的规划体系。应把城市和乡村作为一个整体，通盘考虑，统筹谋划，一体设计，分步实施，实行城乡总体规划、土地利用总体规划、产业布局总体规划等多规合一，重点是要统筹城乡基础设施规划、产业发展规划、公共服务规划和各类专业规划的"多规衔接"，实现乡镇建设规划、中心村建设规划和产业聚集规划全覆盖。其中，对于各地花费巨大精力重点打造和扶助的一些中心镇（村）、特色镇（村），建议上级政府放手让各地根据当地经济社会发展的实际情况、基础条件，独立自主地开展规划的编制、实施和管理工作，使各镇各村之间各具特色，实现错位发展。

二　完善产业体系，推进城乡产业发展一体化

城乡融合、协调发展，产业是关键。缺乏产业支撑，城乡一体化发展就会成为无源之水、无本之木。从国内外的实践看，无论是发达国家，还是发达地区，凡是城乡一体化发展水平比较高、模式比较成熟的地区都十分重视产业发展。只有产业发展了，才能为城乡融合、协调发展注入源源不断的动力。从湖北省内各地的探索来看，曾经一个只有 67 户、247 人，党的十一届三中全会以前，年人均收入不足 60 元，欠贷款 11000 元，吃饭靠返销，生产靠贷款的纯农业组——咸宁市嘉鱼县官桥村八组，作为我国农村改革的一面旗帜，早在 20 世纪 80 年代初就突破单一农业发展模式，实行工农并举，开始办厂经商。此后，一直坚持以工促农，以产兴村（镇），推动产村（镇）间的融合互动，切实走出一条工业带农业、农业带生态、生态带旅游，三产融合的发展之路，实现城镇与乡村的一体化联动，被誉为"湖北第一组"。截至 2017 年，官桥村八组集体总资产达到 30 亿元，年创利税 2.5 亿元，村民年人均纯收入高达 6.5 万元。

然而，湖北大多数农村地区，特别是广大县域农村地区，在城乡产业联动、融合发展方面一直没有实现较大的突破。城市与农村之间，县域与县域之间，也包括县域与市域之间，大部分还局限于"你吹你的号，我唱我的调"，不仅相互间的产业依存度和融合度不高，而且单个县域内部产业融合度也不高。说到底，一个重要的原因在于省级层面缺乏具有权威性的城乡产业融合发展规划。

当前，湖北要在产业层面实现城乡一体化发展，省级决策部门应从全省一盘棋发展的角度出发，按照比较优势的原则对各地区特别是县域的生产要素进行重新分配，建立起一个相对完善的产业体系发展规划。各市、县（区）应侧重于相互间的分工与合作，实现优势互补和共同发展，即在产业发展空间上打破城乡行政界限，结合各地产业发展实际情况合理进行产业分工，通过发挥区位优势和比较优势，促进要素自由流动，提高资源配置效率，从而实现城乡产业优势互补和一体化发展。

三 夯实发展根基，推进城乡基础设施一体化

农村基础设施建设的好与不好，最能体现出城乡之间的发展差距。改革开放40年来，城乡基础设施条件改善最快的一端是广大城市地区。当前，绝大多数农民为什么会义无反顾地背井离乡，从农村奔向城市？一个重要的原因在于城市比农村拥有更加完善的基础设施，能够给人一种高品位的生活感受和更大的发展空间。这也是长期以来包括资金、土地、劳动力在内的各种生产要素一直从农村单向性地向城市流淌，以致农业农村严重"失血"并逐步走向凋敝与衰败的重要缘由。然而，要改变当前这种局面，推动城市先进生产要素向农村的反向流动或实现城乡要素资源双向流动，就必须尽快补上农村基础设施建设这块"短板"。

总的来讲，就是要完善农村基础设施建设机制。一方面，要推进城乡基础设施互联互通、共建共享，即坚持"城乡共建、城乡联网、城乡共享"的原则，按照现代城市建设的标准，来推进农村交通道路、村庄整治、农田水利、供水改造、电网改造、广播电视、网络通信、医疗卫生、文化教育、环境保护等公共基础设施建设，不断提升农村综合发展水平。另一方面，要创新农村基础设施和公共服务设施决策、投入、建设、运行管护机制，重点在完善农村公路建设养护长效机制，加快农村供水设施产权制度改革，探索建立农村污水、垃圾处理统一管理体制等方面发力，让广大农民能够享受到现代文明生活，从而为逐步实现城乡经济社会全面对接、融合发展奠定坚实基础。从各地区的基础设施建设水平来看，偏远农村地区的基础设施建设水平明显低于交通区位条件比较好的丘陵地区、平原地区和近城郊区。靠近大城市附近的近城郊区与城区相比在基础设施建设水平上已没有太大差别，如武汉市基本上实现了城郊与中心城区基础设施建设的一体化。

未来，湖北要在基础设施建设上实现城乡一体化发展，就不同的地区来看，城郊区应将建设重点放在对现有的公共基础设施进行改造升级和提高服务管理水平上；条件稍好的平原地区和丘陵地区应将建设重点放在进一步加大公共基础设施建设的覆盖面和加强对薄弱环节的公共基础设施的建设上；条件稍差的丘陵地区或山区等贫困偏远地区应将建设重点放在全方位、全面开展和加强公共基础设施的建设上。就建设重点

来看，当务之急要考虑的是满足产业兴旺的需求，充分运用"互联网＋"思维，大力发展农村电子商务，建设重点应放在加强农村信息基础设施建设，积极打造电子商务平台，建立和完善农村信息服务体系等方面。只有这样，才能构筑一座联通农业生产与农产品销售的桥梁，让原本"一盘散沙"的个体小农户能够与统一的大市场有效衔接，进而起到加快促进农村地区经济转型升级的作用。

四 优化资源配置，推进城乡基本公共服务一体化

党的十九大提出实施乡村振兴战略，其重要目标就是实现农业全面升级、农村全面进步、农民全面发展，让广大农民在乡村振兴中有更多的获得感、幸福感、安全感。如何提升广大农民群众的获得感、幸福感、安全感？最重要的一条就是要在公共服务上实现城乡一体发展，也即通过优化公共资源配置，推进城乡基本公共服务均等化，来缩小城乡之间的发展差距，促进城乡之间的融合发展。当前，最为重要的就是尽快制定和妥善推出义务教育、卫生医疗、基本养老、社会救助等城乡统一的实施标准和检验标准，加大对农村基本公共服务的投入，逐步让广大农民享有与城镇居民地位平等、待遇相同的各种福利保障。

在义务教育方面，要建立城乡统一的教育体制，通过积极调整农村中小学校布局，统筹配置优化城乡教育资源，提高农村教师待遇水平，特别是要加大对农村地区学校优秀师资力量的配置，提高义务教育阶段的办学教学质量，切实保障农家子弟与城市孩子站在同一起跑线上。

在医疗保障方面，要不断健全农村医疗保障体系，完善县、镇、村三级医疗卫生服务网络，把医疗卫生工作的重点放在农村，特别是要放在边远山区等贫困地区。要重点提高县域卫生系统对疾病的防治技术水平，探索乡镇卫生院托管和农村卫生服务一体化管理机制。同时，还要进一步提高农村居民基本医疗保险水平。

在养老保障方面，针对当前农村养老服务发展滞后，服务水平低的现状，在农村要办好普惠性的公办养老机构，加强农村养老服务工作，确保农村老人幸福地、有尊严地过完下半生。同时，也要在积极探索多种形式的农村养老服务发展模式，推动城市居家养老服务逐步向农村居家养老服务延伸，提高农村居民基础养老金标准等方面下功夫。

在社会救助方面,要建立和完善城乡统一的社会救助体系,将社会救助面覆盖社会的每个阶层、每个群体,让每个人都享有相同的救助机会与平等的生存权利。当前,在现有的救助策略中,生存型救助多、发展型救助少,输血型救助多、造血型救助少,无法使救助对象通过全面的、综合的救助从根本上彻底摆脱贫困状况,达不到救助目的,等等。这些不足之处都需要改进。同时,也要鼓励和引导社会力量参与社会救助工作。

在就业管理方面,要加快形成城乡一体、普惠共享、功能完善、服务高效、管理规范的就业创业服务体系。重点在于完善积极的就业政策体系,推动各项就业政策向农村延伸;构建城乡一体的就业创业制度,创造城乡平等的就业政策环境,包括构建面向所有城乡人员的失业登记制度、困难人员救助制度、职业培育制度等;建立城乡统一的就业创业服务体系,特别是要加大和完善对返乡创新创业人员和农村劳动力转移就业的服务力度。

在公共文化建设与服务方面,要加快农村公共文化服务体系的构建,大力发展现代文化传播体系,多元化、多层次、多样性地推进农村文化信息共享、农村文化综合广场等文化惠民工程,正确引导县乡文化机构广泛开展群众性精神文明创建活动。要完善公共文化基础设施建设,充分调动农民参与社会公共文化服务的积极性,满足农民对文化的需求,保障农民文化权益的实现。

五 提升治理能力,推进城乡社会治理一体化

城乡分割的二元体制下,在人口管理、劳动就业、公共服务、社会保障、财政支持、行政管理等各个方面,各地一直实行的是城乡分治的政策。从社会治理水平来看,广大城市地区由于人口居住十分密集,其管理辖区均按照一定的标准划分成为单元网格,实行的是以网格化为基础,以信息化为手段,由多元主体共同参与的社会治理模式,建立的是一种精细化、规范化、法治化的治理制度,社会治理现代化服务水平较高。而广大农村地区,由于人口居住比较分散,大部分地区以自然散居的传统村落(湾)为主要形态,社会治理半径相对较大。因此,在村级社会基本公共事务的管理和服务上多以村民自治为主,不同于城市的社

会化管理和治理模式。无论是规范化、精细化管理水平，还是社会化服务能力和水平，农村地区均明显滞后于城市地区。这种城乡分治的管理体制已经成为阻碍城乡一体化的关键因素。

城乡一体化是一项综合性的社会系统工程，除了经济发展上要实现城乡一体化，社会治理上也要实现城乡一体化，重点是建立城乡一体化的社会治理体系，实现农村治理体系和治理能力现代化，促进城镇与乡村社会治理有序接轨，实现城乡社会治理协同发展。然而，这种一体化的社会治理体系并不是将城市治理的方式和制度生搬硬套、安插到农村社会，用城市的方式和方法来改造农村。而是要将基层作为着力点，通过体制机制上的变革和创新，进一步提升农村基层社会治理能力，充分保障农村和城市能够拥有一样的发展机遇，在接受基础教育、社会保险和社会保障等方面拥有同等的权利。

第一，要坚持系统治理理念，推进多元主体协同治理。当前，不少农村出现的权益纷争事件、乡村管理失控、干群关系紧张、黑恶势力介入、一事一议制度失效等各种现象都与当前乡村治理主体间的关系没有理顺有关，同乡村治权弱化有关。要打破当前乡村治理主体[①]无序的状态，必须树立系统治理理念，完善村民自治与多元主体参与有机结合的农村社区共建共享机制，构建党委领导、政府负责、社会协调、公众参与、法治保障的现代农村社会治理体制。充分发挥多元化力量在社会治理中的作用，切实实现政府治理和社会自我调节、居民自治良性互动。

第二，要建立健全自治、法治、德治相结合的乡村治理体系。这是党的十九大在新的历史时期对乡村治理作出的重要要求，体现了以村民自治为核心的乡村治理改革的方向。湖北农村地域广阔，人口众多，利益关系错综复杂，社会事务繁多，各种社会问题层出不穷，应对这些问题，必须走自治、法治和德治相结合的乡村治理之路。在提高自治水平方面，要进一步完善村民自治制度，以自治激发乡村发展活力。要在规范民主选举程序，健全村民议事、办事和监事体系等方面下功夫，充分发挥村委会在村级事务决策、落实和监督等各个环节的自治功能，广泛发挥村民的主体性作用，将村民的民主权利落到实

---

① 包含基层政府、村民自治组织、农村民间组织、广大农民等。

处。在提高法治水平方面，要树立依法治理理念，加强法治保障，靠法治定止纷争，确保农村社会和谐有序。各级领导干部要善于运用法治思维和法治方式，依法加强对村务治理的指导、对农村各类问题的预防和监管，引导农村居民形成自觉守法、遇事找法、解决问题用法、化解矛盾靠法的良好氛围，切实维护法律尊严和权威。在提高德治水平方面，要强化道德约束，从提高人的道德素质、强化道德自律方面入手，将道德作为非强制性的社会规范来约束和规范各种不良社会行为，充分发挥内心信念、道德、良心等非正式制度因素在乡村社会治理中的基础作用。

第三，要借助现代信息和管理技术，以网格化和社会化服务为方向，建立健全村民自我服务与政府公共服务、社会公益服务有效衔接的农村基层综合服务管理平台，不断完善服务功能，着力提升服务能力和水平，及时反映和协调农村居民各方面各层次的利益诉求，推动矛盾问题、治安隐患、民生事项得到及时有效解决，努力把农村建成服务完善、管理有序、文明祥和的社会生活共同体。

六　强化生态建设，推进城乡生态环境保护一体化

良好的生态环境是一个国家或地区实现永续发展的内在要求，是增进民生福祉的优先领域。城乡一体化涉及经济、政治、文化、社会、生态等多个方面，必须有城乡一体化的良好生态环境体系作保障。改革开放以来，经济高速发展的同时也给生态环境带来了严重的污染问题。优美的生态环境正日益成为人们对新时代美好生活的重要期待，迫切需要我们在推进城乡一体化加快发展的进程中，遵循生态系统整体性规律，从城乡相互融合和共同发展的角度，构建一体化的生态环境保护新格局。

党的十八大以来，习近平总书记多次对生态文明建设作出重要指示，并在不同场合反复强调，"绿水青山就是金山银山"[1]，"要像保护眼睛一样保护生态环境，像对待生命一样对待生态环境，把不损害生态环境作

---

[1] 中共浙江省委：《照着绿水青山就是金山银山的路子走下去——深入学习习近平同志"两山"重要思想》，《求是》2015年第17期。

为发展的底线……"① 这些重要论断已经成为全社会的普遍共识。

结合湖北实际来看，在构建城乡一体化的生态环境保护新格局的过程中，无论是生态建设，还是环境治理，其重点和难点都在农村。当前，在湖北农村，尤其是农村工业化和城镇化发展较快的地区，大都面临着内部污染和外来污染的双重威胁，呈现出污染面广量大，工业、农业、生活污染并存，空气、水、土壤等环境污染严重，由局部向区域蔓延的趋势，不少地方还处于"垃圾靠风刮，污水靠蒸发"的状态。总的来看，相对城市而言，农村环境保护与治理基础极为薄弱和滞后。无论是在环境公共服务数量上，还是环境公共服务水平和质量上，城乡之间均存在巨大的差距，究其根源在于长期以来各级政府在环境保护和治理上实行的是"重城市，轻农村"的发展政策。

新的历史时期，必须把强化生态建设放在重要位置，积极转变思路，加大投入，完善机制，树立城乡共治的理念，采取有力举措，全方位加强环境治理实施力度，加快补齐农村环境保护与治理短板，实现城乡生态环境保护一体化。对于湖北而言，一要加强环境保护与治理顶层设计，把农村环境保护规划放在与城市环境保护规划同等重要的位置上，抓好农村各类环境保护与治理的规划编制工作，同时配套制定适应于农村生态环境保护实际情况的具体实施举措、办法。二要建立针对农村环境污染的检测、管控和保护体系，并将其纳入法律法规层面。同时，也要将农村环境保护与治理同村庄自治相结合，以村规民约为载体，探索建立村庄自治的农村环境保护和治理机制，引导和组织村民参与村庄内部的环境管理。三要将农村环境保护和治理纳入各级政府财政年度预算，逐年加大对农村环境保护和治理的投入力度。同时，积极营造宽松的、规范的政策环境，引导和支持社会资本投入农村环境保护和治理，有效解决农村环境保护和治理资金投入不足的问题。四要进一步健全完善农村环保管护长效机制，从根本上解决农村环保设施管理不善、运行不畅等实际问题，改善农村生产生活生态环境，提高人民群众生活质量。五要统筹农业生产、农民生活、农村生态，将其作为一个有机整体进行综合

---

① 中共中央宣传部编：《习近平总书记系列重要讲话读本》，学习出版社、人民出版社2016年版，第233页。

治理，重点加强农村生活垃圾处理、水域生态修复和水环境保护、土壤生态系统保护，从而构建城乡良性互动的生态保护与建设格局。①

第三节　湖北城乡一体化发展的改革任务

当前，湖北要实现城乡一体化发展的目标，重中之重和关键之举在于以问题为导向，聚焦"人、地、钱、物（服务）"，着力破除城乡二元体制，对制约城乡一体化发展的体制机制障碍彻底来一次革命性改革，要在推进城乡要素平等交换和公共资源均衡配置上取得重大突破。政府部门作为决策者，应着力从政策框架上构建有利于城乡融合发展的制度体系和机制平台，加快推动户籍、土地、社保、就业、金融、教育等一系列制度联动改革，并且要有切实的保障措施来保证公共财政能够不断地向农村倾斜、基础设施不断地向农村延伸、社会保障不断地向农村覆盖、公共服务不断地向农村侧重，让广大农民真正共享改革发展红利，共享现代化建设成果。

结合实际，我们提出，未来湖北需着重推进以户籍制度改革、农村土地制度改革、财税制度改革和公共服务供给侧改革为主要内容的改革。

一　深入推进居民户籍制度改革

城乡二元社会结构是以城乡分离的户籍制度为载体的。实现城乡一体化发展，首要任务就是对城乡二元户籍制度进行改革，以逐步减弱或消除城乡二元户籍制度的束缚和限制。长期以来，城乡二元户籍制度的实行在城市与农村之间筑起了一道难以逾越的高墙。城乡两种性质户口的设立成为差别化分配各种利益的最直接标签，非农业户口在相关待遇上明显优于农业户口。一个基本的事实是，随着工业化和城镇化进程的加快，大量农民工进了城，可以在城市立业，却无法在城市安家，无法享受与城市居民均等的市民待遇，其背后重要的一条原因在于城乡二元户籍制度所带来的束缚和限制。为减弱城乡二元户籍制度的束缚和限制，从推进城乡一体化的路径来看，改革开放以来，在国家层面户籍改革政

---

① 左雯：《加快构建城乡一体的环境治理体系》，《河南日报》2015年10月28日第6版。

策大量出台的背景下，湖北也适时出台了相关的政策和措施，对户籍制度持续作出调整和改革，但并没有从根本上消除城乡二元户籍制度的束缚和限制。

户籍制度改革到底怎么改？城乡一体化是城市和农村的共同发展，是城镇化和乡村振兴（新农村建设）的共同目标，最终要在高度城镇化的基础上实现城乡一体化，即要实现70%左右的人在城市能够稳定生活。户籍制度改革最重要的一点就是围绕提升户籍人口的城镇化率做文章。目前，湖北省常住人口城镇化率已达到59.3%，接近60%，但户籍人口城镇化率还比较低。今后户籍制度改革的重点就是围绕提高户籍人口的城镇化率，完善相关政策体系，出台配套举措，确保新型城镇化进程中有意愿、有条件的农民进城成为市民，要让这部分农业转移人口在城市能进得来、住得下、融得进、能就业，与城镇居民享有同等权利和福利。

如何做到这一点，要逐步剥离依附在户籍制度上的特殊福利和社会保障，解除计划经济体制赋予农民的身份限制。重点是通过建立城乡统一的户口登记制度，全面实行居住证制度，完善人口信息管理制度。同时，在平等赋予教育、医疗、就业等"附加功能"方面配套推进相关制度变革，从而确立户籍制度的一元化管理。此外，还应健全财政转移支付同农业转移人口市民化挂钩机制，建立城镇建设用地增加规模同吸纳农业转移人口落户数量挂钩机制。而对于进城落户的农民，要把握一个重要的原则，即一定要维护其原有的土地承包经营权，不得以退出土地承包经营权作为农民进城落户的条件，是否保留土地承包经营权，由农民选择而不代替农民选择。

二 深入推进农村土地制度改革

农村土地制度改革在深化农村改革中处于关键性的位置，是城乡一体化发展中的核心问题。随着工业化、城镇化进程的加快，城市地域空间边界逐步向农村扩张和延伸，引发了各种各样因征用农村集体土地而引发的与征地赔偿和居民安置等相关的纠纷问题。与此同时，越来越多的农民在工业化、城镇化的浪潮中日益脱离农业、走出农村，从而引发了农民与土地关系的悄然变革。通过长期积淀，农村出现了大量空置、废弃的宅基地，也出现了许多闲置的耕地、林地。农村土地制度改革所要解决的核心问题有两个：一是要解决城市扩展和工业发展过程中的用地问题；二是要盘活农村土地资源，解决农村土地增值收益的公平分配问题。

这些问题如何解决？一要不断健全归属清晰、权能完整、流转顺畅、保护严格的农村土地产权制度。前提是坚持农村土地集体所有这条改革底线，重点是落实好农村土地所有权、承包权、经营权分置（简称"三权分置"）制度。要科学界定"三权"内涵、权利边界及相互关系，完善"三权分置"办法（包括法律法规），积极探索农村土地集体所有制的有效实现形式，逐步建立规范高效的"三权分置"运行机制，真正将落实集体所有权，稳定农户承包权，放活土地经营权落到实处，充分发挥"三权"各自的功能和整体效用。二要建立有效的土地市场制度。长期以来，我国城乡建设用地市场具有明显的二元特点。农村集体土地所有权与国有土地所有权地位不对等，集体建设用地产权不明晰、权能不完整、实现方式单一等问题已经成为阻碍城乡一体化发展的严重障碍。而建立有效的土地市场制度，重点在建立城乡统一的建设用地市场，以畅通城乡之间土地要素的双向流动渠道。要在符合用地规划和用途管制的前提下，允许农村集体经营性建设用地出让、租赁、入股，实行与国有土地同等入市、同权同价。同时，也要建立符合城乡统一的建设用地市场要求，产权明晰、市场定价、信息集聚、交易安全的土地二级市场。三要建立公平合理的土地增值收益共享机制，即兼顾国家、集体、个人的土地增值收益分配机制，尤其要确保农村集体经济组织和单个农民关于土地的合法财产权利。最为重要的是针对农村集体土地进入市场环节获得的土地增值收益，可通过分享一定比例的土地出让金、提取土地流转收益分成等方式，让农村集体经济组织也能够获得一定收入，从而为村级公共设施和公共服务的内部供给奠定一定的经济基础。与此同时，也要确保单个农民享受部分土地增值收益。单个农民所获得的补偿要能弥补其职业转换成本、社会保障成本以及其他因失去土地而承载的社会成本等。只有这样，才能使广大农民充分享受城镇化和现代化发展的成果。

三 深入推进财税金融制度改革

改革开放以来，湖北农业农村在发展过程中所面临的突出困难，莫过于建设资金投入的严重匮乏。充足的资金投入是改善农业农村发展条件、加快推进农业农村现代化的重要保障。当前，如果不借助金融的手段和资本的力量，新农村建设、乡村振兴的宏伟目标只能是"镜中花、水中月"。现实中，城乡一体化发展中所呈现出的农业农村短腿短板问题，在很大程度上与资金短缺有着非常重要的关系，其根本原因在于农业财税和农村金融供给不足。自2004年国家开始减免农业税、取消除烟叶外的农业特产税，2006年在全国范围内全面取消农业税费以来，国家和地方持续增加对农业农村的投入，极大增强了农业农村发展的动力，但由于各种扶农助农财政资金使用分散，项目资金整合力度不强，项目叠加和重复建设的现象时常发生，再加上金融机构对"三农"的贷款积极性不高，从而导致支农资金使用效益不高，支农效能大打折扣。目前，农村金融供给由政策性银行、商业银行、合作金融机构和非正规金融机构共同构成，但主要还是依靠正规金融机构提供资金供给，其模式主要是小额信用贷款。这种小额信用贷款又以扶贫贷款为主，且大部分为产业扶贫贷款、助学贷款。实地调研发现，小额信用贷款在很大程度是政策引导的结果，不具有普惠性，要么由政府提供担保资金，要么由政府进行兜底，而真正从事涉农生产或经营活动的广大农户或新型农业经营主体，则很难通过正常的程序从金融机构获得商业贷款。为解决资金短缺的问题，他们不得不转向民间借贷获得资金以解决燃眉之急。

如何解决农业农村发展资金短缺的问题？关键是健全投入保障制度，创新投融资体制机制，加快形成财政优先保障、金融重点倾斜、社会积极参与的多元投入格局。首先，在公共财政资金的分配上，要优先保障公共财政对农业农村的投入，完善财政投入稳定增长机制。不仅在总量上要加大资金投入规模，而且在支出比例上要提高财政支农资金占财政总支出的比重。其次，在提高财政支农资金使用效益上，要创新财政资金投入和使用方式，规范财政资金管理办法，统筹土地出让收益等各类资金，整合省级跨部门重大财政项目资金，重点投入农业科技创新、环境综合治理、水利基础设施等重要领域，更大地发挥财政资金的支农作用。最后，在创新投融资体制机制上，要按照市场经济发展的客观要求，顺应金融现代化的时代潮流，对整个投融资管理体制与运行机制进行彻底改革和全面创新，充分发挥政策性、商业性、合作性金融间的互补优势，建立一个多主体、多元素、多层次、多样性的社会"大金融"格局。重点在于逐步放开对农村的金融管制，精心培育充满活力的农村金融市场，充分动员、大力支持、有效吸引各类社会资本和民间资本以入股、联营等多种方式，共同参与到农村经济发展、新农村建设和乡村振兴中来。

四　深入推进公共服务供给侧改革

改革开放以来，湖北在努力推进城乡基本公共服务均等化的进程中取得重要成效：基本形成"乡镇公路联网成片、村与村全面循环、组与组路路相通"的农村公路网；实现城乡居民用电同网同价；实现通信从城市到农村的广覆盖和深覆盖；基本实现城乡义务教育均衡发展；建立全省统一的城乡居民基本养老保险和医疗保险制度；形成了"户分类、组保洁、村收集、镇转运、县处理"的垃圾处理工作体系；等等。但同全国大多数地方省份一样，湖北各地仍不同程度面临着公共服务供给资源有限，供给效能不高，且公共服务供给分布不均的现实难题。其中，大量优质资源集中在城市，广大农村地区居民的需求难以得到有效匹配已经成为基本事实。除此以外，不同群体之间和地区之间的公共服务供给水平和质量也存在较大差异。

从财政公共服务能力上来看，财政收支水平的高低是提高保障和改善一个地区公共服务水平的重要物质基础。2017年，湖北省财政总收入为5441.42亿元，在全国属于中等水平。其中，地方财政一般预算收入为3248.32亿元，但与发达省份相比仍有较大差距，仅为广东的28.69%，浙江的55.96%。湖北省地方财政一般预算支出为6801.26亿元[①]。其中，农林水事务支出为714.73亿元，仅占预算支出的10.51%。

从公共服务供给水平上来看，无论是在公共服务基础设施建设标准方面，还是在多元公共服务供给主体引进、公共服务专业人才队伍建设等方面，农村和城市相比均存在巨大的差距。相对于农村而言，城市更

---

① 此资料来自国家统计局官网公布数据。《湖北统计年鉴2018》关于湖北省地方财政一般预算支出数据为6831.74亿元。

容易引进社会力量和市场主体，与政府之间构建起共同协作机制，从而提供更高质量的公共服务。城市的公共服务基础设施建设标准和水平更高，如城市公路等级明显高于农村公路等级。为城市提供各类公共服务的是一支训练有素、素质较高、服务理念较强的专业人才队伍，而在农村，单组建起一支服务人才队伍就困难重重，更不要提素质高不高、服务理念强不强等问题了。

从公共服务供给结构上来看，面向农村的公共服务供给基本停留在满足农村居民在义务教育、基础医疗、基本养老等"生存型"公共服务需求，而面向城市的公共服务供给则在满足城市居民"生存型"公共服务需求的基础上，已经开始注重满足城市居民在教育、文化、体育等方面的"发展型"公共服务需求。

随着国民经济的进一步发展，城镇化进程的加快，人们生活水平的大幅提高，不仅要加大公共服务的供给规模以满足人民群众日益增长的公共服务需求，而且还要进一步调整和优化公共服务资源的供给结构以满足人民群众日益提升的公共服务需求。

在加大公共服务供给规模上，要准确把握普惠性、保基本、均等化、可持续的方向，一要与财政实力相适应，持续提高公共财政用于公共服务的支出水平，使更多人民群众更公平地享受到改革发展成果。二要充分发挥政府调节公平的作用，确保公共服务资源优先向农业农村倾斜，补齐农村公共服务短板，重点解决农村公共服务偏弱和困难群体享受公共服务不充分、不均等和不优质等方面的问题。

在调整和优化公共服务资源的供给结构上，一要做到重点突出，把健全公共服务体系的制度安排、重大举措落实到解决人民群众最关心最直接最现实的利益问题上来，最大限度提升人民群众的获得感和幸福感，最大限度促进社会和谐稳定。二要创新公共服务供给方式。最主要的是处理好政府与市场的关系，通过深化改革，在强化政府职能的同时，更多引入市场机制和市场化手段。通过创新公共服务资源配置方式，加快形成多元主体参与、多模式共存，公平竞争的格局。通过推进公共服务市场化，不断提高公共服务社会共建能力。同时，要善于运用互联网、大数据等现代信息技术，推进公共服智慧化。三要完善公共服务需求管理模式，注重农村居民对"发展型"公共服务的需求，积极推动农村公共服务从"生存型"公共服务向"发展型"公共服务转化，重点在提高规划、建设和管理水准，优化布局，提高标准，提升品质等方面满足农村居民对优质公共服务产品的更高期待。

第七章

总结与展望

改革开放40年来,湖北城乡一体化发展基本保持了与全国整体大致相同的步伐,同时又具有湖北自身的发展特点。当前,湖北已经进入城乡一体化迈向融合发展的新阶段,经济增长、基础设施、生态环境、义务教育、基本医疗、社会养老、扶贫攻坚、居民收入等各个方面较改革开放之初均取得实质性成就,广大人民群众的获得感、幸福感明显增强。应该说,改革开放的40年,是湖北城乡关系由松动缓和、再度失衡、统筹发展再到融合发展的40年。

总的来看,虽然经过40年的不断探索,不断实践,湖北农村改革和城乡发展取得了有目共睹的巨大成就,但在政策开放度上、经济发展质量上、城乡一体化发展水平上却明显滞后于以江苏、浙江、上海、广东等为代表的东部沿海发达省、市。由此,湖北在推进城乡一体化,促进城乡融合发展的进程中,一方面要看到湖北本身已经具备的坚实基础和优势,另一方面也要看到湖北自身在发展中存在的不足以及与其他发达省、市之间的差距。

本章主要回顾、梳理、总结改革开放40年来湖北城乡一体发展的历史脉络、经验教训,并立足未来,从宏观上提出促进湖北城乡一体加快发展的对策建议。

第一节 湖北城乡一体化发展的历史脉络

改革开放40年来,湖北省以国家大政方针和相关政策为指导,立足自身实际,围绕缩小城乡发展差距,实现城乡一体化发展,进行了积极探索和大胆实践，总结起来，城乡一体化发展历程由城乡对立和城乡非均衡发展阶段、农村与城市顺次改革和城乡同步发展阶段、小城镇加快发展和城乡经济联系逐步加强阶段、城乡一体化深入推进阶段、城乡一体化迈向融合发展阶段五个阶段构成。

第一，在城乡对立和城乡非均衡发展阶段（1949年湖北省人民政府成立以来至1980年改革开放之初），城乡之间是一种对立关系，城乡非均衡发展问题比较突出。这一阶段的时间节点定格在1980年改革开放之初，并非我们习惯性认为的改革开放元年，即1978年。是因为1978年，党中央确立改革开放的伟大决策之后，湖北作为地方省份，与改革发源地安徽、四川等省份相比，启动和推进改革的时间稍晚一些，因此在时间上表现出一定的滞后性。这一时期，湖北基本上延续了党和国家在中华人民共和国成立初期确立的"以农业为基础，以工业为主导"的发展方针，走的是"农业支援工业""农村支援城市"的发展道路。在实施"工业优先""城市偏向"发展战略的巨大惯性作用下，湖北省的城市和农村显然是对立发展的，呈现出的是一种非均衡发展之势。在国家大的工业战略布局下，湖北省的钢铁、造船、纺织等工业得到较快发展，为湖北省后来建立起门类相对齐全的工业体系奠定了坚实的基础。

第二，在农村与城市顺次改革和城乡同步发展阶段（20世纪80年代初至20世纪90年代初），农村改革取得的突破性进展推动了城市经济体制的改革，城市和农村基本处于同步发展的状态。湖北按照国家既定的方针，真正启动了改革开放这艘伟大的航船。与全国各地推进改革的步伐相一致的是，湖北的改革首先也是从农村开始的。农村在推行家庭联产承包责任制、兴办乡镇企业、撤销人民公社体制、改革商品流通体制等方面所引起的一系列深刻变化，给城市改革提供了成功的经验，推动和促进了城市经济体制改革。城市经济体制改革的成效突出表现在沙市市、武汉市等试点城市在小商品市场和贸易等方面走向全国和国有企业经济体制改革取得初步成效等两方面。在城乡关系的处理上，湖北省委、省政府从全局发展的角度，树立了城乡、工农一起抓的发展思路。因此，这一时期，湖北的城市和农村在经济上都发展较快，基本处于同步发展的状态。

第三，在小城镇加快发展和城乡经济联系逐步加强阶段（20世纪90

年代初至2008年），党中央作出一个非常重要的决定，即继1992年党的十四大召开之后，1993年11月14日，党的十四届三中全会通过《中共中央关于建立社会主义市场经济体制若干问题的决定》，这标志着我国开始从计划经济向市场经济转轨。以此为背景，各地在进行经济体制的重大变革过程中逐步进入经济高速增长的时代。与此同时，各地也相继出现了大规模的城镇化。这一时期，湖北省委、省政府高度重视小城镇建设与发展，自1994年开始连续下发了一系列关于加强小城镇建设的决定、意见和有利于小城镇发展的政策。在市场和政府双重力量的推动下，湖北崛起了一大批新型小城镇，呈现出又好又快的发展势头，农村剩余劳动力不断向城镇转移，城乡之间要素流动、人员交流、经济联系不断加强，到2008年，湖北省城镇化率达到45.2%。其中，湖北省襄樊市在探索小城镇建设之路上，以高于全国近10个百分点，即40%的城镇化率，创造了全国著名的"襄樊模式"，走在了全国各地的前面。不容忽视的是，这一时期，相对小城镇得到较快发展和城乡经济联系加强的客观事实，"三农"领域反而积累了许多不容忽视的突出问题，进而成为制约城乡整体发展的重要瓶颈。为妥善解决好"三农"问题，进入21世纪之后，基于我国发展总体上进入全面建设小康社会的重要阶段，已经具备工业反哺农业、城市带动农村的能力和条件的客观现实，国家明确了在统筹城乡经济社会发展框架内来解决"三农"问题。继2003年，党的十六届三中全会提出"统筹城乡发展"的战略思想以来，湖北省委、省政府以统筹城乡一体化发展为重点，在农业农村领域，推进了以减轻农民负担、发展农村经济为目的农村税费改革；基于落实国家城乡差别再平衡战略，全面启动了新农村建设；深刻领会中央"一号文件"精神，结合湖北实际，围绕促进"三农"发展，渐次推进了一系列改革实践与探索，应该说基本构建了以工促农、以城带乡，促进城乡经济社会一体化发展的制度框架，即历史地进入了城乡统筹发展的新阶段。

第四，在城乡一体化深入推进阶段（2008年至2017年党的十九大召开前），湖北省委、省政府按照将"三农"问题放在整个社会经济发展的全局和优先位置进行考虑和解决的思路，逐步推进公共财政、基础设施、社会保障、公共服务和现代文明等政策向"三农"领域倾斜，取得显著成效。特别是党的十八大以来，围绕改善民生，造福百姓，在基础设施建设和社会事业发展方面积极推进了新一轮改革，基本形成"乡镇公路联网成片、村与村全面循环、组与组路路相通"的农村公路网；城乡居民用电实现同网同价；移动通信和互联网实现了从城市到农村的广覆盖和深覆盖；构建了覆盖城乡居民的社会保障体系，实现了城乡居民基本养老保险、基本医疗保险制度的并轨，建立了相对完善的社会救助体系。通过这些方面的改革，为老百姓筑牢坚实的幸福底线，工农、城乡关系获得重大发展。从更为具体的实践举措方面来看，湖北省委、省政府高度重视城乡一体化发展，按照推进城乡规划、产业布局、基础设施、公共服务、劳动就业、社会管理一体化的发展思路，在全省统筹部署，高位推进城乡一体化工作。其重要标志始于2008年1月，湖北省委、省政府确定鄂州市为全省城乡一体化试点城市。2008年以来，湖北结合自身发展实际，围绕统筹城乡发展，主动作为，先后作出了一系列重大战略性安排和实践性举措，逐步探索出一条符合湖北实际、具有湖北特色的城乡一体化发展之路。一是以城乡联系最直接、最紧密的县域为主战场，确立并实施了"一主三化"的发展战略，有力推动县域城乡经济社会一体化发展。二是从区域经济一体化的角度，将城市圈（群）、经济带和城乡一体化结合起来，充分发挥城市圈（群）、经济带对全省经济发展的辐射和带动作用，带动区域经济一体化发展。三是树立协调发展的理念，为加强不同层次战略之间的融合和跟进，确立了以"一元多层次"战略体系为统领，着力形成协调发展多点支撑新格局为重要内容的统筹城乡发展的主体框架。四是将城镇化作为推进城乡一体化发展的重要突破口，按照"先行试点、总结完善、逐步推开"的工作思路，在全省选择一部分城市（镇），多层面开展了城乡一体化试点试验，对不同区域层面、不同类型、不同特点的城乡一体化发展和新型城镇化模式进行了探索。

第五，在城乡一体化迈向融合发展阶段（2017年党的十九大召开以来），2017年10月，党的十九大召开，作出了中国特色社会主义进入新时代的重大判断，重新定义我国社会主要矛盾为人民日益增长的美好生活需要和不平衡不充分的发展之间的矛盾，并首次提出实施"乡村振兴战略"和"城乡融合发展"。这体现了政府主导下"以城统乡"思路的根本转变。如何实现乡村振兴和城乡融合发展？就是要打破政府单一主体，打破城乡二元体制，树立"城乡等值""共存共荣""共建共享"的新理念，切实从经济、政治、文化、社会、生态和党的建设等各个方面，全面推进城乡一体化发展，真正实现乡村振兴和城乡融合。这是一个全新的时期，在这一时期内，湖北将迎来城乡融合发展的新时代。

第二节 湖北城乡一体化发展的经验教训

综观湖北城乡发展40年巨变，是改革开放之花结出的硕果。同时，也是湖北始终坚持党的领导，坚定不移地走中国特色社会主义道路的结果；是始终坚持"三农"工作重中之重的地位不动摇，把加快推进农业农村发展作为湖北最大的政治、最硬的道理、最根本的任务的结果；是始终坚持以民为本，把实现好、维护好、发展好广大人民的根本利益作为全省一切工作的出发点与落脚点，全面贯彻落实党的各项改革与发展政策的结果；是始终把着力构建新型工农、城乡关系作为加快推进现代化的重大战略任务，坚持统筹城乡发展，聚力推进城乡协调、一体、融合发展的结果；是始终坚持以问题为导向，把破除体制机制顽疾同解决新出现的矛盾和问题结合起来，深入推进各领域各环节改革的结果；是始终坚持因地制宜，坚持走符合湖北特点的城乡一体发展之路的结果。这是湖北在统筹城乡一体化发展的改革中积累的基本经验，是广大干部群众在实践中形成的深刻共识，是推动全省城乡一体化加快发展，加快形成工农互惠、城乡互补、全面融合、共同繁荣的新型工农、城乡关系的宝贵财富。除此之外，湖北40年的城乡改革与发展，还需要我们从以下四个方面认真总结经验教训。

一 切实加强改革顶层设计和顶层推进，避免头痛医头，脚痛医脚

城乡一体化是一项涉及面广、庞大复杂，具有综合性、长期性的系统工程，有许多矛盾和问题需要解决，有许多障碍需要突破。特别是对于户籍制度、土地制度、劳动就业制度、社会保障制度、财税制度等具有全局性、方向性、战略性，覆盖广大城乡居民的重大事项的配套改革，必须在国家层面加强改革顶层设计，采取城乡统一的制度性安排，加快建立健全城乡融合发展体制机制和政策体系。重点在构建城乡统一的户籍制度、城乡统一的市场体系、城乡统一的土地制度、城乡统一的公共

服务制度、城乡统一的社会保障制度、城乡统一的公共财政投入制度等方面进行顶层设计，以进一步破除城乡二元社会结构。对于各方面的体制机制障碍，如果国家层面不能加强改革顶层设计，不能形成公平与可持续发展的政策体系和制度基础，不能在宏观上为地方的改革与发展定调，各地在具体改革中纵然使出十八般武艺，有七十二般变化，也不过是停留于形式和口号，终究是"头痛医头，脚痛医脚"，难以从源头上消除顽疾，从而产生令人满意的效果，城乡一体化发展也不会有大的进展，甚至还会造成新的矛盾不断出现，旧的矛盾不断积累和深化。

此外，地方层面涉及某一领域，某一方面的具体改革，也需要加强顶层设计，如产业发展、污染治理、农田水利设施建设等特别需要从区域协调发展的角度在区域内推进资源的优化配置。由此，在具体谋划上，需打破各个地方现有行政区划的限制，以区域为单位来加强顶层设计并进行统筹安排。以农村普及九年义务教育改革为例，教育行政部门在20世纪90年代中期不切实际地推动普及九年义务教育验收，以致农村"村村有小学，镇镇有初中"。此后，随着城镇化进程的加快，许多农村人口大量外流，中小学生源持续减少。按照中央的统一部署，2000年之后不得不对全省农村中小学布局进行重新调整，拉开了"撤点并校"的教育改革，只保留极少数的教学点，对相关教师也进行了分流安排。现如今，在农村，荒置的空心小学比比皆是，早已破败不堪。此外，一些地方在产业发展方面呈现出的同质化竞争，在污染治理方面呈现出的表面整改，在农田水利设施建设方面呈现出的重复建设，等等，现在看来，这些都与顶层设计缺失缺位有着非常重大的关系。

二 充分尊重人民主体地位和首创精神，切忌大包大揽，替民作主

尊重人民主体地位和首创精神既是40年改革开放的宝贵经验所在，又是今后进一步深化改革和加快发展的"助推器"。邓小平曾经说过，农村改革中的好多东西，都是基层创造出来的。2018年，习近平总书记在中央政治局第二次集体学习时指出，改革开放是亿万人民自己的事业，必须坚持尊重人民首创精神。党的十八大以来，以习近平同志为核心的党中央创造性提出"坚持以人民为中心的发展思想"，并明确指出"这是马克思主义政治经济学的根本立场"。党的十九大报告更是明确把"坚持

以人民为中心"上升为新时代坚持和发展中国特色社会主义的基本方略之一。40年改革开放的成果表明，中国的农村改革从一开始就充分尊重人民的主体地位和首创精神。改革开放之初安徽省凤阳县小岗村村民在农村改革中实行的大包干，并在全国农村迅速推广，就是充分尊重人民主体地位和首创精神的最好证明。

改革开放40年来，湖北各地围绕统筹城乡一体化发展先后涌现出了一大批改革和发展的先进典型。其共同的特征就是迎合了人民群众的合理要求，充分尊重了人民的主体地位和首创精神。如湖北农村综合产权交易市场模式、"五保合一"社会保障制度、财政涉农资金（扶贫专项资金）整合、"互联网＋"分级诊疗惠民医疗服务等一大批基层探索的改革经验在全国推广，这充分体现了人民首创精神。而针对人民群众高度关切的医疗、养老等民生问题，湖北在全国率先全面实施推进的城乡居民大病保险、县级公立医院综合改革、重特大疾病医疗救助与基本医疗救助制度衔接等工作以及城乡居民基本养老保险制度的统筹并轨工作等就是对人民主体地位的充分尊重，也是对人民群众合理要求的正向回应，充分体现了以人民为中心的发展思想。

然而，在改革发展的过程中，湖北也不同程度存在大包大揽，替民作主，包办代替，忽视农民主体作用的现象。如扶贫攻坚工作中，为在规定的时间内帮助贫困户脱贫，一些地区时常发生政府大包大揽、自操自办、一厢情愿的情况。特别是在产业扶贫上，对于贫困地区到底适合发展什么产业，一些扶贫干部特别喜欢"替民作主"，想当然地认为贫困户养了几只山羊、猪仔、鸡娃就能实现脱贫，就能增收，根本没有考虑到这些贫困户是否能力，是否愿意干这些事情。有些贫困户甚至将政府免费发放的山羊直接一宰了之炖肉吃了。类似这种越俎代庖的事情，结果大多是花了钱、费了神，项目却无法落地生效，把不少本该得民心的好事最后办成了伤民心的坏事，让群众既不认同更不感恩。

历史雄辩地证明，人民群众既是改革开放事业的实践主体，也是改革开放事业的最终受益者。只有尊重人民主体地位，尊重人民首创精神，才能充分地调动和发挥广大人民群众的积极性与创造性。我们的政府绝不是万能政府，而是有限政府。一方面，要充分发挥市场机制的作用，引导社会力量参与城乡建设；另一方面，更要充分发挥人民的主体作用，调动他们的积极性。在一些微观事务的管理上，要给予人民特别是农民在顶层设计好的框架内自由发展的弹性空间，特别是要赋予镇村基层组织在处理各类社会公共事务上，在经济发展上更多的自主权和裁量权。如果政府将所有的事情都大包大揽，那么相关的矛盾也自然会聚集到政府，不仅达不到预期的效果，反而会招来老百姓不满。

三 始终坚持因地制宜和注重实效的原则，不能千篇一律，搞一刀切

改革开放40年来，湖北省各地结合实际，在新农村建设，新型城镇化建设，统筹城乡一体化发展等方面作出了积极探索，取得了一些成功经验。如湖北省鄂州市"推进城乡一体化，建设宜居宜业宜游新社区"的峒山模式、襄阳市"建新型农村社区，促城乡一体化发展"的尹集模式、荆门市"以企带村、村企共建、全面发展、城乡一体"的彭墩模式，等等，基本实现了以城带乡、以乡促城、城乡互补、共同发展的目标。其中，一条最主要的经验就是坚持了因地制宜和注重实效的原则。

湖北地处华中腹地，是内陆省份，无论是资源禀赋、区位条件，还是经济社会发展水平以及面临的阶段性问题和任务，与东部沿海省份和西部省份相比，都有着极大的不同。深入湖北农村腹地，各地在发展上的差异则更大。因此，对于扶贫攻坚、城镇化建设、新农村建设、乡村振兴等战略任务在基层的具体实施，是否符合当地的实际情况，是否符合当前和长远发展的需要；对于各地选择何种产业发展模式、社区治理模式、城乡融合模式，才有利于带动当地经济社会发展，都必须坚持因地制宜和注重实效的原则，千万不能按照全省一盘棋处理，搞一刀切，要允许各地先行向试，大胆实践，大胆探索。

以新农村建设为例，自2006年以来，一些地方在推进新农村建设的实践中出现的有新房没新村、看着光鲜住着心酸、有面子无里子等不合时宜的现象，特别是有些地方采取大拆大建、推倒重来的方式建成"千村一面"的房子，或推进的仅仅限于外墙刷白、涂脂抹粉等面子工程、形象工程，与农民的现实需求还存在较大的差距，其本质都违背了因地制宜的原则。这不仅加重了地方政府的财政负担，而且严重挫伤了农民参与新农村建设的积极性。很明显，这样的建设方式偏离了新农村建设

的正确轨道。在新农村建设过程中，要立足长远，从发展的视角对村庄建设进行系统、科学、全面的规划，由过去重视整齐"面子工程"向"千村万面""尊重乡土本色"转变。要注重立足当地自然禀赋、客观实际，既要突出地域、民族特色和历史文化特点，又要能满足现代居民生活方式的要求，符合农村居民生活习惯及农业生产要求，只有这样才能真正实现内容、形式和效果的高度统一，才是对因地制宜和注重实效的原则的最好践行。

当前，全国上下正在全力实施党的十九大提出的乡村振兴战略。湖北全省上下围绕实施乡村振兴战略也相继出台了一系列政策文件和具体改革措施，启动了乡村振兴战略规划的编制工作。乡村振兴涉及经济、政治、社会、文化、生态和党的建设等多个方面的内容。在如何实施好乡村振兴战略这个问题上，我们再也不能陷入传统的建设和发展模式，一哄而上，搞形象工程和面子工程，将农村建成"千村一面"。具体来看：（1）在产业发展上，要基于不同村庄的自然条件和产业基础，因地制宜调整农村产业结构，不能走村村户户同质化的产业发展模式。（2）在人居环境改善上，不能搞大拆大建、千篇一律，应充分考虑自然条件、交通区位因素，保存并维护村庄中具有一定历史价值、艺术价值的传统建筑。同时，要搞好厕所的生态改造、生活垃圾和污水处理等问题。（3）在文化建设中，应从文化底蕴着手，在传承民族文化和保留民风民俗、丰富乡村公共娱乐文化生活、提高农村居民的文化素质上做文章。（4）在党的建设上，要重点完善村民民主政治权利和加强社会管理。说到底，就是要像习近平总书记经常强调的那样，遵循农村发展的内在规律，坚持实事求是的思想路线，切实走符合农村实际的路子。

四 积极培育发展壮大农村集体经济，改变一味"等、要、靠"的思想

发展壮大集体经济是增强农村内生发展动力，缩小城乡发展差距，实现共同富裕的重要路径。集体经济在发展农村经济，保障基层组织正常运转，提供农村公共服务，维护农村社会稳定，促进农民增收等方面发挥着十分重要的作用。党的十八大报告在论述"推动城乡发展一体化"时明确提出，要"壮大集体经济实力"。习近平总书记在安徽省凤阳县小岗村召开的农村改革座谈会上强调，新形势下深化农村改革，不管怎么改，都不能把农村土地集体所有制改垮了。

改革开放以来，我国农村集体经济一直实行的是以家庭承包经营为基础，统分结合的双层经营体制。然而，在实践过程中，随着人民公社体制被废除，分田到户改革的加快实施，湖北大多数村集体资产被分光卖尽，由此产生了一大批集体经济"空壳村"。由于集体经济的长期缺失，再加上国家对农业税费的全面取消，这些村集体没有任何收入渠道和来源，直接导致村"两委"缺乏有效的经济手段向村民提供公益建设与公共服务，遇到困难只能"等、要、靠"。

如何实现城乡一体化发展，最根本的一条就是要补齐农业发展短腿，补足农村发展短板，加快推进农业农村现代化。只有农业发展，农村繁荣了，乡村振兴了，才能缩小城乡发展差距，才能推动城乡融合发展。而农业农村的发展与繁荣，除了依靠中央和地方各级政府在政策上进行支持，在财政投入进行帮扶以外，还需要增强农业农村内部自我发展能力。而通过培育发展壮大农村集体经济，一方面可以提升村"两委"的执行力、战斗力以及村"两委"在广大农民群众中的向心力、凝聚力；另一方面可以给予村民更大的自治空间，村民可以自主推进村级各项事务顺利开展。如果农村集体经济不能发展壮大，农民自力更生的创造精神将日趋淡漠，极端自由主义将会继续泛滥横行，农村原子化、阶层梯度化、利益多元化、诉求复杂化等一盘散沙的状态将得不到有效改变。实践证明，像湖北省南彰县的尧治河村、随县的柏树湾村、嘉鱼县的官桥村八组等一批先进的农村基层党组织之所以能够充分发挥作用，率领农民群众昂首阔步地朝着"领导坚强有力、群众生活富裕、村务管理民主、乡风文明进步、公益服务完善、社会稳定和谐"的目标奋勇前进，至为关键的一条，就是这些村背后有雄厚的村集体经济作为坚强支撑。

第三节　湖北城乡一体化发展的未来展望

改革开放40年来，湖北城乡一体化发展虽然取得了令人瞩目的成就，农业基础地位得到显著加强，农村社会事业得到显著改善，农民生活水平得到显著提高,但距离实现城乡居民基本权益平等化、城乡公共服务均等化、城乡居民收入均衡化、城乡要素配置合理化,以及城乡产业发展融合化这样一个伟大的发展目标还有非常大的差距。

展望未来,湖北实现城乡一体化发展还有一段很长的路要走,还需要持之以恒、坚持不懈地继续深化改革。城乡一体化发展到底应该怎么走?按照中央及各级部门关于城乡发展的政策导向,从宏观方面来讲,湖北应做好以下三个方面的事情。

第一,要采取并实施阶段性、分步走的发展策略。与我国社会现代化建设"三步走"发展战略和乡村振兴"三步走"战略部署的时间节点相结合,科学制定出湖北城乡一体化发展的近期、中期、远期发展战略、目标和任务。

第二,要把农业农村优先发展的总方针落到实处。要在全面落实好党的十九大提出的乡村振兴战略的同时,积极探索城乡一体化与乡村振兴有效对接的机制,建立健全城乡融合发展体制机制和政策体系,切实将各项各类优先支持农业农村发展的政策和措施落到实处。

第三,要加快推进地方政府职能转变和机构改革。要充分利用中央推进的深化党和国家机构改革的历史契机,适应新形势、新情况、新问题,积极优化省、市、县(区)政府机构设置和职能配置,加快推进各级政府职能转变,更好地发挥政府在调节社会公平、提供公共服务方面的重要作用。

参考文献

［美］D. 盖尔·约翰逊：《经济发展中的农业、农村、农民问题》，林毅夫、赵耀辉编译，商务印书馆2016年版。

［英］埃比尼泽·霍华德：《明日的田园城市》，金经元译，商务印书馆2010年版。

《"宽带湖北"2014专项行动方案出炉　武汉黄石创建国家宽带示范城市》，《湖北日报》2014年5月16日第9版。

《"三纵两横一环"高速公路骨架网基本贯通》，《岩土力学》2008年第2期。

《把握大逻辑谋求新境界——"新常态"理论引领中国经济稳中有进稳中有好》，《光明日报》2016年1月6日第1版。

《财政部　农业部关于调整完善农业三项补贴政策的指导意见》（财农〔2015〕31号，2015年5月13日），《财政部文告》2015年第7期。

《城乡统筹　提升质量　湖北多措并举促进义务教育均衡发展》，《湖北日报》2017年12月20日第8版。

《村集体家底：摸清还得管好》，《经济日报》2018年4月10日第15版。

《打赢供给侧结构性改革这场硬仗》，《光明日报》2016年3月9日第1版。

《打造中国经济新增长极——党的十八大以来推进三大战略述评》，《人民日报》2016年2月21日第1版。

《邓小平文选》（第一卷），人民出版社1994年版。

《邓小平文选》（第二卷），人民出版社1994年版。

《邓小平文选》（第三卷），人民出版社1993年版。

《高举旗帜　牢记嘱托　全面建成小康社会　开启湖北"建成支点、走在前列"新征程》,《湖北日报》2017年7月3日第3版。

《高举中国特色社会主义伟大旗帜　为夺取全面建设小康社会新胜利而奋斗》,《人民日报》2007年10月16日第2、3、4版。

《构建鄂西生态文化旅游圈意义重大》,《政策》2008年第8期。

《关于完善和创新农村体制机制　增强城乡发展一体化活力的若干意见》,《湖北日报》2013年2月16日第3版。

《国家八七扶贫攻坚计划(摘要)》,《人民日报》1994年5月19日第2版。

《国家人权行动计划(2016—2020年)》,《人民日报》2016年9月30日第13、14版。

《国务院颁布实施2001—2010年农村扶贫开发纲要》,《中国农业信息快讯》2001年第9期。

《国务院办公厅关于切实做好当前农民工工作的通知》,《人民日报》2008年12月21日第3版。

《国务院关于解决农民工问题的若干意见》,《人民日报》2006年3月28日第1版。

《国务院关于进一步加强农村教育工作的决定》,《人民日报》2003年9月21日第1版。

《国务院关于进一步推进户籍制度改革的意见》,《人民日报》2014年7月31日第8版。

《国务院批转〈全国城市规划工作会议纪要〉》,《中华人民共和国国务院公报》1980年第20号。

《国务院批转二〇一〇年深化经济体制改革重点工作意见》,《人民日报》2010年6月1日第3版。

《国务院批转公安部关于解决当前户口管理工作中几个突出问题意见的通知》,《中华人民共和国国务院公报》1998年第21号。

《国务院批转公安部小城镇户籍管理制度改革试点方案和关于完善农村户籍管理制度意见的通知》,《中华人民共和国国务院公报》1997年第20号。

《国务院印发〈关于开展农村承包土地的经营权和农民住房财产权抵押贷

款试点的指导意见〉》,《人民日报》2015年8月25日第1版。

《湖北:5年投220亿资助贫困学生》,《湖北教育》(政务宣传)2018年第8期。

《湖北:多措并举 提速养老服务体系建设》,《社会福利》2013年第8期。

《湖北:发布城镇化与城镇发展战略规划》,《小城镇建设》2012年第10期。

《湖北:着力在生态文明建设取得新成效》,《中国经济导报》2017年11月10日第B05版。

《湖北吹响交通强省集结号 2020年建成"祖国立交桥"》,《湖北日报》2018年1月31日第8版。

《湖北农村经济(1949—1989)》,中国统计出版社1990年版。

《湖北省率先启动水产养殖"三区"划定》,《湖北日报》2018年8月30日第3版。

《湖北省人民政府办公厅关于统筹整合相关项目资金开展美丽宜居乡村建设试点工作的指导意见》,《湖北省人民政府公报》2016年第20号。

《湖北省人民政府办公厅关于印发湖北省城乡生活垃圾无害化处理全达标三年行动实施方案的通知》,《湖北省人民政府公报》2018年第5号。

《湖北省人民政府关于进一步加快铁路建设发展的若干意见》,《湖北省人民政府公报》2018年第7号。

《湖北省人民政府关于印发湖北省"厕所革命"三年攻坚行动计划(2018—2020年)的通知》,《湖北省人民政府公报》2018年第5号。

《加大推进新形势下农村改革力度 促进农业基础稳固农民安居乐业》,《人民日报》2016年4月29日第1版。

《坚持不懈推进"厕所革命" 努力补齐影响群众生活品质短板》,《人民日报》2017年11月28日第1版。

《坚定不移全面深化改革开放 脚踏实地推动经济社会发展》,《人民日报》2013年7月24第1版。

《健全城乡发展一体化体制机制 让广大农民共享改革发展成果》,《人民日报》2015年5月2日第1版。

《荆楚大地遍写生态诗行 美丽湖北尽抒锦绣篇章》,《湖北日报》2018

年12月26日第7版。

《九大行动助推湖北长江大保护》,《湖北日报》2017年9月4日第1版。

《决胜全面建成小康社会 夺取新时代中国特色社会主义伟大胜利》,《人民日报》2017年10月19日第2版。

《看病"一口价",推广难在哪?》,《人民日报》2012年3月26日第13版。

《李鸿忠、王国生专题研究我省农村客运工作时提出:明年实现村村通客车》,《湖北交通报》2014年10月20日第1版。

《马克思恩格斯全集》(第3卷),人民出版社1960年版。

《马克思恩格斯全集》(第3卷),人民出版社1965年版。

《马克思恩格斯全集》(第4卷),人民出版社1958年版。

《马克思恩格斯选集》(第1卷),人民出版社1995年版。

《马克思恩格斯选集》(第三卷),人民出版社1972年版。

《毛泽东选集》(第1卷),人民出版社1991年版。

《毛泽东选集》(第4卷),人民出版社1991年版。

《民生为重 枝叶关情——"十二五"湖北民政事业发展综述》,《湖北日报》2015年12月27日第8版。

《农村承包地确权登记颁证试点省份达28个》,《中国改革报》2017年11月30日第1版。

《农村无害化厕所有了统一标准》,《湖北日报》2019年3月4日第12版。

《努力构建鄂西生态文化旅游圈》,《政策》2008年第9期。

《国务院批转全国城市规划工作会议纪要》,《中华人民共和国国务院公报》1980年第20号。

《去年湖北空气质量改善幅度居全国前列中部第一 17城市空气平均优良天数占79.1%》,《楚天都市报》2018年3月29日A09版。

《全国480万农民工返乡创业》,《人民日报》2017年8月23日第2版。

《全省城乡一体化进程加快》,《湖北日报》2010年5月4日第3版。

《认真贯彻〈国家八七扶贫攻坚计划〉》,《人民日报》1994年5月19日第1版。

《踏上生态湖北之旅》,《湖北日报》2009年12月17日第1版。

《我省实招硬招为困难群众兜底 保障各项社会救助标准领先中部》,《湖北日报》2019年2月24日第2版。

《我省手机用户突破5000万大关　宽带用户普及率中部第一》,《湖北日报》2018年5月31日第10版。

《我省脱贫攻坚取得决定性进展》,《湖北日报》2018年4月3日第1版。

《习近平对"四好农村路"建设作出重要指示》,《新华每日电讯》2017年12月26日第1版。

《习近平在湖北考察工作时指出　建设美丽乡村不是涂脂抹粉　城镇化不能让农村荒芜》,《城市规划通讯》2013年第15期。

《先进区县巡礼之鄂州市城乡一体统筹推进见成效》,《中国教育报》2011年8月6日第4版。

《用法治的力量保卫碧水蓝天净土——省人大及其常委会加强生态法治建设工作纪略》,《湖北日报》2018年7月31日第9版。

《中共湖北省委　湖北省人民政府关于推进乡村振兴战略实施的意见》,《湖北日报》2018年3月22日第9版。

《中共湖北省委办公厅　湖北省人民政府办公厅关于支持城乡一体化扩点县(市、区)试点的意见》,《湖北省人民政府公报》2010年第6号。

《中共中央　国务院关于促进农民增加收入若干政策的意见》,《中华人民共和国国务院公报》2004年第9号。

《中共中央　国务院关于打赢脱贫攻坚战的决定》,《人民日报》2015年12月8日第1版。

《中共中央　国务院关于打赢脱贫攻坚战三年行动的指导意见》,《人民日报》2018年8月20日第1版。

《中共中央　国务院关于加大改革创新力度加快农业现代化建设的若干意见》,《人民日报》2015年2月2日第1版。

《中共中央　国务院关于加快发展现代农业　进一步增强农村发展活力的若干意见》,《人民日报》2013年2月1日第1版。

《中共中央　国务院关于进一步加强农村卫生工作的决定》,《中国卫生》2002年第2期。

《中共中央　国务院关于推进社会主义新农村建设的若干意见》,《人民日报》2006年2月22日第1版。

《中共中央　国务院印发〈关于全面深化农村改革加快推进农业现代化的

若干意见〉》,《人民日报》2014年1月20日第1版。

《中共中央 国务院印发〈中国农村扶贫开发纲要(2011—2020年)〉》,《人民日报》2011年12月2日第1版。

《中共中央、国务院关于实行政社分开建立乡政府的通知》,《中华人民共和国国务院公报》1983年第23号。

《中共中央、国务院转发国家农委〈关于积极发展农村多种经营的报告〉的通知》,《中华人民共和国国务院公报》1981年第6号。

《中共中央、国务院转发农牧渔业部和部党组〈关于开创社队企业新局面的报告〉的通知》,《中华人民共和国国务院公报》1984年第5号。

《中共中央 国务院关于落实发展新理念加快农业现代化 实现全面小康目标的若干意见》,《人民日报》2016年1月28日第1版。

《中共中央 国务院关于深入推进农业供给侧结构性改革加快培育农业农村发展新动能的若干意见》,《人民日报》2017年2月6日第1版。

《中共中央 国务院关于实施乡村振兴战略的意见》,《人民日报》2018年2月5日第1版。

《中共中央关于推进农村改革发展若干重大问题的决定》,《人民日报》2008年10月20日第1版。

《中共中央关于一九八四年农村工作的通知》,《人民日报》1984年6月12日第1版。

《中共中央关于制定国民经济和社会发展第十二个五年规划的建议》,《人民日报》2010年10月28日第1版。

《中共中央关于制定国民经济和社会发展第十三个五年规划的建议》,《人民日报》2015年11月4日第1版。

《中国共产党第十次全国代表大会文件汇编》,人民出版社2002年版。

《中国共产党第十七次全国代表大会文件汇编》,人民出版社2007年版。

《中国全面取消农业税》,《河南日报》2009年10月16日第7版。

《中国十年扶贫开发成果丰硕》,《解放军日报》2011年11月16日第3版。

《中华人民共和国宪法》,《人民日报》1982年12月5日第1版。

《中央经济工作会议在北京举行》,《人民日报》2015年12月22日第1版。

《中央农村工作会议全面部署 2007 年农业和农村工作》,《人民日报》2006 年 12 月 24 日第 1 版。

《中央农村工作会议在北京举行》,《人民日报》2013 年 12 月 25 日第 1 版。

《中央农村工作会议在北京举行》,《人民日报》2017 年 12 月 30 日第 1 版。

《中央农村工作会议在京召开》,《人民日报》2015 年 12 月 26 日第 1 版。

《主动把握和积极适应经济发展新常态 推动改革开放和现代化建设迈上新台阶》,《人民日报》2014 年 12 月 15 日第 1 版。

《庄严的承诺历史的跨越——党的十八大以来以习近平同志为核心的党中央引领脱贫攻坚纪实》,《人民日报》2017 年 5 月 22 日第 1、2 版。

曹普:《当代中国改革开放史》(上、下卷),人民出版社 2016 年版。

陈柏槐主编:《武汉城市圈与"两型"农业》,中国农业出版社 2009 年版。

陈楚珍、廖霞林:《湖北农村饮水安全长效机制建设的实践和思考》,《中国水利》2013 年第 19 期。

陈桂棣、春桃:《小岗村的故事》,华文出版社 2009 年版。

陈润儿:《加快推进城乡发展一体化》,《人民日报》2015 年 7 月 21 日第 7 版。

陈锡文主编:《走中国特色社会主义乡村振兴道路》,中国社会科学出版社 2019 年版。

陈锡文:《当前我国农村改革发展的形势》,《人民日报》2010 年 8 月 13 日第 16 版。

陈自才、丘剑山:《四十年只争朝夕 "第一动力"引领湖北跑出加速度》,《湖北日报》2018 年 12 月 19 日第 18 版。

程国强、朱满德:《中国工业化中期阶段的农业补贴制度与政策选择》,《管理世界》2012 年第 1 期。

程水源、刘汉成:《城乡一体化发展理论与实践》,中国农业出版社 2010 年版。

储著源、吴玉才:《党的十一届三中全会与中国农村改革的启动》,《安徽农学通报》(上半月刊)2010 年第 9 期。

党国英:《中国百姓蓝皮书之十一——三农》,《北京青年报》2002 年 9 月 9 日。

方美红:《城乡差别的概念界定及现状分析》,《老区建设》2010 年第 Z1 期。

方绪武:《鄂州提出在全省率先实现城乡一体化》,《中国建设报》2006 年 12 月 30 日第 7 版。

费孝通:《论中国小城镇的发展》,《中国农村经济》1996 年第 3 期。

费孝通:《乡土中国》,人民出版社 2012 年版。

费孝通:《中国城乡发展的道路》,上海人民出版社 2016 年版。

高长武:《"农村绝不能成为荒芜的农村、留守的农村、记忆中的故园"——从习近平同志对农村的担忧和期望说开去》,《党的文献》2014 年第 3 期。

龚建文:《从家庭联产承包责任制到新农村建设——中国农村改革 30 年回顾与展望》,《江西社会科学》2008 年第 5 期。

郭熙保、胡卫东:《湖北工业发展路径:过去、现在与未来》,《发展经济学论坛》2005 年第 2 期。

国务院发展研究中心课题组:《传统农区农民增收问题研究——湖北襄阳、河南鄢陵、江西泰和三县调查》,《改革》2003 年第 3 期。

韩长赋:《任何时候都不能忽视农业忘记农民淡漠农村——深入学习贯彻习近平同志系列重要讲话精神》,《人民日报》2015 年 8 月 13 日第 7 版。

贺新元:《邓小平发展思想论纲》,《中国人口资源与环境》2011 年第 10 期。

胡蝶、闫海英:《湖北小城镇发展的现状、问题及对策》,《沿海企业与科技》2006 年第 4 期。

湖北省档案局:《国务院关于城乡划分标准的规定》[(55)国密字第二〇三号,1995 年 11 月 7 日],《湖北省人民委员会函》[(55)鄂会办字第一二二九号,1955 年 11 月 21 日]。

湖北省地方志编纂委员会编:《湖北省志·地理》(上),湖北人民出版社 1997 年版。

湖北省地方志编纂委员会办公室:《湖北年鉴 2017》,湖北年鉴社 2017

年版。

湖北省气象局编：《湖北气象志》，气象出版社2002年版。

湖北省人民政府第三次全国农业普查领导小组办公室：《湖北省第三次全国农业普查主要数据公报》（第一号），2018年1月19日。

湖北省市联合调研组：《用"一体化"推倒"二元墙"——鄂州市统筹城乡发展调研报告》，《政策》2010年第5期。

湖北省统计局编：《湖北奋进40年》，湖北人民出版社1989年版。

湖北省人民政府研究室综合处：《过去五年经济社会发展重大成就》，湖北省第十三届人民代表大会第一次会议《政府工作报告》辅导读本（2018）。

贾晋：《四川农业农村改革的回顾与展望》，《四川党的建设》2018年第5期。

姜欢、张亭亭：《湖北城乡义务教育现状及财政政策研究》，《湖北经济学院学报》（人文社会科学版）2011年第8期。

蒋大国：《城乡一体化发展的新探索：湖北省经验的总结与思考》，中国社会科学出版社2014年版。

居福田：《论城乡一体化》，《学海》1990年第3期。

孔祥智、张琛：《十八大以来的农村土地制度改革》，《中国延安干部学院学报》2016年第2期。

孔祥智、郑力文、周振：《新世纪十个"中央'一号文件'"：回顾与展望》，《教学与研究》2013年第7期。

蓝海涛：《改革开放以来我国城乡二元社会结构的演变路径》，《经济参考研究》2005年第17期。

雷钟洋：《科学发展，湖北电网谱就"十一五"华章》，《湖北电业》2011年第1期。

李秉仁：《我国城镇化道路问题的讨论》，《城市规划》1983年第2期。

李昌平、董明磊主编：《税费改革背景下的乡镇体制研究》，湖北人民出版社2004年版。

李昌平：《我向总理说实话》，光明日报出版社2002年版。

李传兵、俞思念、陈浩然：《马克思城乡关系思想及其当代中国化实践》，《社会主义研究》2012年第4期。

李继学、龚汉坤:《湖北鄂州三步走近城乡医保一体化》,《中国财经报》2010年10月19日第3版。

李菱:《让全体人民共享改革发展的成果——完善农村社会保障体系述评》,《红旗文稿》2009年第1期。

李培林:《社会转型与中国经验》,中国社会科学出版社2013年版。

李胜洪:《"八五"期间湖北电网的稳定水平及其评价》,《华中电力》1992年第6期。

梁艳:《加快"宽带湖北"建设+打造"中部信息中心" 湖北省通信管理局全力支持信息经济发展》,《中国电信业》2014年第12期。

廖志慧、吴文:《滔滔大江演绎的"辩证法"》,《湖北日报》2018年4月26日第1版。

林志慧:《交通先行写华章——60年湖北交通运输发展的辉煌成就与宝贵经验》,《政策》2009年第10期。

刘传雷、刘立明:《此"新"可鉴——2012年全国农村公路处长座谈会综述》,《中国公路》2012年第24期。

刘东仿、熊北涛:《襄樊模式——襄樊市探索内陆地区小城镇建设之路》,《村镇建设》1999年第8期。

刘冠生:《城市、城镇、农村、乡村概念的理解与使用问题》,《山东理工大学学报》(社会科学版)2005年第1期。

刘良谋、张学峰等:《新形势下推进湖北城镇化建设的思考与建议》,《政策》2011年第10期。

吕保利·《关于城乡一体化问题的探讨》,《黑龙江对外贸易》2011年第2期。

梅志罡:《湖北省低保工作的现实状况和发展建议》,《长江论坛》2007年第4期。

闵学冲:《城乡差别变化的政策因素研究》,《中国合作经济》2007年第10期。

欧阳淞、高永中主编:《改革开放口述史》,中国人民大学出版社2014年版。

彭玮、王金华:《构建新型农村社会化服务体系》,湖北科学技术出版社2014年版。

彭晓伟：《中国共产党的城乡关系理论与实践》，博士学位论文，西南交通大学，2012年。

秦丽娟：《当前我国农民工工资水平及其决定机制研究》，硕士学位论文，湖北工业大学，2009年。

沈妩：《马克思主义城乡融合思想及其对我国城乡文化一体化建设的启示》，《理论导刊》2013年第7期。

施亚利：《"一五"时期优先发展重工业战略与武汉工业建设》，《党史文苑》2009年第4期。

石斌：《湖北在全国率先实现"村村通客车"》，《农村新报》2015年12月24日第4、5版。

宋洪远主编：《农村改革三十年》，中国农业出版社2009年版。

宋俊岭：《城市的定义和本质》，《北京社会科学》1994年第2期。

宋亚平主编：《三农中国》第26辑，崇文书局2016年版。

宋亚平、项继权等：《湖北新型城镇化转型与治理研究》，湖北科学技术出版社2014年版。

宋亚平：《"分田到户"改革的辩证性反思》，《华中师范大学学报》（人文社会科学版）2016年第5期。

宋亚平：《规模经营是农业现代化的必由之路吗》，《江汉论坛》2013年第4期。

宋亚平：《破解县域经济发展的融资难题》，《中国乡村发现》2007年第1期。

宋亚平主编：《三农中国》第13辑，湖北人民出版社2009年版。

孙爱琳：《中国农村医疗保险：现状分析与对策构想》，《江西财经大学学报》2003年第2期。

孙聪、王诗剑：《中国农村最低生活保障政策研究回顾》，《中国集体经济》2010年第7期。

田豆豆、杨宁：《武汉城市圈的"两型"之路》，《人民日报》2013年11月10日第9版。

田相辉、张秀生、庞玉萍主编：《中国农村经济发展与城乡一体化建设研究》，湖北科学技术出版社2014年版。

田媛：《湖北吹响交通强省集结号——2020年建成"祖国立交桥"》，《湖北日报》2018年1月31日第8版。

完世伟:《当代中国城乡关系的历史考察及思考》,《贵州师范大学学报》(社会科学版)2008年第4期。

万德宝、曾德云:《湖北粮食生产的回顾与"九五"发展探讨》,《计划与市场》1996年第6期。

汪训前、张君、罗玉龙:《我省兜住330余万贫困人员生活底线》,《湖北日报》2015年10月10日第2版。

王海燕、修宏方、唐钧:《中国城乡最低生活保障制度:回顾与评析》,《哈尔滨工业大学学报》(社会科学版)2011年第2期。

王建民、张才生:《荆楚大地千秋业——湖北普及九年义务教育工作综述》,《楚天主人》2004年第9期。

王书杰:《关于城乡经济统筹发展的制约因素及对策措施的探讨》,《农业经济》2011年第9期。

王修达、王鹏翔:《国内外关于城镇化水平的衡量标准》,《北京农业职业学院学报》2012年第1期。

王玉强:《邓小平关于农业"两个飞跃"思想的由来及启示》,《党的文献》2006年第1期。

王振川主编:《中国改革开放新时期年鉴1984年》,中国民主法制出版社2015年版。

王忠法:《饮水思源　大浪淘沙——湖北水利改革与发展30年回顾》,《中国水利报》2008年12月12日第15版。

卫思祺:《农村教育"两免一补"政策的理论价值与实践效应分析》,《中国农学通报》2011年第17期。

魏宏聚:《偏失与匡正——义务教育经费投入政策失真现象研究》,中国社会科学出版社2008年版。

魏来、赵蕾:《城乡一体发展:历史沿革、现实路径与关键问题——首届县域治理高层论坛会议综述》,《华中师范大学学报》(人文社会科学版)2016年第2期。

魏莱:《奏响新时代的"田园牧歌"　湖北加快人居环境整治》,《中国建设报》2018年7月19日第6版。

温家宝:《政府工作报告——2004年3月5日在第十届全国人民代表大会

第二次会议上》,《中华人民共和国国务院公报》2004年第13号。

温铁军、朱守银:《土地资本的增殖收益及其分配——县以下地方政府资本原始积累与农村小城镇建设中的土地问题》,《调研世界》1996年第1期。

文道贵:《从党的经济工作视角看十一届三中全会的历史意义》,《社会主义研究》2009年第1期。

吴万齐:《中国城镇化道路问题学术讨论会在南京举行》,《建筑学报》1983年第3期。

吴振磊:《我国城乡经济社会关系的历史演进:阶段、特征与趋势》,《西北大学学报》(哲学社会科学版)2012年第4期。

习近平:《关于〈中共中央关于全面深化改革若干重大问题的决定〉的说明》,《人民日报》2013年11月16日第1版。

夏永祥、陈俊梁:《城乡一体化发展——苏州实践与特色》,社会科学文献出版社2017年版。

项莉、方鹏骞、胡洋:《贫困地区乡镇卫生院补偿状况分析》,《中国卫生事业管理》2004年第4期。

谢志强、姜典航:《城乡关系演变:历史轨迹及其基本特点》,《中共中央党校学报》2011年第4期。

徐杰舜:《城乡融合:新农村建设的理论基石》,《中国农业大学学报》(社会科学版)2008年第1期。

徐尚思:《1982—1992年湖北城市经济体制改革论析》,《决策与信息》2016年第6期上旬。

许志永:《农村金融渴了,谁来慰解》,《南风窗》2003年9月上。

薛德升、陈文娟、侯启章:《有关"乡村城市化"和"城乡一体化"等几个概念的辨析》,《城市问题》1998年第1期。

薛晴、霍有光:《城乡一体化的理论渊源及其嬗变轨迹考察》,《经济地理》2010年第11期。

杨庆育、黄朝永、吴敏:《统筹城乡新论》,科学出版社2017年版。

杨军:《安徽城乡一体化发展策略研究》,中国科学技术大学出版社2017年版。

杨小萍:《统筹城乡发展代表性理论述评》,《吕梁学院学报》2015年第

2 期。

杨雪英、陈太彬：《梁漱溟的文化理想及其影响》，《淮阴师范学院学报》（哲学社会科学版）2001 年第 3 期。

张发懋：《充分发挥职能作用 努力服务村镇建设》，《中华建设》2005 年第 8 期。

张红宇：《理解把握乡村振兴战略的时代意义》，《农村工作通讯》2018 年第 8 期。

张红宇：《乡村振兴开局前所未有》，《中国乡村发现》2018 年第 5 期。

张俊飚、颜廷武：《破除城乡要素不平等交换体制障碍》，《湖北日报》2013 年 2 月 19 日第 11 版。

张留记：《城乡一体化之路》，农村读物出版社 1989 年版。

张守凤：《统筹城乡发展：评价检测与实践探索》，科学出版社 2016 年版。

张文明：《新型城镇化：城乡关系发展中的"人本"回归》，《华东师范大学学报》（哲学社会科学版）2014 年第 5 期。

张晓山、李周主编：《中国农村改革 30 年研究》，经济管理出版社 2008 年版。

张新华主编：《新中国探索"三农"问题的历史经验》，中共党史出版社 2007 年版。

张新华：《中国三农现代化进程及其引发的理论思考》，博士学位论文，天津师范大学，2008 年。

张雨林：《论城乡一体化》，《社会学研究》1988 年第 5 期。

赵凌云：《湖北鄂州城乡一体化试点和实践与思考》，《中国改革国际论坛——中国"十二五"时期的农村改革国际论坛论文集》，2010 年 8 月 7 日（在线出版时间，2014 年 5 月 4 日）。

赵凌云主编：《湖北经济改革与发展三十年》，湖北人民出版社 2009 年版。

赵凌云主编：《湖北统筹城乡发展战略研究》，湖北人民出版社 2008 年版。

赵旭东：《中国乡村文化的再生产：基于一种文化转型观念的再思考》，《南京农业大学学报》2017 年第 1 期。

折小叶、艾云：《城乡关系演变的制度逻辑和实践过程》，中国社会科学出版社2014年版。

郑风田：《让宅基地"三权分置"改革成为乡村振兴新抓手》，《人民论坛》2018年第10期。

中共鄂州市委、鄂州市人民政府：《鄂州市城乡一体化文件汇编》（内部资料），2010年5月。

中共湖北省委党史研究室：《构建战略支点创造光辉业绩———湖北改革开放35年的成就与经验》，《湖北日报》2014年7月31日第4版。

中共湖北省委党史研究室编：《新时期湖北重要文献选编》（上）（1979—2008），鄂省图内字第040号，中共湖北省委党史研究室2013年版。

中共浙江省委：《照着绿水青山就是金山银山的路子走下去——深入学习习近平同志"两山"重要思想》，《求是》2015年第17期。

中共中央党史研究室、中共中央政策研究室、中华人民共和国农业部编：《中国新时期农村的变革》（中央卷）上，中共党史出版社1998年版。

中共中央文献研究室编：《建设有中国特色的社会主义》，人民出版社1984年版。

中共中央党校教务部编：《十一届三中全会以来党和国家重要文献选编》，中共中央党校出版社2008年版。

中共中央文献研究室编：《三中全会以来重要文献选编》（上），中央文献出版社2011年版。

中共中央文献研究室编：《三中全会以来重要文献选编》（下），中央文献出版社2011年版。

中共中央文献研究室编：《十八大以来重要文献选编》（上），中央文献出版社2014年版。

中共中央文献研究室编：《十二大以来重要文献选编》（上），中央文献出版社2011年版。

中共中央文献研究室编：《十二大以来重要文献选编》（中），中央文献出版社2011年版。

中共中央宣传部编：《习近平总书记系列重要讲话读本》（2016年版），学习出版社、人民出版社2016年版。

中国社会科学院农村发展研究所、国家统计局农村社会经济调查总队：《2002—2003年：中国农村经济形势分析与预测》，社会科学文献出版社2003年版。

中华人民共和国国务院新闻办公室编：《中国农村扶贫开发的新进展》，人民出版社2011年版。

周建华：《湖北共识：绿色决定生死——湖北开展我国首个生态省试点建设纪实》，《中国矿业报》2016年8月17日第4版。

周立新：《鄂州养老保险制度实现全覆盖》，《湖北日报》2011年8月20日第2版。

周希祥：《湖北省推进城乡一体化发展的实践与思考》，《农村财政与财务》2013年第10期。

周毅：《现代文明进程中的城市化理论》，《特区理论与实践》2003年第11期。

朱菲娜：《陈锡文权威解读三农重大政策创新》，《中国经济时报》2012年6月5日第1版。

朱刚、张海鹏、陈方：《中国城乡发展一体化指数（2017）》，社会科学文献出版社2017年版。

朱慧勇：《兼顾与均衡：毛泽东城乡发展观的逻辑主线》，《山西高等学校社会科学学报》2016年第4期。

邹东涛主编：《中国经济发展和体制改革报告：中国改革开放30年（1978—2008）》，社会科学文献出版社2008年版。

左雯：《加快构建城乡一体的环境治理体系》，《河南日报》2015年10月28日第6版。

后　　记

　　我出生在湖北省钟祥市北山革命老区一个偏远的小山村，天然对"三农"有着特殊而深厚的感情。自 2008 年进入湖北省社会科学院农经所从事"三农"研究工作以来，我常常深入广大农村腹地进行实地调研，足迹遍及省内大大小小的县、市和乡镇，但真正系统性地思考"三农"问题，并且融入一个大的研究团队，以独立形式承担一个专题的研究，这还是第一次。

　　本书系湖北"三农"重大问题研究项目（项目编号 WHZCZB201631611）最终研究成果之一。能够独立主持该重大研究项目的子课题——"改革开放 40 年：湖北城乡一体化发展"，完全缘于湖北省社会科学院院长宋亚平以及农经所所长邹进泰两位领导对我的信任和鼓励。

　　改革开放 40 年，时间跨度大，资料繁多，仅查阅整理资料这项基础工作就颇为艰难。对我而言，这还不是最难的，最难的是由于我没有亲历早期的改革，对一些重大历史性事件、重要历史性节点的把握不是那么准确。刚开始接到这个任务时，我几乎每天都处于寝食难安的状态，一怕把握不准历史，二怕完成不了任务。再加上我还要承担整套丛书共计 11 本专著撰写的统筹协调工作，总是担心不能按时按质完成本书的撰写工作。每每想到这里，便不由自主地感到紧张和不安。好在宋亚平院长、邹进泰所长在工作上十分照顾我，主动调减了我在其他方面的工作任务，才使我得以腾出充足时间完成此书。颇有些遗憾的是，本书歇笔的时间比大家晚了许多时日，由此出版时间也相对滞后一些。不过颇感安慰的是，能够克服困难潜心完成本书的撰写工作，对我而言也是一种锻炼和莫大的鼓舞。

由于本人学术功底不足，再加上时间有限，书稿在完成的同时，还存在某些疏漏和不足之处，有待于各位专家同人、读者的批评与赐教。我深知，书稿的完成不代表研究的结束，于我而言，这恰恰是一项研究的开始。本书公开出版后，下一步我将继续围绕这个主题进行更为深入、更为系统的研究。

本书以及丛书的完成是多方共同努力的结果，在此要特别感谢时任湖北省委副秘书长、省委财经办（农办）主任刘兆麟，省委财经办（农办）秘书处处长张凯对丛书从立项到结项工作中给予的有益指导和大力帮助；特别感谢丛书编委会各位专家在丛书选题设定上提出的宝贵建议；特别感谢参加丛书启动会和评审会的各位专家以口述的形式对一些历史事件的还原，对有关问题展开的客观辨析和独到见解，给我以重要启迪。这些专家有湖北省农业厅经营管理局张清林局长，华中农业大学冯中朝教授、陶建平教授、钟涨宝教授、万江红教授，武汉大学林曾教授、许炜教授，中南财经政法大学丁士军教授，华中师范大学吴理财教授，中南民族大学吴开松教授，湖北省社会科学院许建国研究员。在此，要特别感谢湖北省档案馆、湖北省统计局在文献资料查阅方面对整套丛书共计11个课题组成员提供的便利和帮助；特别感谢湖北省社会科学院科研处处长袁北星在资料查询方面给予的帮助；特别感谢同事毛铖在平时工作中对我提供的帮助；特别感谢湖北省社会科学院农经所全体成员在丛书前期申报工作中所付出的努力。最后，要特别感谢的是我的爱人以及我8岁大的儿子，感谢他们在我写作书稿期间，在生活上对我无微不至的关心和照顾。正是因为有了各位领导、各位专家、各位同事以及家人的大力支持和帮助，本书才得以顺利完成。

在此，对以上各位再一次表示我最诚挚的谢意！

2018年12月18日于武昌家中